독해
알고리즘 스키마
기초 트레이닝

2025 9·7급 공무원 시험 대비

메가 공무원

이제 미련한 국어가 아니라 똑똑한 알고리즘으로 승부하자!

🔲 인사혁신처 출제 기조 전환 의지

- 단순 암기 문항의 비중을 줄이고 **추론형 문제의 비중을 점차 늘려** 나가겠다.

- 보다 **직무에 적합한 인재를 선발하려는 기조**(국7 PSAT 전환)에 따라 9급 공무원 시험에도 변화를 주려는 것

- 9급 공무원의 경우 **PSAT의 도입이 어려워 전공 과목 외 국어와 영어 과목에서 이와 같은 변화를 꾀할 예정**
  - ⋯ 9급 공무원 시험에는 PSAT 도입이 어렵다는 점을 밝히면서도, PSAT을 통해 측정하는 직무 적합성을 '국어와 영어(어학 과목)'로 측정하겠다는 의지를 보이고 있습니다. 따라서 PSAT 유형에서 9급에 도입 가능한 유형에 대한 대응 훈련이 필요합니다.

- (채용 호환성 강화) 국가공무원 시험을 범정부적으로 활용할 수 있도록 범용성 있게 발전시키고, **시험 문항의 민간 시험 호환성도 제고**

- (공직 자격 검증 강화) 현행 공직적격성평가(PSAT) 등 공직자 기본소양 검증 발전방안 및 **기관별 채용에서의 공동 활용 방안 마련**

- (직무적합형 시험출제 전환) 단순 암기식 평가비중 축소, **민간 출제 경향 반영 및 직무수행 필요 역량 중심**의 9급 공채시험 출제기조 전환

     현행 국어(맞춤법, 한자) ▶ 개선 추론형 문제, 민간 어학시험과 유사한 구성

  - ⋯ 국가공무원 시험 문항에 민간 출제 경향을 반영하겠다는 것은 공무원 시험 준비와 일반 취업 준비의 괴리를 줄이려는 의도입니다. (여기에서 '민간 어학시험'이라 함은 수학능력시험이 아니라, 성인들의 취업 준비에 활용되는 'KBS 한국어 능력시험'이나 '국어능력인증시험(ToKL)', '국가직무능력표준(NCS)' 등을 뜻합니다.)

  - ⋯ 기관별 채용에서의 공동 활용 방안을 마련하겠다는 것 역시 다양한 시험 준비를 병행하는 수험생들에 대한 배려라 볼 수 있습니다.

  - ⋯ '현행'과 '개선'의 방향성을 보면 국어에서 암기 영역이었던 문법규정 및 어휘한자는 독해 지문을 통해 정보를 추론하는 방식으로 변화할 것임을 알 수 있습니다.

2025 공무원 국어, '실용적 사고력'을 기르자!

2025년부터 국어는 지식 암기 위주에서 직무 능력 중심으로, 사고력 시험으로 변합니다. 이는, 현장 직무를 잘 수행하기 위한 능력이 있는지, **'실용적 사고력'**을 평가하는 시험으로 바뀐다는 것을 의미합니다. 국어에 대해서는 이 발표가 '새삼스러운 일'이 아닙니다. 저는 이 변화는 인사혁신처가 차근차근 준비해 온 것이고 이번에 마지막 단계의 발표를 한 것이라 봅니다.

- 2018년 국가직: 국어 텍스트 분량 증가(3쪽이었던 국어 분량이 4쪽으로 늘어남)
- 2019년 국가직: 독해 유형 출제 비율 증가 및 화법·작문 출제(독해 10제 → 15제, 화작 3제)
- 2021년 국가직: 추론 유형 출제
- 2022년 지방직: PSAT형 논리 추론 유형 출제
- 2023년 국가직, 지방직: 어휘한자 유형을 문맥 추론 융합형으로 출제

2019년에 독해 출제 비율이 갑자기 늘자 '일시적인 일일 뿐이다', '이변이다'라고 이야기한 사람들도 있었고, 이후 유형이 다각화되어 가는데도 불구하고 난도가 높지 않으니 국어는 오히려 쉬워졌다는 사람들도 있었습니다. 전공 필수로 시험이 변화되고 나서는 국영한과 같은 공통 과목은 합격의 당락에 큰 영향을 끼치지 않게 될 것이라며 전공에 더 힘쓰라는 이야기들도 많이 했습니다.

하지만 저는 2018년부터 늘 한결같이 주장해 왔습니다. 이렇게 객관식으로 1차 시험을 보는 이상, **의사소통 능력을 측정할 수 있는 유일한 방안인 국어**가 무의미해질 수는 없습니다. 인사혁신처가 출제 유형의 변화를 지속적으로 시도하는 것으로 보아 의도는 명확합니다. **점진적으로 수험생들에게 적응 기간을 주면서 독해 능력으로 결국 당락을 결정하고자 하는 의도**를 관철하고야 말 것입니다.

저는 늘 대비해 왔습니다. 그러니 무서워하지 않으셔도 됩니다.

 2025 공무원 국어 이유진 커리큘럼 조감도

단계	2025 강좌/교재	강의 목표
유형이해 (4월)	공무원 국어 미래 보고서	예비평가의 출제 의도를 유형별로 정확히 이해하고 방법론에 맞춰 풀어 봅니다.
	언어학 제재를 위한 베이스	언어학(문법규정) 제재를 이해할 수 있도록 전 범위의 개념어를 배웁니다.
	문학 제재를 위한 베이스	문학 제재를 쉽고 빠르게 읽을 수 있도록 문학 지식을 속성 정리합니다.
유형훈련 (5~8월) (7~8월)	독해 알고리즘 스키마 ⊕ 독해 알고리즘 코어 ⊕ 독해 알고리즘 딥러닝	2025 국어는 전 영역 '독해'로 접근! 언어학 / 화작 / 비문학 / 문학 / 어휘 전 범위를 유형별로 훈련합니다. 기초학습력에 따라 스키마, 딥러닝을 추가!
기출예상 (9~12월)	기출 알고리즘	국가직과 지방직 + 기타직렬 전체 기출을 범위로 새로운 국어에 맞는 문제만 선별하여 유형별로 훈련합니다.
	약점 도움닫기_도약	유형별로 진단평가를 실시하고 '미흡'이 나온 경우 도움닫기 문제풀이 추가!
테마특강 (4~12월)	어문사 쿼터 홈트	어휘력 / 문해력 / 사고력 관리 프로그램 독해를 위한 기초체력 매일 훈련
	언어학 딥러닝	언어학(문법규정) 고난도 대비
	논리학 딥러닝	논리학 고난도 대비
모의고사 (1월~)	백일기도 동형 모의고사	완벽한 실전 대비를 위한 100회의 동형 모의고사 훈련

머리말

이제 합격 당락은 독해!
왜 이유진인가?

1 문제를 만들 수 있는 사람이 가르쳐야 합니다.

수능을 보았다면 누구나 이유진의 교재를 거쳤습니다. 10년간 수능 시장에서 출제자로 활약한 강사입니다.
공무원 국어 수험서 외에도 PSAT 언어논리, KBS한국어능력시험 대비 교재들을 집필해 왔습니다.

- EBS 수능특강 국어 영역 사전 검토진
- 자이스토리 언어 영역 감수
- 디딤돌 E 연계 · 단권화 시리즈 책임 출제진
- 메가북스 EBS 분석노트 기획 및 대표저자
- 메가스터디 재수종합반 교재 출제진
- 꿈틀 EBS 모의고사
- 구슬땀·완소국 국어능력인증 교재

- PSAT 언어논리 알고리즘 대표저자
- KBS한국어능력시험 30일 완성 대표저자

PSAT
언어논리 알고리즘

KBS
한국어능력시험

2008
특목고 구슬땀 언어

2008
자이스토리 언어

2012
E-절대문항 시리즈

2012
디딤돌 E 모둠 시리즈

2012
디딤돌 E 모둠 시리즈

2012
디딤돌 E 모둠 시리즈

2012
디딤돌 E 모둠 시리즈

2013
디딤돌 단권화

메가북스
EBS 분석노트 A

메가북스
EBS 분석노트 B

메가북스 EBS 외전 A

메가북스 EBS 외전 B

2. 독해를 못하는 사람의 사고를 이해하는 사람이 가르쳐야 합니다.

이유진은 모든 질의응답에 직접 답변하며 수험생들이 틀리는 이유를 연구하고 이해합니다.
미리 어떤 실수를 할지 알고 그 함정을 피하는 법을 알려주는 강의를 합니다.

> **수강평**
>
> 제가 들었던 어떤 비문학 강의보다 명쾌하고 논리적인 설명을 들을 수 있었습니다. 기존 다른 비문학 강의는 답에 끼워 맞춘 해설 같고 강의를 수강했음에도 실력이 늘지는 않는 것 같아 강의를 듣는 것이 무슨 의미가 있냐는 생각이 들었었습니다. 하지만 알고리즘 강의를 수강하면서... 불가능한 말이지만 정말로 저만 듣고 싶은 그런 강의였어요. 이유진 교수님의 독해 알고리즘은 말 그대로 알고리즘입니다. 저는 비문학에 감밖에 없는 사람이었고 들쭉날쭉한 정답률을 보였습니다. 그런데 이 강의를 듣고 읽는 방식의 문제점도 찾을 수 있었고 또 답을 맞힌 문제이더라도 답을 찾아가는 더 정교한 알고리즘은 무엇이며 그 알고리즘의 차이 때문에 내 정답률이 어떻게 변화하는지 명확하게 알 수 있는 강의였습니다. 심지어 답에 대한 근거만 명확한 것이 아닙니다. 많은 학생들이 하는 생각의 오류도 모아서 매력적인 오답에 대해 설명해 주시기 때문에 매력적인 오답과 정답의 차이도 알 수 있어서 정말 도움이 많이 됩니다. 원래 대부분은 4개의 선지 중에 2개는 소거되고 2개가 고민되는 상황이 가장 많이 발생하니까요. 고등학생 때부터 아니 적어도 올해 시험을 준비하던 작년 초부터 만났다면 참 좋았겠다는 생각이 많이 들었고 감사한 마음에 이런 후기도 써 봅니다. 유진 쌤 감사합니다~!

3. 독해 능력이 발달하는 순서대로 배우고 훈련해야 합니다.

독해 알고리즘은 수능 국어 영역 4-5등급의 수험생들을 바탕으로 독해 발달 과정을 연구하여 만든 교재입니다.
무작정 풀면 늘겠지? 아니오. 절대 늘지 않습니다.
발달 순서에 맞게 적절한 난도의 **방법론 → 예제 → 기출 → 연습** 이렇게 훈련해 나가야 합니다.

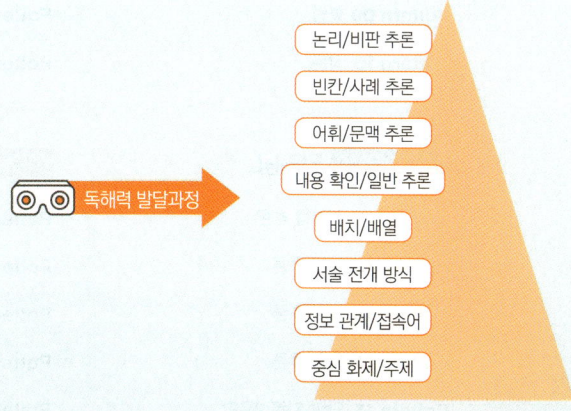

독해 알고리즘 시리즈

스키마

PART 1 기초 스키마 형성
- Chapter 01 언어학 개념
- Chapter 02 논리학 개념
- Chapter 03 문학 개념
- Chapter 04 어휘 개념

PART 2 기초 트레이닝
- Pattern 01 중심 화제와 주제
- Pattern 02 정보 관계와 접속어
- Pattern 03 서술 전개 방식
- Pattern 04 배치와 배열
- Pattern 05 내용 확인과 일반 추론(부정)
- Pattern 06 내용 확인과 일반 추론(긍정)
- Pattern 07 어휘 추론과 문맥 추론
- Pattern 08 빈칸 추론과 사례 추론
- Pattern 09 화법
- Pattern 10 작문

코어

PART 0 오리엔테이션
2025 출제 기조 전환 예비 평가 분석

PART 1 스키마 형성
- Chapter 01 언어학
- Chapter 02 논리학
- Chapter 03 문학
- Chapter 04 어휘

PART 2 레벨업 트레이닝
- Pattern 01 중심 화제와 주제
- Pattern 02 정보 관계와 접속어
- Pattern 03 서술 전개 방식
- Pattern 04 배치와 배열
- Pattern 05 내용 확인과 일반 추론(부정)
- Pattern 06 내용 확인과 일반 추론(긍정)
- Pattern 07 어휘 추론과 문맥 추론
- Pattern 08 빈칸 추론과 사례 추론
- Pattern 09 화법
- Pattern 10 작문

PART 3 딥러닝
- Pattern 11 언어학 추론
- Pattern 12 논리 추론
- Pattern 13 비판 추론
- Pattern 14 문학 추론
- Pattern 15 단일 지문 2문항

딥러닝

PART 2 심화 트레이닝
- Pattern 01 중심 화제와 주제
- Pattern 02 정보 관계와 접속어
- Pattern 03 서술 전개 방식
- Pattern 04 배치와 배열
- Pattern 05 내용 확인과 일반 추론(부정)
- Pattern 06 내용 확인과 일반 추론(긍정)
- Pattern 07 어휘 추론과 문맥 추론
- Pattern 08 빈칸 추론과 사례 추론
- Pattern 09 화법
- Pattern 10 작문

PART 3 딥러닝
- Pattern 11 언어학 추론 심화
- Pattern 12 논리 추론 심화
- Pattern 13 비판 추론 심화
- Pattern 14 문학 추론 심화
- Pattern 15 단일 지문 2문항 심화

목차

기초 스키마 형성

Chapter 01 언어학 개념 — 10

Chapter 02 논리학 개념 — 32

Chapter 03 문학 개념 — 38

Chapter 04 어휘 개념 — 56

Pattern 05 내용 확인과 일반 추론(부정) — 126

Pattern 06 내용 확인과 일반 추론(긍정) — 138

Pattern 07 어휘 추론과 문맥 추론 — 150

Pattern 08 빈칸 추론과 사례 추론 — 156

Pattern 09 화법 — 166

Pattern 10 작문 — 174

기초 트레이닝

Pattern 01 중심 화제와 주제 — 74

Pattern 02 정보 관계와 접속어 — 88

Pattern 03 서술 전개 방식 — 96

Pattern 04 배치와 배열 — 114

정답 및 해설

PART 2 기초 트레이닝 — 4

PART 1
기초 스키마 형성

Chapter 01   언어학 개념   10

Chapter 02   논리학 개념   32

Chapter 03   문학 개념   38

Chapter 04   어휘 개념   56

Chapter 01 언어학 개념

1 소리(음운론)

똑똑한 알고리즘으로 승부하자

1 음운과 음절

(1) 음운(音韻): 말의 뜻을 구별해 주는 소리의 가장 작은 단위

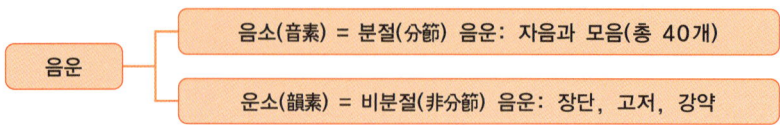

(2) 음절(音節): 발음 가능한 최소 단위
① 모음 단독 예) 이, 어, 애, 왜 …
② 자음＋모음 예) 가, 노, 지 …
③ 모음＋자음 예) 악, 언, 열 …
④ 자음＋모음＋자음 예) 각, 평, 광 …

2 국어의 음운

(1) 모음(母音): 공기가 목안이나 입안에서 장애를 받지 않고 만들어지는 소리
  ① 단모음(單母音): 발음되는 도중에 입술이나 혀가 고정되어 움직이지 않는 모음

혀의 앞뒤 입술의 모양 혀의 높이	전설 모음		후설 모음	
	평순 모음	원순 모음	평순 모음	원순 모음
고모음	ㅣ	ㅟ	ㅡ	ㅜ
중모음	ㅔ	ㅚ	ㅓ	ㅗ
저모음	ㅐ		ㅏ	

  ② 이중 모음(二重母音): 혀가 일정한 자리에서 시작하여 다른 자리로 옮겨 가면서 발음되는 모음

상향 이중 모음	반모음 'ㅣ(j)'＋단모음	ㅑ, ㅕ, ㅛ, ㅠ, ㅒ, ㅖ
	반모음 'ㅗ/ㅜ(w)'＋단모음	ㅘ, ㅙ, ㅝ, ㅞ
하향 이중 모음	단모음＋반모음 'ㅣ(j)'	ㅢ

(2) 자음(子音): 공기가 목청을 통과한 후 공기의 흐름이 장애를 입게 되어 만들어지는 소리

소리 내는 방법에 따라		소리 내는 위치에 따라	입술소리 (순음)	잇몸소리 (치조음)	센입천장소리 (경구개음)	여린입천장소리 (연구개음)	목청소리 (후음)
안울림 소리	파열음	예사소리	ㅂ	ㄷ		ㄱ	
		된소리	ㅃ	ㄸ		ㄲ	
		거센소리	ㅍ	ㅌ		ㅋ	
	파찰음	예사소리			ㅈ		
		된소리			ㅉ		
		거센소리			ㅊ		
	마찰음	예사소리		ㅅ			ㅎ
		된소리		ㅆ			
울림 소리	비음		ㅁ	ㄴ		ㅇ	
	유음			ㄹ			

3 음운의 변동(變動)

- 교체(交替): 한 음운이 다른 음운으로 바뀌는 현상 XAY → XBY
- 축약(縮約): 두 음운이 하나의 음운으로 줄어드는 현상 XABY → XCY
- 탈락(脫落): 두 음운 중 어느 하나가 없어지는 현상 XAY → X∅Y
- 첨가(添加): 형태소가 합성될 때 그 사이에 음운이 덧붙는 현상 X∅Y → XAY

(1) 교체 = 대치

① **음절의 끝소리 규칙**: 음절 끝에 'ㄱ, ㄴ, ㄷ, ㄹ, ㅁ, ㅂ, ㅇ'의 일곱 소리 이외의 자음이 오면 일곱 자음 중의 하나로 바뀌어 발음되는 현상.

　예 부엌[부억], 옷[옫], 꽃[꼳], 히읗[히읃], 앞[압]

② **된소리되기**: 특정 환경에서 앞말의 받침과 만난 뒤의 예사소리가 된소리로 발음되는 현상.

　㉠ 받침 'ㄱ(ㄲ, ㅋ, ㄳ, ㄺ), ㄷ(ㅅ, ㅆ, ㅈ, ㅊ, ㅌ), ㅂ(ㅍ, ㄼ, ㄿ, ㅄ)' 뒤에 연결되는 예사소리는 예외 없이 된소리로 발음한다.

　　예 옷고름[옫꼬름], 국밥[국빱], 덮개[덥깨], 넓죽하다[넙쭈카다]

　㉡ [ㄹ]로 발음되는 용언의 어간 받침 'ㄼ, ㄾ'이나 관형사형 '-ㄹ' 뒤에 연결되는 예사소리는 된소리로 발음한다.

　　예 넓게[널께], 핥다[할따], 할 것을[할꺼슬]

　㉢ 끝소리가 'ㄴ(ㄵ), ㅁ(ㄻ)'인 용언의 어간에 예사소리로 시작되는 활용 어미가 이어지면 그 소리는 된소리로 발음된다.

　　예 신고[신ː꼬], 더듬지[더듬찌]

③ **자음 동화**: 자음의 영향으로 다른 자음이 비슷한 소리가 되는 현상.

　㉠ 비음화: 'ㄱ, ㄷ, ㅂ'이 비음 'ㅁ, ㄴ' 앞에서 비음 'ㅇ, ㄴ, ㅁ'으로 바뀌는 역행 비음화와 비음 'ㅁ, ㅇ' 뒤에서 유음 'ㄹ'이 비음 'ㄴ'으로 바뀌는 순행 비음화가 있다.

　　예 국물[궁물], 받는다[반는다], 밥물[밤물] / 종로[종노], 금리[금니]

> 🔖 **상호동화로 인한 비음화**
> 'ㄱ, ㄷ, ㅂ'이 유음 'ㄹ'과 만났을 때 두 자음 모두 비음으로 바뀌는 현상 예 백로[뱅노], 학력[항녁], 협력[혐녁]

　㉡ 유음화: 'ㄴ'이 앞이나 뒤에 오는 유음 'ㄹ'의 영향으로 'ㄹ'로 바뀌는 현상.

　　예 신라[실라], 칼날[칼랄], 달나라[달라라]

④ 구개음화: 끝소리가 'ㄷ, ㅌ'인 형태소가 모음 'ㅣ'나 반모음 'ㅣ'로 시작되는 형식 형태소와 만나 'ㅈ, ㅊ'으로 발음되는 현상. 예 굳이→[구지], 해돋이→[해도지], 같이→[가치], 닫혀→[다처]

⑤ 'ㅣ' 모음 역행동화: 'ㅣ' 소리의 앞에서 [ㅏ, ㅓ, ㅗ, ㅜ]→[ㅐ, ㅔ, ㅚ, ㅟ]
  예 아지랑이→[아지랭이 ×, 아지랑이 ○], 어미→[에미 ×, 어미 ○], 아비→[애비 ×, 아비 ○]
  * 'ㅣ' 모음 역행동화는 표준 발음으로 인정하지 않지만, 예외적으로 인정하는 단어도 있다.
  예 냄비, 멋쟁이, (불을)댕기다, 서울내기, 풋내기, 멋쟁이, 소금쟁이, 담쟁이

(2) 축약: 두 개의 음운이 줄어들어 하나의 음운이 되는 것.
  ① 자음 축약(거센소리되기): 'ㄱ, ㄷ, ㅂ, ㅈ'과 'ㅎ'이 만나 'ㅋ, ㅌ, ㅍ, ㅊ'와 같은 거센소리로 발음되는 현상.
    예 좋고→[조코], 옳지→[올치], 잡히다→[자피다]
  ② 모음 축약: 두 개의 모음이 하나로 줄어들어 이중모음이 되는 현상.
    예 오+아서→와서, 되+어→돼

(3) 탈락: 두 개의 음운이 만났을 때 어느 한 음운이 없어지는 현상.
  ① 자음 탈락
    ㉠ 'ㄹ' 탈락: 용언 어간의 끝소리인 'ㄹ'이 특정 어미와 결합할 때, 또는 파생어나 합성어가 만들어지는 과정에서 'ㄴ, ㄷ, ㅅ, ㅈ' 앞에서 'ㄹ'이 탈락하는 현상.
      예 울+는→우는, 바늘+질→바느질
    ㉡ 'ㅎ' 탈락: 주로 모음과 모음 사이에서 'ㅎ'이 탈락하는 현상.
      예 낳은[나은], 쌓이다[싸이다]
    ㉢ 자음군 단순화: 음절의 끝에 두 개의 자음이 올 때, 이 중 한 자음이 탈락하는 현상
      • 'ㄳ, ㄵ, ㄶ, ㄽ, ㄾ, ㅀ, ㅄ'은 첫째 자음만 발음된다.
        예 넋[넉], 앉다[안따], 곬[골], 핥다[할따], 값[갑]
      • 'ㄻ, ㄿ'은 둘째 자음만 발음된다.
        예 앎[암ː], 읊다[읍따]
      • 'ㄺ, ㄼ'은 불규칙적이다.

      > ✏️ 'ㄺ, ㄼ'의 자음군 단순화
      > ① 겹받침 'ㄺ'은 어말 또는 자음 앞에서 [ㄱ]으로 발음하나, 'ㄹ'이 용언의 어간 말음일 경우 'ㄱ' 앞에서 [ㄹ]로 발음한다. 예 닭[닥], 맑다[막따], 맑고[말꼬]
      > ② '밟-'은 자음 앞에서 [밥ː]으로 발음한다. 예 밟다[밥ː따]
      > ③ '넓다'의 경우 [널]로 발음하여야 하나, 파생어나 합성어의 경우에 '넓'으로 표기된 것은 [넙]으로 발음한다.
      >   예 넓다[널따], 넓둥글다[넙뚱글다], 넓적하다[넙쩌카다]

  ② 모음 탈락
    ㉠ 'ㅡ' 탈락: 어간이 'ㅡ'로 끝난 용언은 'ㅏ, ㅓ'로 시작하는 어미와 결합하면 'ㅡ'가 예외 없이 탈락하는 현상. 예 쓰+어→써[써], 따르+아→따라[따라], 담그+아→담가[담가]
    ㉡ 동음 탈락('ㅏ', 'ㅓ' 탈락): 같은 모음이 이어질 때는 그중 하나가 탈락하는 현상.
      예 가+아→가[가], 서+어→서[서]

(4) 첨가 = 사잇소리 현상
  ① 'ㄴ' 첨가
    ㉠ 앞말이 모음으로 끝나고 뒷말이 'ㄴ, ㅁ'으로 시작할 때, 'ㄴ' 소리가 첨가되는 경우
      예 이+몸[인몸]→ 잇몸, 코+날[콘날]→ 콧날
    ㉡ 앞 음절과 관계없이 뒷 음절이 모음 'ㅣ'나 반모음 'ㅣ'로 시작될 때 'ㄴ' 소리가 첨가되는 경우
      예 집+일→[집닐]→[짐닐], 부엌+일→[부억닐]→[부엉닐], 논+일→[논닐]
  ② 합성어의 된소리되기: 두 개의 단어가 어울려 합성어를 이룰 때, 앞말의 끝소리가 울림소리이고 뒷말의 첫소리가 안울림 예사소리이면 뒤의 예사소리가 된소리로 변하는 현상.
      예 초+불[초뿔]→ 촛불, 배+사공[배싸공]→ 뱃사공, 밤+길→[밤낄], 봄+비→[봄삐]
  ③ 'ㅣ' 모음 순행 동화(반모음 첨가): 'ㅣ' 소리의 뒤에서 [ㅓ, ㅗ]→[ㅕ, ㅛ] 예 기어→[기여]

  > 🖋 **사잇소리 현상의 불규칙성과 사이시옷의 표기**
  > 사잇소리 현상은 예외가 많은 수의적 현상이다. 따라서 이를 구별하기 위해 사잇소리 현상이 일어나고 앞말이 모음으로 끝난 경우, 사이시옷을 표기한다.
  > 예 시내+가[시:내까]→ 시냇가, 나무+잎[나문닙]→ 나뭇잎
  > 한자로 이루어진 합성어의 경우, 사잇소리 현상이 일어나더라도 원칙적으로 사이시옷을 표기하지 않는다. 그러나 예외적으로 다음의 6개 한자어에 대해서는 사이시옷을 표기한다.
  > 예 곳간(庫間), 셋방(貰房), 숫자(數字), 찻간(車間), 툇간(退間), 횟수(回數)

(5) 기타 음운 현상
  모음조화: 양성모음 'ㅏ, ㅗ'는 'ㅏ, ㅗ'끼리, 음성모음 'ㅓ, ㅜ'는 'ㅓ, ㅜ'끼리 어울리려는 현상.

  > 🖋 **현대 국어에서 모음조화 파괴된 표준어**
  > ① 의성어·의태어: 깡충깡충, 오순도순, 대굴대굴, 몽실몽실, 보슬보슬, 생글생글 등
  > ② 'ㅂ' 불규칙 활용: 가까워, 괴로워, 매워, 사나워, 아니꼬워, 아름다워 등
  > ③ 기타: 오뚝이, 소꿉놀이, 단출하다 등

2 단어(형태론)

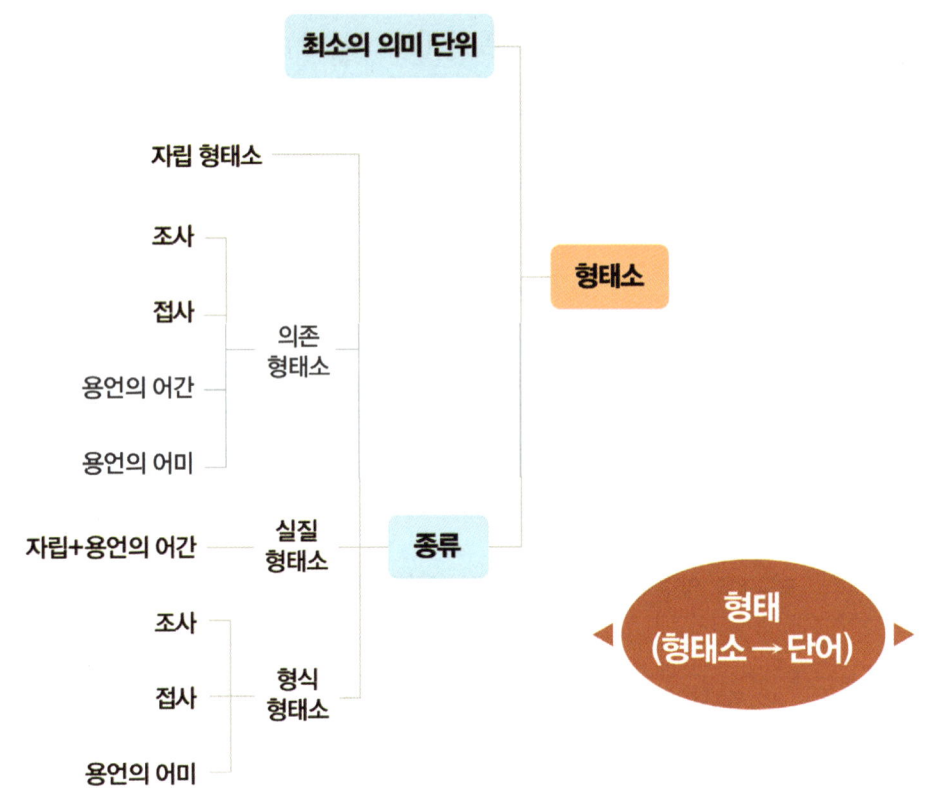

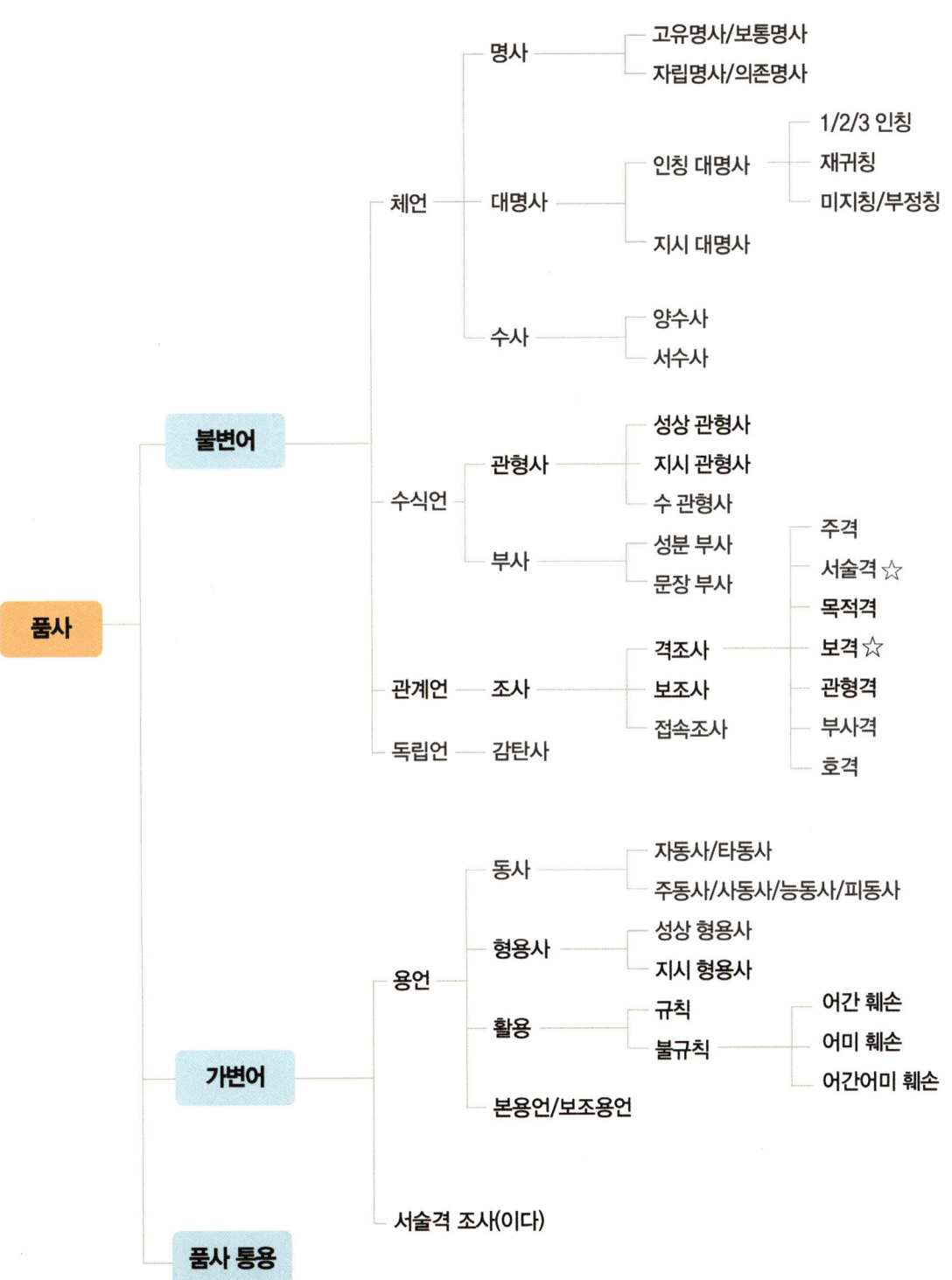

1 형태소(形態素)와 단어

(1) **형태소**: 뜻을 가진 가장 작은 말의 단위

기준	종류	성격	예
자립성 유무	자립 형태소	단독의 띄어쓰기가 가능함.	체언, 수식언, 독립언
	의존 형태소	앞말에 붙여 쓰는 형태소.	용언의 어간, 어미, 조사, 접사
의미의 실질성 유무	실질(=어휘) 형태소	어휘적 의미를 나타냄.	자립 형태소 전부, 용언의 어간
	형식(=문법) 형태소	문법적 관계를 나타냄.	어미, 조사, 접사

> ✐ **변이(變異) 형태 = 이형태(異形態)**
> 하나의 형태소가 환경에 따라 여러 가지 형태로 실현되는 것(상보적 분포를 보인다.)
> • 음운론적 이형태: 다른 음운 환경에서 다른 형태를 갖고 있는 이형태 예 격 조사 '이/가', 목적격 조사 '을/를'
> • 형태론적 이형태: 다른 형태 환경에서 다른 모습을 띠는 이형태 예 '먹었다'의 '-었-'과 '하였다'의 '-였-'

(2) **단어**: 자립할 수 있는 말이나, 자립 형태소에 붙어 쉽게 분리할 수 있는 말

> • 자립할 수 있는 말의 단위: 명사, 관형사, 감탄사 등 자립 형태소 모두
> • 자립 형태소에 붙어 쉽게 분리할 수 있는 말의 단위: 조사

→ 조사는 체언에 붙어 문법적 관계를 나타내므로 어미와 비슷하나, 분리성을 중시하여 단어로 인정한다. 그러나 어미는 분리성이 없으므로 단어로 인정하지 않는다.

2 단어(單語)의 형성

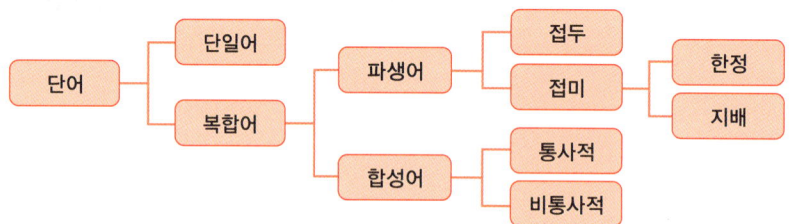

> ✐ **어근과 어간의 구별**
> • **어근(語根)**: 단어를 분석할 때, 실질적 의미를 나타내는 중심이 되는 부분으로, 조사를 제외한 모든 품사에서 찾아볼 수 있다.
> • **어간(語幹)**: 일반적으로 용언이 활용될 때 변하지 않는 부분으로 동사, 형용사에서 찾아볼 수 있다.
>   - 치-(접두사)/솟다(어근)
>   - 치솟-(어간)/-다(어미)

(1) **단일어**: 하나의 어근(語根)으로 이루어지며 접사가 없는 단어 예 하늘, 구름, 밥, 바야흐로

(2) **파생어**: 어근(語根)의 앞이나 뒤에 접사가 붙어서 만들어진 단어
   ① **접두사**: 뒤에 오는 어근의 의미에 특정한 뜻을 더하거나 강조하는 기능만 할 뿐 품사를 바꾸지는 못한다. 예 풋-(한정적 접두사) + 사과(어근)
   ② **접미사**: 뒤에 오는 어근의 의미에 특정한 뜻을 더하거나 강조할 뿐 아니라 품사를 바꾸기도 한다. 어근의 품사를 바꾸는 접사를 지배적 접사, 어근의 품사를 바꾸지 못하는 접사를 한정적 접사라고 한다.
   예 웃-(어근) + -음(지배적 접미사), 소리(어근) + -꾼(한정적 접미사)

✒ 어근의 품사를 바꾸는 **지배적** 접미사 대표 예시

분류	접미사	예
명사화 접사	-음/-이	믿음, 죽음, 웃음, 걸음 / 길이, 높이, 먹이, 벌이
	-기	굵기, 달리기, 돌려짓기, 모내기, 사재기, 줄넘기, 크기
	-개	오줌싸개, 코흘리개, 날개, 덮개, 지우개
동사화 접사	-하다	공부하다, 생각하다, 밥하다, 사랑하다, 절하다, 빨래하다
	피동/사동	보이다, 잡히다, 안기다, 희생되다 / 먹이다, 넓히다, 물리다, 옮기다
	-거리다/-대다	까불거리다, 반짝거리다, 방실거리다, 출렁거리다 / 까불대다, 반짝대다, 방실대다, 출렁대다 ※ '-거리다'와 '-대다'는 모두 널리 쓰이므로 둘 다 표준어로 삼는다.
	-이다	끄덕이다, 망설이다, 반짝이다, 속삭이다, 움직이다, 출렁이다
형용사화 접사	-하다	건강하다, 순수하다, 정직하다, 진실하다, 행복하다
	-스럽다	복스럽다, 걱정스럽다, 자랑스럽다
	-답다	꽃답다, 남자답다, 사람답다, 정답다, 참답다, 선생님답다
	-롭다	명예롭다, 신비롭다, 자유롭다, 풍요롭다, 향기롭다
	-맞다	궁상맞다, 방정맞다, 청승맞다
	-지다	값지다, 건방지다, 기름지다, 멋지다, 세모지다
부사화 접사	-이/-히	많이, 같이, 높이, 집집이, 나날이, 다달이 / 조용히, 무사히, 나란히, 영원히
	-로	날로, 새로, 주로, 진실로
관형사화 접사	-적	국가적, 기술적, 문화적, 비교적, 사교적, 일반적, 전국적

(3) **합성어**: 어근과 어근이 직접 결합하여 만들어진 단어
   ① 구성 요소의 배열에 따른 분류
      ㉠ 통사적(統辭的) 합성어: 우리말의 일반적인 단어 배열법과 일치하는 합성어
         예 알아보다(연결 어미로 용언 연결), 논밭(체언과 체언의 결합), 빈집(용언의 관형형), 본받다(조사 '을' 생략)
      ㉡ 비통사적(非統辭的) 합성어: 우리말의 일반적인 단어 배열법에 어긋나는 합성어
         • 관형사형 어미가 생략된 '용언의 어간 + 명사'의 경우 예 검버섯, 먹거리, 덮밥, 늦더위 등
         • '용언의 어간 + 용언'에서 연결 어미가 생략된 경우 예 검붉다, 뛰놀다, 오르내리다 등
         • '부사 + 체언'의 경우 예 부슬비, 산들바람, 뾰족구두, 척척박사 등
         • 한자어의 어순이 우리말 어순과 같지 않은 경우 예 등산(登山) = 오르다, 산을 / 독서(讀書) = 읽다, 책을
   ② 의미상의 분류
      ㉠ **병렬**(竝列 = 대등) 합성어: 두 어근이 본래의 의미를 가지고 **대등**한 자격으로 연결된 합성어
         예 마소, 앞뒤, 드나들다, 대여섯, 오가다, 팔다리, 여닫다
      ㉡ **종속**(從屬 = 수식) 합성어: 두 어근이 본래 의미를 유지하지만, **주종** 관계로 연결된 합성어
         예 할미꽃, 손수건, 손수레, 돌다리, 산길, 손짓, 물결레
      ㉢ **융합**(融合) 합성어: 두 어근의 본래 의미가 없어지고 완전히 융합하여 **새로운 의미**를 만든 합성어
         예 春秋(춘추): 나이, 江山(강산): 자연, 晝夜(주야): 항상

3 품사(品詞)

단어들을 성질이 공통된 것끼리 모아 갈래를 지어 놓은 것

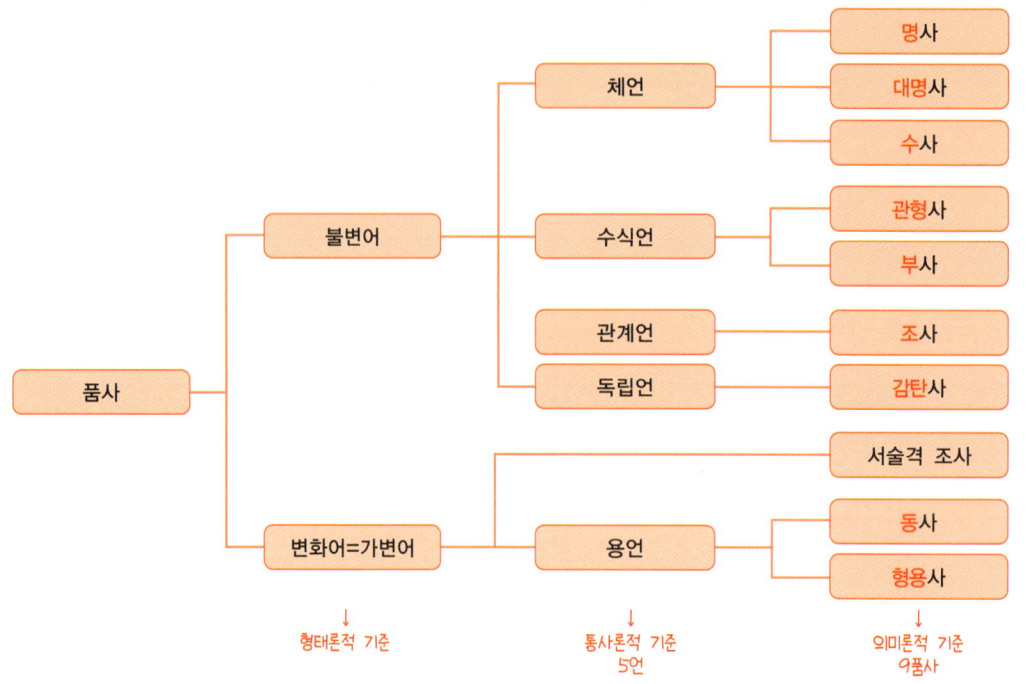

① 체언 불변	**명사** 사물이나 관념의 이름	보통 명사	같은 종류의 사물을 지칭 예) 집, 개, 뒷산, 산수유, 학생
		고유 명사	구체적인 하나의 개체만을 지칭 예) 이순신, 불국사, 관악산
		자립 명사	다른 말의 수식 없이도 의미가 분명한 명사 예) 꽃, 바람
		의존 명사	앞에 꾸며 주는 관형어가 있어야 하는 명사 예) 수, 줄, 것
	대명사 이름을 대신 지칭	인칭 대명사	1인칭 예) 나, 저, 우리, 저희 / 2인칭 예) 너, 당신, 너희
			3인칭 예) 그, 이분, 그분, 저분, 이이, 그이, 저이
			미지칭 예) 누구 / 부정칭 예) 아무
			재귀칭 예) 저, 저희, 자기, 당신
		지시 대명사	예) 이것, 그것, 저것, 무엇 / 여기, 거기, 저기, 어디
	수사 수량이나 순서	양수사	수량 예) 하나, 둘, 셋 … / 일, 이, 삼 …
		서수사	순서 예) 첫째, 둘째, 셋째 … / 제일, 제이, 제삼 …

② 관계언 불변	조사 주로 체언 뒤에 붙어서 쓰임	격 조사 일정한 문법적 자격(문장 성분)을 가지도록 해 줌.	주격 조사	예 이/가, 께서, 에서
			서술격 조사	예 이다 – 이네 – 이군 – 이오 – 이냐
			목적격 조사	예 을/를
			보격 조사	예 이/가 – 주격 조사와 형태 동일
			관형격 조사	예 의
			부사격 조사	예 에, 에서, 에게, 으로, 와
			호격 조사	예 아/야, 이여, 이시여
		보조사	특별한 의미를 더해 줌. 예 만, 도, 뿐, 까지, 마저	
		접속 조사	두 단어를 같은 자격으로 이어 주는 구실 예 와/과, 랑, 하고	
③ 수식언 불변	관형사 체언만 수식	성상 관형사	예 새, 헌	
		지시 관형사	예 이, 그, 저	
		수 관형사	예 세 사람, 연필 다섯 자루, 일곱째 딸, 제삼 회 대회	
	부사 주로 용언 수식	성분 부사	예 너무, 참, 매우, 많이	
		문장 부사	접속 부사	예 그러나, 그래서 …
			양태 부사	예 과연, 설마, 혹시 …
④ 독립언 불변	감탄사 자신의 느낌이나 의지를 직접 표시	감정	예 아차, 아이쿠	
		호응	예 네, 오냐, 응	
		의지	예 그렇지, 아니	
		군말	예 자, 음, 어, 뭐	
⑤ 용언 가변	동사 움직임이나 작용	자동사	움직임이 주어에만 해당되는 동사 예 뛰다, 걷다, 가다	
		타동사	움직임이 다른 대상(=목적어)에 미치는 동사 예 잡다, 누르다	
		사동사	남으로 하여금 어떤 동작을 하도록 하는 것을 나타내는 동사 예 놀리다, 먹이다	
		피동사	남의 행동을 입어서 행하여지는 동작을 나타내는 동사 예 잡히다, 밀리다	
	형용사 성질이나 상태	성상 형용사	성질이나 상태 예 고요하다, 달다, 예쁘다, 향기롭다	
		지시 형용사	지시성을 나타냄. 예 이러하다, 그러하다, 저러하다	

동사와 형용사의 구별

	동사	형용사
차이점	동작이나 작용	성질이나 상태
	현재 시제 선어말어미 (-는-/-(으)ㄴ-) 예 먹는다(O), 간다(O)	쓸 수 없음 예 예쁘는다(×), 예쁜다(×)
	현재를 표현하는 관형사형 어미 '-는' 예 먹는(O), 가는(O)	'-(으)ㄴ' 예 예쁘는(×)
	의도나 목적의 연결어미 예 앉으려 한다(O) 예 먹으러 간다(O)	쓸 수 없음 예 예쁘려 한다(×) ⇨ 예뻐지려 한다(O) 예 예쁘러 간다(×) ⇨ 예뻐지러 간다(O)
	명령형, 청유형 어미 예 먹어라(O), 먹자(O)	쓸 수 없음 예 예뻐라(×) ⇨ 예뻐져라(O) 예 예쁘자(×) ⇨ 예뻐지자(O)
	진행과 완료의 동작상 '-고 있다', '-아/어 있다' 예 먹고 있다(O), 앉아 있다(O)	쓸 수 없음 예 예쁘고 있다(×), 예뻐 있다(×)

품사 통용: 동일 형태의 단어가 문장에서의 역할에 따라 다양한 품사로 혼용되어 사용되는 경우

만큼, 뿐, 대로	의존 명사	• 관형사형의 수식을 받음 예 원하는 <u>대로</u> 해라.
	조사	• 체언 뒤에 붙음 예 법<u>대로</u> 해라.
이, 그, 저	대명사	• 뒤에 조사가 붙음 예 <u>이</u>는 우리가 바라던 바이다.
	관형사	• 뒤에 오는 체언을 수식함 예 <u>이</u> 나무는 소나무이다.
숫자	수사	• 뒤에 조사가 붙음 예 나무가 <u>다섯</u>이다.
	관형사	• 뒤에 오는 체언을 수식함. 예 나무를 <u>다섯</u> 그루 심었다.
시간 표현 (오늘, 내일, 어제, 모레)	명사	• 뒤에 조사가 붙음 예 <u>내일</u>이 출근 날이다.
	부사	• 뒤에 오는 용언을 수식함 예 <u>내일</u> 다시 만나자.
모두	명사	• 뒤에 조사가 붙음 예 <u>모두</u>가 그녀를 좋아한다.
	부사	• 뒤에 오는 용언을 수식함 예 <u>모두</u> 가져와.
아니	부사	• 뒤에 오는 용언을 수식함 예 <u>안</u>(=아니) 아파.
	감탄사	• 독립적으로 쓰임 예 "잠자니?" "<u>아니</u>, 안 자."

4 용언의 활용(活用)

문법적 관계를 나타내기 위해 용언의 어간(語幹) 또는 어미(語尾)가 여러 형태로 바뀌는 현상
활용형 중 어간에 어미 '-다'가 결합한 것을 기본형이라고 부르며, 기본형에는 접사가 포함된다.

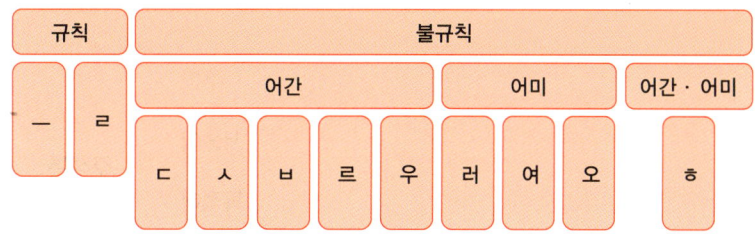

(1) **규칙 활용**: 용언이 활용할 때, 어간이나 어미의 본디 형태가 변하지 않거나, 변하더라도 음운 변화의 규칙에 따라 일어나는 활용
  ㉠ 'ㄹ' 규칙 활용: 어간 끝 받침 'ㄹ'이 어미의 첫소리 'ㄴ, ㅂ, ㅅ' 및 '-오, -ㄹ' 앞에서 줄어지는 경우, 준 대로 적는다. 예 만들다 → 만든, 만드는, 만드네, 만듭니다, 만드세요, 만드오, 만들 사람
  ㉡ 'ㅡ' 규칙 활용: 어간 모음 'ㅡ'는 '-아/-어'로 시작되는 어미 및 과거 시제 선어말 어미 '-았-/-었-' 앞에서 규칙적으로 탈락한다. 예 쓰다 → 써, 썼다 / 치르다 → 치러, 치렀다

(2) **불규칙 활용**: 용언이 활용할 때에 어간이나 어미의 기본 형태가 일정하게 유지되지 못하고, 그 형태의 변화를 예측하지 못하는 경우

구분	명칭	내용	용례	비교 (규칙 활용 용례)
어간 훼손	'ㄷ' 불규칙	'ㄷ'이 모음 어미 앞에서 'ㄹ'로	묻[問]+어 ⇨ 물어 싣+어 ⇨ 실어	묻[埋]+어 ⇨ 묻어 얻+어 ⇨ 얻어
	'ㅅ' 불규칙	'ㅅ'이 모음 어미 앞에서 탈락	짓+어 ⇨ 지어 잇+어 ⇨ 이어	벗+어 ⇨ 벗어 씻+어 ⇨ 씻어
	'ㅂ' 불규칙	'ㅂ'이 모음 어미 앞에서 오/우로	돕+아 ⇨ 도와 굽[炙]+어 ⇨ 구워	잡+아 ⇨ 잡아 굽[曲]+어 ⇨ 굽어
	'르' 불규칙	'르'가 모음 어미 앞에서 'ㄹㄹ'로	빠르+아 ⇨ 빨라 누르+어 ⇨ 눌러	따르+아 ⇨ 따라 치르+어 ⇨ 치러
	'우' 불규칙	'우'가 모음 어미 앞에서 탈락	푸+어 ⇨ 퍼	주+어 ⇨ 주어/줘
어미 훼손	'러' 불규칙	어간이 '르'로 끝나는 용언에 모음 어미 '어'가 '러'로	이르[至]+어 ⇨ 이르러 누르[黃]+어 ⇨ 누르러 푸르[靑]+어 ⇨ 푸르러	치르+어 ⇨ 치러
	'여' 불규칙	어간이 '하'로 끝나는 용언에 모음 어미 '아'가 '여'로	하+아 ⇨ 하여	가+아 ⇨ 가
	'오' 불규칙	'달-/다-'의 명령형 어미가 '오'로	달/다+오 ⇨ 다오	주어라
어간과 어미가 함께 훼손	'ㅎ' 불규칙	'ㅎ'으로 끝나는 어간에 '어/아'가 오면, 어간의 일부인 'ㅎ'이 없어지고 어미도 변하는 현상	하얗+아서 ⇨ 하얘서 파랗+아 ⇨ 파래	좋+아서 ⇨ 좋아서 낳+아 ⇨ 낳아

3 문장(통사론)

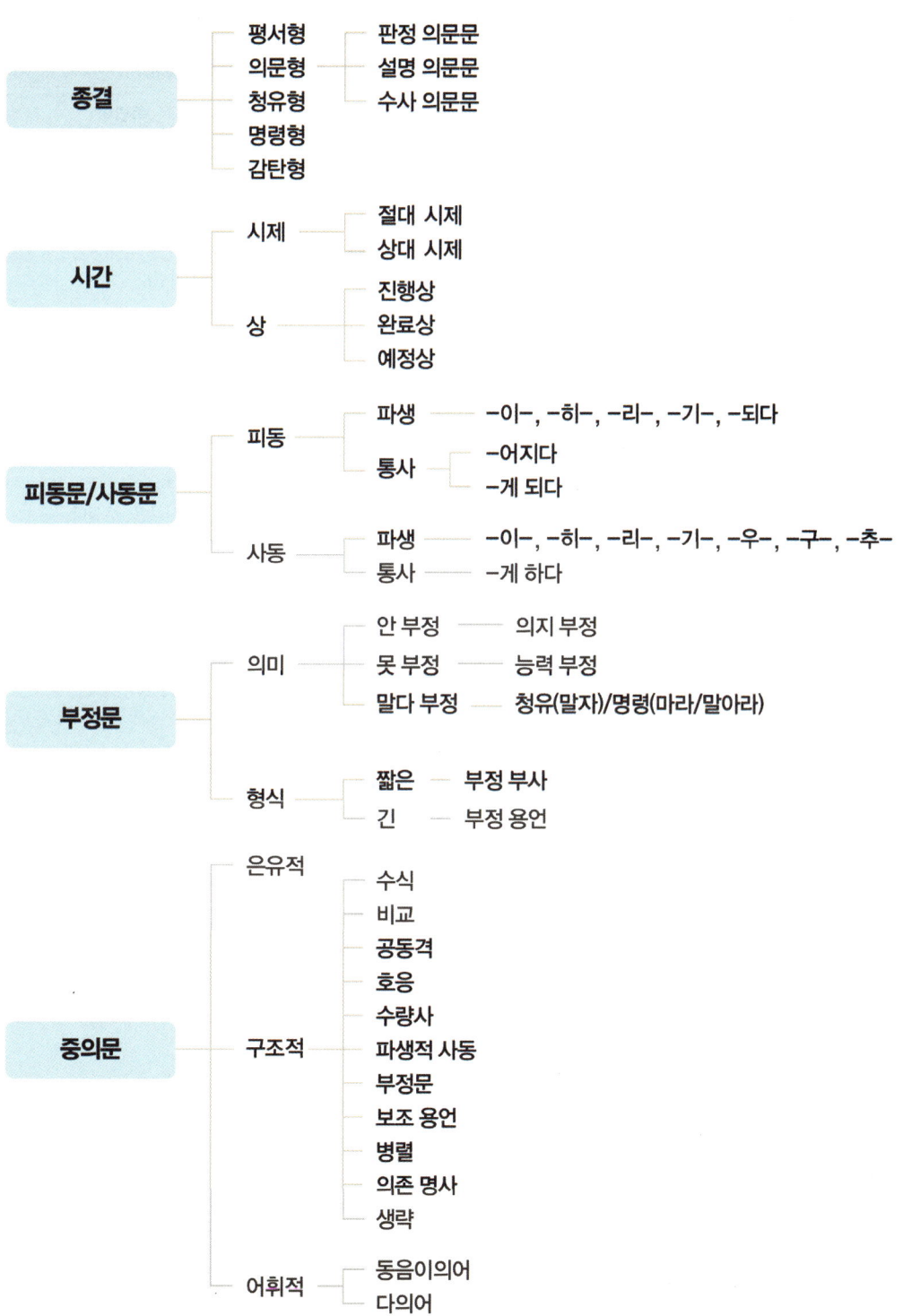

1 문장 성분

(1) **문장 성분(文章成分)**: 문장 안에서 문장의 일정한 문법적 기능을 하는 부분

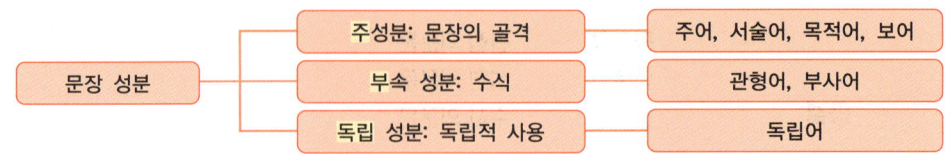

(2) **서술어의 자릿수**: 서술어가 최소한의 문장을 이루기 위해 필수적으로 요구하는 문장 성분의 개수

종류	해당 성분	해당 서술어	용례
한 자리 서술어	주어	자동사	(앞산에) 진달래가 피었다.
두 자리 서술어	주어+목적어	타동사	아이가 과자를 먹는다.
	주어+보어	'되다, 아니다'	철호는 공무원이 되었다.
	주어+부사어	대칭 서술어 등	기후는 농사에 적합하다. 이것은 저것과 다르다. 이 약초는 당뇨병환자에게 좋다. 철수는 영희와 만났다.
세 자리 서술어	주어+목적어 +부사어	수여동사 부류, 삼다, 넣다, 여기다 등	아버지께서 나에게 선물을 주셨다. 할아버지는 영희를 양녀로 삼았다. 나는 너를 친구로 여기고 있다.

2 문장의 짜임새

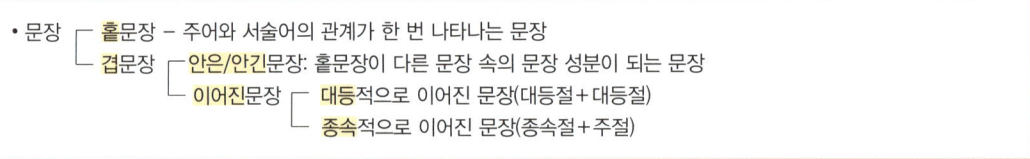

(1) **안은문장과 안긴문장**: 다른 문장 속에서 하나의 성분처럼 쓰이는 문장을 **안긴**문장이라고 하고 이 문장을 포함한 문장을 **안은**문장이라고 한다.

① **명사절**: 문장에서 명사처럼 기능하는 절. 명사형 어미 '-(으)ㅁ', '-기'에 의하여 성립

  예 (철수가 축구에 소질이 있음)이 밝혀졌다.(주어의 역할)
  어린아이가 (그런 일을 하기)가 쉽지 않다.(주어의 역할)
  농부들은 (올해에도 농사가 잘되기)를 바랐다.(목적어의 역할)
  (파도가 잔잔하기)에 낚시를 갔다.(부사어의 역할)

② **관형절**: 문장에서 관형어로 사용되는 절. 관형사형 어미 '-(으)ㄴ/-는, -(으)ㄹ, -던'에 의하여 성립

  ㉠ **관계** 관형절: 관형절의 수식을 받는 체언이 관형절의 한 성분이 되는 경우

    예 (학교에 가는) 철수를 보았다.(철수가 학교에 갔다 → 주어 역할)
    (철수가 그린) 풍경화가 특선으로 뽑혔다.(철수가 풍경화를 그렸다 → 목적어 역할)

  ㉡ **동격** 관형절: 피수식어가 관형절의 한 성분이 아니라 관형절 전체의 내용을 받는 경우

    예 (네가 깜짝 놀랄) 일이 생겼다. → (일=네가 깜짝 놀라다.)

③ **부사절**: 문장에서 부사와 같이 서술어를 수식하는 기능을 하는 절. 부사화 접미사 '-이'나 부사형 어미 '-게' 등에 의하여 성립 예) 비가 (소리 없이) 내린다. 정원에는 (장미꽃이 아름답게) 피었다.

④ **서술절**: 문장에서 서술어의 기능을 하는 절. 예) 영희는 (키가 크다). 그 사람은 (아들이 의사다).

⑤ **인용절**: 화자의 생각, 판단, 또는 남의 말을 인용한 문장이나 의성어, 의태어를 인용의 부사격 조사로 표현한 절.
　㉠ **직접** 인용절: 인용의 부사격 조사 '-라고'로 연결된 절로서 인용부호(큰따옴표)로 된 문장을 그대로 인용 예) 선생님께서 ("오늘 수업 끝나고 대청소를 하자.")라고 말씀하셨다.
　㉡ **간접** 인용절: 인용의 부사격 조사 '-고'로 연결된 절로서 인용부호를 사용하지 않은 문장을 인용
　　예) 선생님께서 (오늘 수업 끝나고 대청소를 하자)고 말씀하셨다.

(2) **이어진문장**: 두 개 이상의 홑문장이 연결어미에 의해 이어진 전체 문장
　① **대등**하게 이어진 문장: 대등적 연결어미나 문장을 접속하는 접속 조사에 의해 이어진 문장(도치 가능)
　　나열(-고, -며, -아서), 대조(-나, -지만, -아도), 선택(든지, 거나) 등
　　예) • 오늘은 하늘도 맑고 파도는 잔잔하였다.(나열)
　　　• 봄이 왔지만 날씨는 쌀쌀했다.(대조)
　　　• 산으로 가든지 바다로 가든지 어서 결정해라.(선택)
　　　• 나는 사과와 배를 샀다.(접속 조사)
　② **종속**적으로 이어진 문장: 종속적 연결어미에 의해 이어진 문장(도치 불가)
　　이유(-어서, -므로, -니까), 조건(-면, -거든, -더라면), 의도(-려고, -고자), 결과(-서, -니까), 전환(-는데) 등
　　예) • 퇴근할 시간이 다 되어서 나는 더 기다릴 수 없었다.(이유)
　　　• 손님이 오시거든 반갑게 맞이하여라.(조건)
　　　• 우리는 독도에 가려고 아침 일찍 일어났다.(의도)

③ 문장 문법

(1) **문장의 종류**: 국어의 문장은 **종결 표현**에 따라 전체 문장의 의도가 좌우된다.

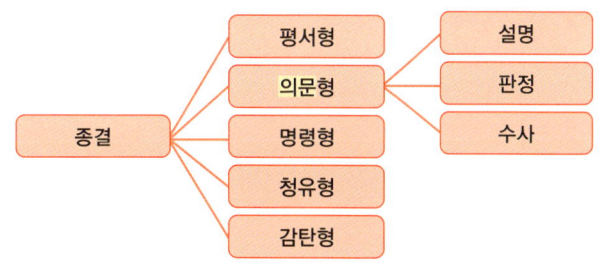

🖋 의문문의 종류

유형	의미	용례
설명 의문문	**의문사**가 포함되어 일정한 설명을 요구하는 의문문	어디 가니?
판정 의문문	의문사 없이 단순히 긍정이나 부정의 대답을 요구하는 의문문	네가 철수니?
수사 의문문	굳이 대답을 요구하지 않고 서술이나 명령 등 의문 외의 효과를 내는 의문문	내가 밥만 사겠니? 누가 그것을 모를까?

(2) **시제(時制)**: 말하는 이가 발화시를 기준으로 하여 문장에 표현된 사건의 시간이 현재, 과거, 미래의 어느 것인가를 지시하는 문법 범주

① 발화시와 사건시
- **발화시**(發話時): 말하는 이가 말을 하는 시점(발화시는 항상 현재)
- **사건시**(事件時): 동작이나 상태가 일어난 시점

② 절대 시제와 상대 시제

유형	개념	위치	예
절대 시제	발화시를 기준으로 결정되는 시제	종결형	나는 어제 떡국을 먹**었**다. (과거)
상대 시제	주문장의 사건시에 의존하여 상대적으로 결정되는 시제	관형사형 어미	나는 어제 설거지하시**는** (현재) 어머니를 도와드렸다.

예	절대 시제	상대 시제
도서관은 책을 읽**는** 학생들로 붐**볐**다.	과거	현재
예쁜 꽃으로 장식하**겠**다.	미래	현재
저렇게 부지런**한** 사람은 처음 **본**다.	현재	현재

(3) **피동(被動)·사동(使動)**

① **피동(被動)**: 주어가 다른 주체에 의해서 동작을 **당하게** 되는 것

　　예 누나가 아이를 업는다.(능동) / 아이가 누나에게 업힌다.(피동)

　㉠ 파생적 피동문: 타동사의 어근에 피동 접미사(**-이-, -히-, -리-, -기-, -되다**)가 결합된 파생어를 사용하여 만들어진 피동문을 말한다. 예 도둑이 경찰관에게 잡**히**다.

　㉡ 통사적 피동문: 접사를 이용한 파생적 피동문 이외에 '**-어지다, -게 되다**'를 사용하여 만든 피동문을 말한다. 예 강풍에 돌담이 무너지다.

② **사동(使動)**: 주어가 남에게 동작을 하도록 **시키는** 것

　　예 새가 벌레를 먹는다.(주동) / 새에게 벌레를 먹인다.(사동)

　㉠ 파생적 사동문: 동사, 형용사 어근에 사동 접미사(**-이-, -히-, -리-, -기-, -우-, -구-, -추-**)가 결합된 파생어를 이용하여 만들어진 사동문이다. 예 아이에게 우유를 먹이다.

　㉡ 통사적 사동문: 접사를 이용한 파생적 사동문 이외에 '**-게 하다**'를 사용하여 만든 사동문을 말한다.

　　예 아이에게 우유를 먹게 하였다.

(4) **부정 표현**: 긍정 표현에 대해 언어 내용의 의미를 부정하는 문법 기능

① '**안**' 부정문: 부사 '아니(안)'나 보조 용언 '아니하다(않다)'로 **의지** 부정이나 **상태** 부정을 나타내는 것.

　　예 학원에 안 갔다. / 학원에 가지 않았다. / 비가 안 온다. / 비가 오지 않는다.

② '**못**' 부정문: 부사 '못'이나 보조 용언 '못하다'로 **능력** 부정을 나타내는 것.

　　예 학원에 못 갔다. / 학원에 가지 못했다.

③ '**말다**' 부정문: **명령문**이나 **청유문**은 '-지 말다'를 활용하여 부정한다.

　　예 공부만 하지 마라. (명령문) / 공부만 하지 말자. (청유문)

(5) 중의문: 한 문장이 두 가지 이상의 의미로 해석되는 것
   ① **어휘적** 중의성: 어느 한 단어의 의미가 중의적이어서 모호한 것이다. 다의어나 동음이의어, 관형격 조사 '의'로 인해 일어난다.
   ② **구조적** 중의성: 문장 구조로 인해 한 문장이 두 가지 이상의 의미로 해석되는 것이다.

수식 범위	예 아름다운 그녀의 목소리 [중의적 해석] ① 아름다운 그녀 ② 아름다운 목소리
비교 대상	예 유진이는 남자 친구보다 영화를 더 좋아한다. [중의적 해석] ① 유진이는 남자 친구가 영화를 좋아하는 것보다 영화를 더 좋아한다. ② 유진이는 남자 친구보다 영화가 좋다.
공동격 구문	예 유진이는 사과와 배 두 개를 샀다. [중의적 해석] ① 사과 1개, 배 1개 ② 사과 1개, 배 2개 ③ 사과 2개, 배 2개 예 유진이와 영수가 여행을 갔다. [중의적 해석] ① 유진이와 영수가 함께 여행을 간 경우 ② 따로따로 여행을 간 경우
호응 성분	예 사람들이 많은 곳을 가보면 재미있는 일이 많다. [중의적 해석] ① 사람들이 여러 곳을 가보면 재미있는 일이 많다. ② 사람이 많은 곳에 가보면 재미있는 일이 많다.
수량사의 지배	예 세 명의 여자가 한 남자를 사귄다. [중의적 해석] ① 세 명의 여자가 각각 한 남자를 사귄다. ② 세 명의 여자가 어떤 한 남자를 사귄다.
파생적 사동	예 유진이가 동생에게 밥을 먹였다. [중의적 해석] ① 유진이가 동생에게 밥을 직접 먹였다. (직접 사동) ② 유진이가 동생으로 하여금 밥을 먹게 하였다. (간접 사동)
부정문	예 친구들이 다 안 왔다. [중의적 해석] ① 한 사람도 오지 않았다. ② 일부가 오지 않았다. 예 나는 유진이를 어제 학교에서 만나지 않았다. [중의적 해석] ① 내가 만난 사람은 유진이가 아니다. ② 내가 유진이를 만난 것은 어제가 아니다. ③ 내가 유진이를 어제 만난 곳은 학교가 아니다. ④ 내가 어제 학교에서 유진이와 만난 것은 아니다. (통화를 했다.) ⑤ 어제 유진이를 만난 사람은 내가 아니다.
보조 용언	예 유진이는 구두를 신고 있다. [중의적 해석] ① 유진이는 구두를 신은 상태이다. ② 유진이가 구두를 신는 중이다.
병렬 구문	예 유진이는 웃으면서 들어오는 학생에게 인사하였다. [중의적 해석] ① 유진이가 웃는 경우 ② 학생이 웃는 경우
의존 명사 구문	예 그가 우는 것이 이상하다. [중의적 해석] ① 운다는 사실이 이상한 경우 ② 이상한 모습으로 우는 경우
생략	예 유진이는 원하는 것이 무엇인지 안다. [중의적 해석] ① 유진이 자신이 원하는 것 ② 다른 사람들이 원하는 것

   ③ **은유적** 중의성: 은유적 표현이 두 가지 이상의 의미로 해석되는 것이다.

   예 우리 엄마는 호랑이 같다. (성격/외모)

4 담화(높임법)

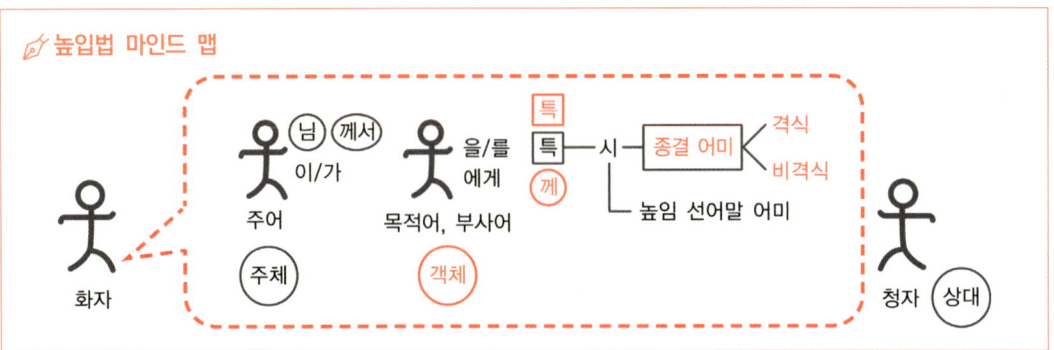

✏️ 높임법 마인드 맵

1 주체(主體) 높임법

서술어 주체를 높이는 방법으로, 말하는 이보다 서술의 주체가 나이나 사회적 지위 등에서 상위자일 때에 사용된다. 주체 높임법은 기본적으로 서술어에 선어말 어미 '-(으)시-'가 붙어 실현되나, 주격 조사 '이/가' 대신 '께서'가 쓰이기도 하고 주어 명사에 접미사 '-님'이 덧붙기도 한다. 또한 '계시다'와 같이 주체 높임을 위한 특수 어휘도 있다.

(1) 주체(主體) 높임법의 종류

① **직접** 높임: 말하는 이가 주어를 직접 높일 경우 예 선생님께서 책을 읽고 계신다.

② **간접** 높임: 말하는 이가 주어와 관련된 대상(말씀, 생각, 소유물, 가족, 신체 부분 등)을 통하여 주어를 간접적으로 높일 경우
  예 선생님은 따님이 있으시다. 이모님은 댁이 공원에서 많이 머시다. 그분은 지금 볼 일이 없으시다.

> ✏️ 간접 높임의 제약
> 주어와 관련된 대상을 통해 주어를 간접적으로 높이는 간접 높임법의 경우에는 '계시다'를 쓸 수 없다. 예를 들어, '말씀'은 존칭 명사가 아니므로 '말씀이 계시겠습니다.'는 잘못된 표현이며 '말씀하시겠습니다.', '말씀이 있으시겠습니다.'가 옳은 표현이다.
> 예 교장 선생님의 말씀이 계시겠습니다. (×) ⇨ 교장 선생님의 말씀이 있으시겠습니다. (○)
>   교장 선생님께서 말씀하시겠습니다. (○)

(2) **압존법(壓尊法)**: 문장의 주체가 듣는 이보다 낮은 지위에 있을 경우 높임 표현을 사용할 수 없는 어법을 이른다. 다만, 가족 간에는 압존을 지키는 것이 원칙이지만 **압존하지 않는 경우도 허용**된다.
  예 할머니, 어머니가 돌아왔어요. (압존 적용 = 원칙)
     할머니, 어머니가 돌아오셨어요. (압존 적용 × = 허용)

2 객체(客體) 높임법

목적어나 부사어가 지시하는 대상, 즉 서술의 객체를 높이는 방법이다. 객체 높임법에는 주로 특수 어휘, 그중에서도 특수한 동사('모시다, 드리다, 뵙다, 여쭙다' 등)를 사용한다. 그리고 조사 '에게' 대신 '께'를 사용하기도 한다.

예) 나는 아버지를 모시고 병원을 갔다.

3 상대(相對) 높임법(= 청자 높임법)

말하는 이가 듣는 이를 높이거나 낮추어 말하는 방법이다. 상대 높임법은 종결 표현으로 실현되는데, 크게 격식체와 비격식체로 나뉜다.

구분		평서형	의문형	명령형	청유형	감탄형
격식체	하십시오체	합니다	합니까?	하십시오	하시지요	–
	하오체	하오	하오?	하(시)오, 하구려	합시다	하는구려
	하게체	하네, 함세	하는가?, 하나?	하게	하세	하는구먼
	해라체	한다	하냐?, 하니?	해라, 하거라	하자	하는구나
비격식체	해요체	해요, 하지요	해요?, 하지요?	해요, 하지요	해요, 하지요	하는군요
	해체(반말)	해, 하지	해?, 하지?	해, 하지	해, 하지	해, 하지, 하는군, 하는구먼, 하네

Chapter 02 논리학 개념

1 명제의 이해

• 정언 명제: A라는 주어 개념과 B라는 술어 개념
          A는 B이다.

(1) 전칭 긍정: 모든 A는 B이다.
(2) 전칭 부정: 어떤 A도 B가 아니다. = 어떤 B도 A가 아니다.
(3) 특칭 긍정: 어떤 A는 B이다. = 어떤 B는 A이다.
(4) 특칭 부정: 어떤 A는 B가 아니다.

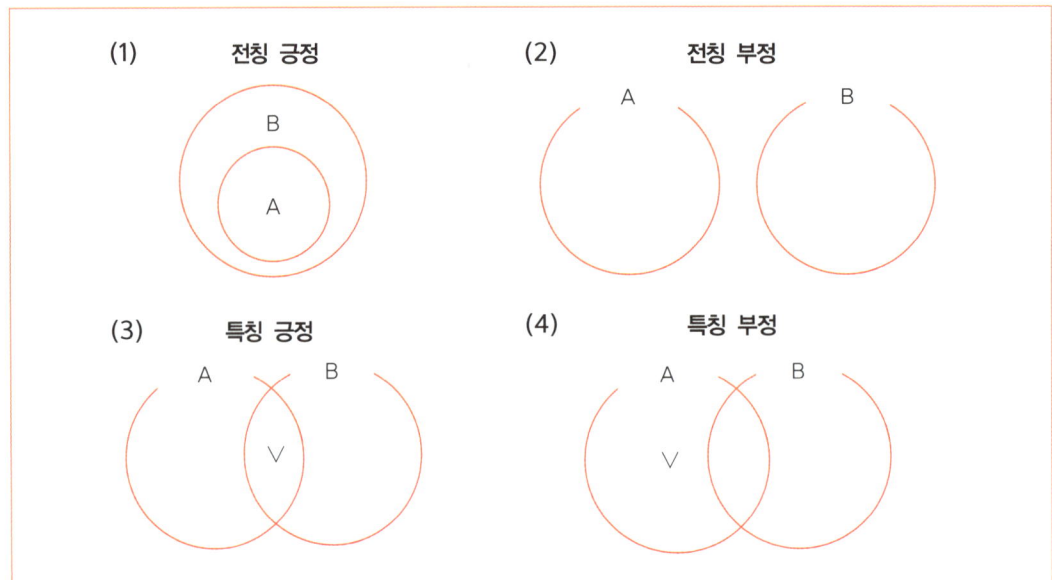

🔔 어떤 A도 B가 아니다. = 어떤 B도 A가 아니다. = 모든 A는 B가 아니다. = 모든 B는 A가 아니다.

2 조건 명제의 이해

🔔 다음의 조건 명제들은 모두 논리적으로 같은 의미를 갖는다.

- A이면 반드시 B이다.
- B일 경우에만/때에만 A이다
- B에 한하여 A이다.

이 명제들을 기호화하면 모두 A → B

3 필요조건과 충분조건

(1) **필요**조건: A → B에서 B는 A의 '필요조건으로서의 원인'
   원인이 없을 때 결과도 없는 관계
   B가 참이 아니면 A도 반드시 참이 아니라는 것

(2) **충분**조건: A → B에서 A는 B의 '충분조건으로서의 원인'
   원인이 있을 때 결과도 있는 관계
   A가 참일 때, B는 항상 참이라는 것

(3) **필요충분**조건: 'A → B'이면서 'B → A'
   원인이 있으면 결과가 있고, 원인이 없으면 결과도 없는 관계
   이는 'A ≡ B'로 기호화

- 사각형은 정사각형이기 위한 필요조건
- 정사각형은 사각형이기 위한 충분조건

- 인간은 황인종이기 위한 필요조건
- 황인종은 인간이기 위한 충분조건

4 역·이·대우

원 명제가 'A → B'일 때 그 역은 'B → A'이다.
그 이는 '~A → ~B'이다.
그 대우는 '~B → ~A'이다.

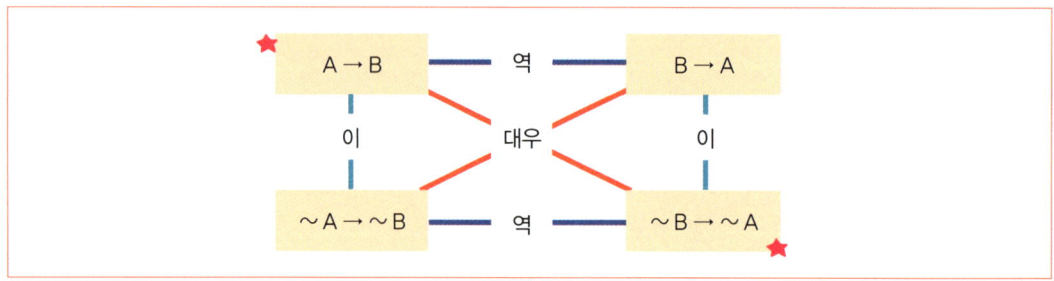

🔔 역·이·대우 중 대우만 원 명제와 논리적으로 동치이다.
⇔

5 필수 기호화 공식

기호	구분	의미
A→B		A이면 반드시 B이다. B일 경우에만/때에만 A이다. B에 한하여 A이다.
~A	부정	not A -가 아니다 / 않다
A	긍정 전칭	All 모든, 전부, 다, 빠짐없이
An	특칭	Some 어떤
A∧B	연언	A and B -하고, -고, 그리고, 또, 및, -와, -하는, -인, -면서, -지만…
A∨B	선언	A or B -하거나, 혹은…

6 진리표

두 개 이상의 명제로 복합 명제를 구성할 때, 그 복합 명제도 참 또는 거짓의 값을 가진다.

'P이면 Q이다'라는 조건을 건 문장이 있을 때,
- 전제(P)가 거짓이면, 결론(Q)이 참이건 거짓이건 상관없이 전체 명제(P → Q)는 참이다.
- 전체 명제(P → Q)가 거짓인 경우는, 전제(P)가 참이고 결론(Q)이 거짓인 경우뿐이다.

P	Q	P→Q
참	참	참
참	거짓	거짓
거짓	참	참
거짓	거짓	참

(1) 연언(∧)

P	Q	P∧Q
참	참	참
참	거짓	거짓
거짓	참	거짓
거짓	거짓	거짓

연언은 두 개의 명제가 모두 참일 때에만 참이다. 둘 중 하나만 거짓이어도 거짓이 된다. 논리학에서 '그리고'와 '그러나'는 복수의 정보를 연결하는 장치에 불과하므로 모두 '∧'로 연결한다.

(2) 선언(∨)

P	Q	P∨Q
참	참	참
참	거짓	참
거짓	참	참
거짓	거짓	거짓

선언은 '둘 가운데 하나', 혹은 '둘 다'를 의미한다. 따라서 둘 다 거짓일 경우에만 거짓이 된다. 여기서 둘 다 참인 경우를 배제하고 둘 중에 하나만 참인 경우를 한정하여 말할 땐 '배타적 선언'이라 부른다.

(3) 조건 명제의 응용

(A∧B) → C	A → C (×) B → C (×)
(A∨B) → C	A → C, ~C → ~A B → C, ~C → ~B
A → (B∧C)	A → B, ~B → ~A A → C, ~C → ~A

7 귀납과 연역

전통적으로 논증에는 귀납과 연역이라는 두 가지 형식이 있다. **귀납 논증**은 많은 사례를 조사한 뒤에 사례들에서 일반화된 원리나 법칙, 명제를 이끌어 내는 방식이고, **연역 논증**은 일반화된 원리에서 특수한 사실, 명제 등을 이끌어 내는 방식이다.

연역은 전제가 참일 경우 결론의 참이 확실히 보장된다. 그러나 귀납 논증은 전제가 참이라고 해서 결론이 확실히 참이 되는 것은 아니다. **귀납 논증은 경험과 관찰을 전제로 삼기 때문에, 그 전제가 참일 경우 결론이 매우 그럴듯하다는 개연성만 준다**. 귀납 논증의 개연성을 높이려면 전제가 반드시 참이어야 하며, 전제 중 하나가 거짓인 경우에는 결론의 개연성이 사라지게 된다. 아울러 참인 전제가 많으면 많을수록 개연성이 높아진다. 개연성을 높이기 위해서는 주장을 뒷받침하는 근거를 풍부하게 나타내 보여야 한다. 스스로 결론에 대한 반박을 잠재울 만한 내용을 근거로 제시하는 것도 개연성을 높이는 방법 중 하나이다.

연역 추론 중 대표적인 방식은 **삼단논법**이다. '모든 사람은 죽는다(대전제) → 소크라테스는 사람이다(소전제) → 따라서 소크라테스는 죽는다(결론)'의 예처럼 **대전제와 소전제가 참이면 결론은 당연히 참**이 된다. 그러나 전제의 참은 어떻게 증명할 것인가? 모든 것은 늘 다른 것에 의해 증명되어야 하는데, 연역에서 사용되는 전제가 참이라는 것을 증명하는 과정은 쉽지 않다. 전제가 완전한 진리라고 인정되는 경우가 아니라면 전제를 증명하는 과정에서 **순환 논증의 오류**에 빠지기 쉽다.

8 연역 논증을 활용한 추론 규칙

🔔 어떠한 연역 논증이 다음의 논증 형태를 띤다면, 그 논증은 형식의 측면에서 타당하다.

(1) 전건 긍정: 주어진 명제(A → B)가 참일 때, 전건(A)이 참이라면 후건(B)도 참이다. (주어진 명제를 그대로 도출함.)

A → B	철수는 비가 오면 학교를 안 갈 것이다.
A	비가 온다.
B	철수는 학교를 안 갈 것이다.

(2) 후건 부정: 주어진 명제(A → B)가 참일 때, 후건의 부정(~B)이 참이라면 전건의 부정(~A)도 참이다. (대우 ~B → ~A)

A → B	철수는 비가 오면 학교를 안 갈 것이다.
~B	철수는 학교를 갔다.
~A	비가 오지 않았을 것이다.

(3) 선언: 주어진 선언 명제(A∨B)가 참일 때, 선언지 중 하나를 부정(~A)하면 남은 선언지(B)는 참이다.

A∨B	철수는 국어를 공부하거나 영어를 공부할 것이다.
~A	철수는 국어를 공부하지 않았다.
B	철수는 영어를 공부할 것이다.

(4) 연언: 주어진 연언 명제(A∧B)가 참일 때, 연언지 A와 B가 모두 참이다.

A∧B	철수는 밥을 먹었고, 국을 먹었다.
A	철수는 밥을 먹었다.
B	철수는 국을 먹었다.

Chapter 03 문학 개념

1 고전 운문의 흐름

 시대별 특징

1 고대 문학(문학의 발생기 ~ 통일 신라 시대)의 특징
① 제천 의식에서 행하여진 원시 종합 예술 형태의 집단 가무에서 문학 발생
② 집단적 서사 문학 → 개인적 서정 문학
③ 구비 전승 → 한역(한자로 기록)

2 고려 시대 문학의 특징
국문학(향가) 위축 → 한문학(한시) 융성
- **평민층**: '속요', 즉 '고려 가요' 발생
- **귀족층**: '경기체가' 발생, '시조' 발생

3 조선 전기 문학(조선 건국 ~ 임진왜란)의 특징
① 상류 계층인 양반, 사대부 계층에 의해 문학 주도, 유교적인 이념
② 훈민정음 창제 → 구전 문학 기록
- 중국의 한시를 훈민정음으로 기록한 번역 문학인 '언해' 작업
- 궁중 음악인 '악장' 출현 → 곧 소멸
- 고려 시대에 발생한 경기체가 소멸
- '가사' 발생
- '시조' 발전

4 조선 후기 문학(임진왜란 ~ 갑오개혁)의 특징
- **평민층**: '사설 시조' 등장
- **'가사' 발전**: 기행 가사를 중심으로 장편화, 다양화, 서사화

구분	조선 전기	조선 후기
계층상	양반 중심	평민 중심, 여성 등장
장르상	운문 중심	산문 중심
경향상	관념적, 비현실적	현실적, 실제적
사상상	성리학(주자학)	실학, 고증학

갈래별 특징

> **1. 향유 계층에 따른 갈래**
> - 귀족, 양반 문학: 경기체가, 악장
> - 평민 문학: 속요, 사설 시조, 민속극, 잡가
> - 평민과 양반이 함께 즐긴 국민 문학: 향가, 시조, 가사, 판소리
>
> **2. 형태적 갈래**
> - 운문(시가) 문학: 향가, 속요, 경기체가, 시조, 악장
> - 운문의 성격과 산문의 성격을 동시에 지닌 문학: 가사, 판소리

1 고대 시가: 집단적이고 서사적인 문학 → 개인적이고 서정적인 시가

① 구전되다가 한역시 형태로 후대에 기록
② 배경 설화와 함께 전하고 있어서 서사 문학과의 혼재 양상

작품명	작가	의의	내용	출전
공무도하가	백수 광부의 아내	현전 최고(最古)의 시	물에 빠져 죽은 남편의 죽음을 애도	해동역사, 고금주
구지가	구간 등	현전 최고(最古)의 무가, 주술가	수로왕의 탄생을 기원하는 주술적인 노래, 영신군가라고도 함.	삼국유사
황조가	유리왕	문헌상 최고(最古)의 고구려 가요	임과 이별한 슬픔을 읊은 노래	삼국사기
정읍사	어느 행상인의 아내		행상 나간 남편을 걱정	악학궤범

2 한문학 = 한시

① 「여수장우중문시」(을지문덕): 현전 최고(最古)의 한시(『삼국사기』에 전함.)
② 『계원필경』(최치원): 현전하는 최초의 개인 문집

3 향가

향찰로 표기된 신라 시대에서 고려 초기까지의 노래로, 4·8·10구체 중 완성형인 10구체 향가(사뇌가)는 본격적인 기록 문학의 효시

작품명	작가	의의 및 성격	내용
서동요(4)	서동	현전 최초의 향가	서동이 선화 공주를 얻기 위해 퍼뜨린 동요
모죽지랑가(8)	득오(곡)	추모곡	죽지랑의 고매한 인품을 추모한 노래
헌화가(4)	소를 몰고 가던 어느 노인	민요적인 노래	수로 부인에게 꽃을 바치며 부른 노래
제망매가(10)	월명사	추모곡	죽은 누이의 명복을 빌며 부른 추도의 노래
안민가(10)	충담사	유일한 유교적 향가	경덕왕의 요청으로 군, 신, 민의 도리를 노래한 치국안민의 노래
찬기파랑가(10)	충담사	추모곡	기파랑의 높은 인품을 추모하며 부른 노래
처용가(8)	처용	• 신라 최후의 향가 • 주술적인 노래	아내를 범한 역신을 굴복시키기 위한 주술요

4 향가계 여요

향가가 고려 속요로 넘어가는 과정에서 발생한 과도기적 형태의 노래

작품명	작가	연대	형식	내용	출전
정과정	정서	의종	10구체	유배지에서 임금의 부름이 없자 억울함을 하소연하고 그리움을 호소한 노래로 한글로 전해짐.	악학궤범

5 고려 속요(고려 가요)

고려 시대에 평민들이 부르던 진솔한 민중 공동의 노래로, 구비 전승 되다가 한글 창제 후 『악학궤범』, 『악장가사』, 『시용향악보』에 기록

분절체(= 분연체, 분장체), 후렴구와 반복, 3음보, 남녀상열지사

작품명	내용
사모곡	어머니의 사랑을 호미와 낫에 비유한 노래
동동	월령체(달거리 형식)의 효시, 월별로 자연과 풍습에 따라 남녀 간의 애정을 노래함.
정석가	임금 또는 사랑하는 임의 만수무강을 노래함.
처용가	향가 처용가에서 발전된 무가로, 역신을 몰아내는 축사의 노래
청산별곡	유랑인의 생활 또는 실연의 슬픔을 노래함.
가시리	사랑하는 사람과의 이별의 한을 노래함.
서경별곡	대동강을 배경으로 남녀 간의 이별의 정한을 노래함.

6 경기체가

신흥 사대부들이 자신들의 삶과 향락적인 여흥을 과시한 교술 시가 양식으로, 향유 계층이 넓지 않아 전승되지 못하고 곧 소멸

작품명	작가	연대	특징
한림별곡	한림 제유	고종	시부, 서적, 명필, 명주, 화훼, 음악, 누각, 추천을 노래함. 고려 가요의 양식에 후렴구('위 경기 어떠하니잇고')가 특징

7 악장

조선 왕조의 창업과 번영을 송축하기 위해 공식 행사에 사용된 궁중악가

신흥 사대부들이 중심이 되어서 지은 것으로 조선 초기 발생하여 세종 때 성행하였으나 성종 이후 소멸

작품명	작가	특징
용비어천가	정인지, 권제, 안지	한글로 쓴 최초의 서사시 조선 왕조의 창업과 번영을 송축

8 시조

① 고려 중엽 발생 → 말엽 완성 → 조선 시대에 전성기
   10구체 향가에서 시조가 비롯하였으리라는 설이 일반적
② 3장 6구 45자 내외(종장 첫 구의 3자 고정), 3·4조나 4·4조의 음수율, 4음보
③ 전개
   ㉠ 고려 말~조선 초: 대개 평시조 형식, 역사적 전환기 지식인들의 고뇌가 주류
   ㉡ 조선 전기: 유학 사상을 담은 사대부의 평시조
   ㉢ 조선 후기: 시조의 산문화 경향에 의해 엇시조, 사설시조 같은 중장형 시조가 등장, 제재와 주제가 크게 다양화, 시조집 편찬, 평민 시인 배출, 평민층 가단 형성, 시조창과 전문 가객 등장

작품명	작가	내용
강호사시가	맹사성	• 강호에서 자연을 즐기며 임금의 은혜를 생각함. • 최초의 연시조
어부단가	이현보	전 5수, 윤선도의 「어부사시사」에 영향을 줌.
어부사시사	윤선도	전 40수, 사계절에 맞춰 자연친화의 정신을 노래함.
오륜가	주세붕	삼강오륜을 노래한 교훈적인 내용
도산십이곡	이황	전 12수의 연시조, 전 6곡은 언지, 후 6곡은 언학
고산구곡가	이이	전 10수의 연시조, 주자의 「무이구곡가」를 본뜸.
매화사 = 영매가	안민영	스승 박효관이 가꾼 매화를 보고 지은 것

9 가사

운문이 산문으로 넘어가는 과도기적 갈래
3·4조, 4·4조, 4음보의 연속체 장가 형태의 교술적 시가

🔔 조선 전기·후기 가사의 비교

구분	조선 전기	조선 후기
향유 계층	양반 사대부층 중심	평민 계층과 부녀자 계층에게까지 확산
형식	정격 가사	장편화, 산문화, 서사화, 변격 가사가 출현
내용	음풍농월, 연군 등의 서정적 관념	현실적인 체험을 사실적으로 표현

작품명	작가	내용	의의
상춘곡	정극인	태인에 은거하면서 본 경치를 읊음.	가사 문학의 효시
만분가	조위	무오사화 때 순천에서 지은 작품	유배 가사의 효시
관동별곡	정철	금강산과 관동의 산수미에 감회를 섞은 기행 가사	기행 가사
사미인곡	정철	사계절에 맞춰 충신 연주의 뜻을 노래함.	유배 가사
속미인곡	정철	• 두 여인의 문답으로 된 연군가 • 「사미인곡」의 속편	김만중과 홍만종이 극찬
규원가	허난설헌	남편을 기다리는 여자의 애원을 노래한 내방 가사	내방 가사의 대표작
선상탄	박인로	전쟁의 비애와 평화를 갈망하는 뜻을 노래함.	임진왜란의 참상
누항사	박인로	안빈낙도의 생활을 노래함.	전후 가난에 대한 토로
농가월령가	정학유	농촌의 연중행사와 풍경을 월령체로 노래함.	실학자의 월령체 가사
일동장유가	김인겸	일본 사신을 따라갔다 와서 적은 장편 기행 가사	해외 기행 가사
연행가	홍순학	청에 가는 사신의 견문을 적은 기행 가사	해외 기행 가사

10 잡가

① 조선 후기 하층 계급의 전문 소리꾼에 의해 불리던 유흥적인 노래로, 가사, 시조, 민요, 판소리의 영향을 받아 발생하였으며, 4·4조, 4음보의 가사 형식이지만 파격이 있음.
② 대표작: 「유산가」

11 민요

일반 민중의 생활 속에서 전승되는 모든 구비 시가의 총칭
풍자적이고 해학적인 부요(부녀자들의 애환), 노동요, 의식요, 유희요 등
대표작: 「방아타령」, 「잠노래」, 「시집살이 노래」

2 고전 산문의 흐름

시대별 특징

1 고대 문학(문학의 발생기 ~ 통일 신라 시대)의 특징

집단적 서사 구전 = 설화 구전

2 고려 시대 문학의 특징

구전되던 설화 → 문헌에 한문으로 기록 → 패관 문학, 가전체 문학 등장

3 조선 전기 문학(조선 건국 ~ 임진왜란)의 특징

① 상류 계층인 양반, 사대부 계층에 의해 주도, 유교적인 이념
② 훈민정음 창제 → 구전 문학을 한글로 기록
  - 한문 소설 등장[15세기 세조, 「금오신화」(김시습)]
  - 패관 문학 성행

4 조선 후기 문학(임진왜란 ~ 갑오개혁)의 특징

- 양반에서 평민과 여성으로 문학 향유층이 확대됨.
- 한글 소설 등장[1612 광해군, 「홍길동전」(허균)]
- 전쟁 영웅 군담 소설 등장
- 1687 숙종, 「구운몽」(김만중)
- 연암 박지원(영·정조, 1737~1805)의 한문 소설
- 가문 중심의 대하소설 등장
- 판소리와 민속극이 크게 성행
- 한글 수필 본격화

갈래별 특징

1 설화

민족 집단 안에서 공동의 의식을 바탕으로 발생된 이야기 형태의 구비 문학으로, 구전성, 서사성, 허구성, 산문성, 민중성을 가지고 있다.
① 신화
  - 특별한 주인공이 신성한 업적을 성취하는 초월적인 이야기
  - 민족을 중심으로 전승되며 숭고미가 중심
② 전설
  - 구체적인 증거물과 결합되어, 역사성과 진실성이 있다고 믿어지는 이야기
  - 지역을 중심으로 전승되고, 비극적 결말의 비장미가 중심

③ 민담
- 일상적 인물이 주인공으로 등장하여, 흥미와 교훈 위주로 전개되는 이야기
- 민족과 지역을 초월하여 전 세계적으로 전승되며 골계미가 중심

작품명	내용	특징	출전
단군 신화	고조선 건국 신화	천강(적강)	삼국유사, 제왕운기, 세종실록지리지, 동국여지승람
동명왕 신화*	(= 주몽 설화) 고구려 건국 신화	난생	삼국유사, 삼국사기, 동국이상국집
조신몽 설화*	인생무상의 불교 설화	「구운몽」 배경 설화, 몽유, 몽자의 효시	삼국유사

- 그 외 전설과 민담: 거타지, 아기장수 우투리, 장자못, 지귀, 망부석, 도미의 처, 달팽이 각시, 사복불언, 온달과 평강 공주, 이야기 주머니, 경문대왕

2 패관 문학

① 떠돌던 설화를 채록자(패관)가 창의력을 더하여 쓴 문학
② 『수이전』(박인량), 『파한집』(이인로), 『보한집』(최자), 『백운소설』(이규보), 『역옹패설』(이제현)

3 가전체 문학

① 열전(역사서에서 인물의 일대기 중심으로 서술된 부분)의 양식으로 사물을 의인화하여 그 가계, 생애, 성품, 공과를 기록
② 작품

작품명	작가	소재	작품명	작가	소재
화왕계*	설총	꽃	공방전*	임춘	돈
화사	임제	꽃	청강사자현부전	이규보	거북
수성지	임제	마음	죽부인전	이곡	대나무
천군연의	정태제	마음	저생전	이첨	종이
국순전*	임춘	술(누룩)	정시자전	석식영암	지팡이
국선생전	이규보	술(누룩)			

4 고소설

① 특징
  ㉠ 권선징악이라는 획일적이고 도덕적인 주제가 많음.
  ㉡ 일대기적 형식, 평면적 구성, 우연적 구성이 많음.
  ㉢ 문어체, 율문체에 가까운 산문체, 편집자적 논평이 많음.
  ㉣ 재자가인, 영웅, 평면적·전형적 인물이 많음.
  ㉤ 우연적, 비현실적, 행복한 결말이 많음.
  ㉥ 초기 작품은 중국 배경(특히 明)이 많음.

> ✎ **국문 소설의 유통**
> - 전기수: 소설을 읽어 주었던 직업적 낭독자
> - 필사: 개인이 직접 베끼는 것
> - 세책: 독자들에게 물건을 저당 잡고 빌려 줌.
> - 방각본: 인기 있는 단편 소설들을 상업적인 목적으로 대량 생산해 내어 판 것

② 조선 전기의 작품

작품명	작가	내용
금오신화*	김시습	• 최초의 한문 소설(집) • 우리나라에서 일어나는 우리나라 사람의 이야기 • 「만복사저포기」, 「이생규장전」, 「취유부벽정기」, 「남염부주지」, 「용궁부연록」 수록

③ 조선 후기의 작품

유형	작품명		작가	내용
사회 소설	홍길동전*		허균	• 최초의 국문 소설, 사회 소설, 영웅 소설 • 적서 차별에 대한 비판 의식, 이상 사회의 건설 • 호민론, 유재론이 배경
염정 소설	운영전*		미상	궁녀 운영과 김 진사의 비극적 사랑 =「수성궁몽유록」
	구운몽*		김만중	• 몽자류 소설 • 유교, 불교, 도교 사상 융합
	숙향전 / 숙영낭자전		미상	「춘향전」의 아류작
가정 소설	사씨남정기*		김만중	• 처첩 간의 갈등을 소설화한 최초의 작품 • 장희빈을 중전으로 책봉한 것을 풍자함.
군담 소설	창작	유충렬전*	미상	영웅 일대기 구조를 가장 잘 보인 작품
		조웅전	미상	중국을 무대로 영웅의 무용담을 그린 소설
	역사	임진록	미상	'임진왜란', '병자호란'이라는 역사적 사건을 배경으로 한 소설
		박씨전*	미상	
연암 소설	호질*		박지원	도학자의 위선적인 생활을 풍자
	양반전*		박지원	양반 사회의 허례허식 및 그 부패를 폭로
	허생전*		박지원	허생의 상행위를 통한 이용후생의 실학사상 반영
	광문자전		박지원	기만과 교만에 찬 양반 생활의 풍자
	예덕선생전		박지원	직업 차별의 타파와 천인의 성실성에 대한 예찬
판소리계 소설	별주부전* = 토끼전		미상	「구토 설화」 + 「용원 설화(인도 설화)」 → 「토끼전」 = 「별주부전」 → 「토의 간(신)」
	흥부전		미상	「방이 설화」 + 「박타는 처녀(몽고 설화)」 → 「흥부전」 → 「연의 각(신)」
	심청전*		미상	「연권녀 설화(효녀 지은 설화)」 + 「인신 공희 설화(거타지 설화)」 → 「심청전」 → 「강상련(신)」
	춘향전*		미상	「도미의 처」 + 「암행어사 설화」 + 「관탈민녀 설화」 → 「춘향전」 → 「옥중화(신)」
	옹고집전		미상	장자못 설화

5 판소리

① 평민 문학으로 시작하여 양반까지 향유층으로 흡수한 구비 문학

② 특징
- ㉠ 율문성과 산문성의 공존
- ㉡ 언어 층위의 다양성(평민 언어 + 양반 언어)
- ㉢ 주제의 양면성(교훈적, 중세적인 표면 주제와 풍자적, 근대적인 이면 주제)
- ㉣ 부분의 독창성 = 부분창(더늠) 중시 = 장면의 극대화
- ㉤ 광대의 역할: 창(노래) + 아니리(이야기) + 발림/너름새(동작)
- ㉥ 고수의 역할: 장단, 추임새
- ㉦ 관객의 참여

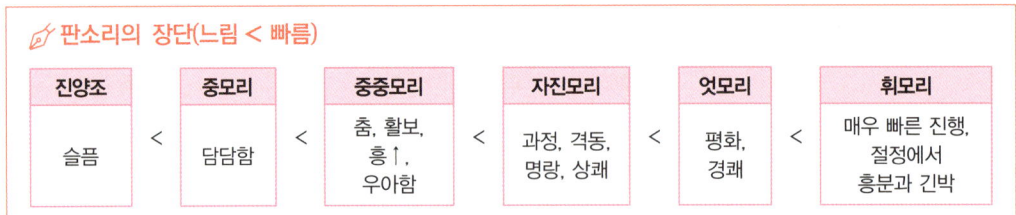

✍ 판소리의 장단(느림 < 빠름)

진양조	중모리	중중모리	자진모리	엇모리	휘모리
슬픔	담담함	춤, 활보, 흥↑, 우아함	과정, 격동, 명랑, 상쾌	평화, 경쾌	매우 빠른 진행, 절정에서 흥분과 긴박

③ 작품

구분	해당 작품
신재효, 여섯 마당	춘향가, 심청가, 흥부가(박타령), 토끼 타령(토별가), 적벽가, 변강쇠 타령(가루지기 타령)

6 민속극

가장한 배우가 대화와 몸짓으로 사건을 표현하는 서민 중심의 전승 형태

전통극	서양 연극
• 현실적 비판, 즉 풍자가 중심 • 극 중의 장소와 공연 장소가 대개 같다. • 관객이 무대에 개입 가능 • 각 장의 줄거리가 독립적 • 시간과 공간의 제약을 별로 받지 않는다.	• 예술적 환상이 중심 • 극 중의 장소와 공연 장소가 다르다. • 관객은 철저히 방관자 • 각 장의 줄거리가 유기적 • 시간과 공간의 제약이 강하다.

7 수필

① 국문 수필: 『계축일기』(어느 궁녀): 광해군의 인목대비 서궁 유폐 사건 =『서궁록』
  『산성일기』(어느 궁녀): 병자호란 당시 남한산성에서 있었던 사건
  『화성일기』(이의평): 정조 때 능행시 왕대비의 회갑연
- ㉠ 기행: 『연행록』(김창업), 『무오연행록』(서유문) – 청에 대한 견문
- ㉡ 제문: 『조침문』(유씨 부인) – 바늘을 부러뜨린 심회
- ㉢ 궁중: 『한중록』(혜경궁 홍씨): 혜경궁 홍씨의 자전적 회고록
- ㉣ 기타: 「규중칠우쟁론기」: 작자 연대 미상, 바느질 도구의 쟁공을 쓴 의인체 수필

② 한문 수필
- 「화왕계」(설총): 꽃을 의인화한 의인체 수필
- 『왕오천축국전』(혜초): 인도와 그 주변 나라를 여행한 기행체 수필
- 「슬견설」, 「경설」, 「이옥설」(이규보), 「차마설」(이곡)
- 『서포만필』(국어 존중론, 김만중), 『열하일기』(박지원)

3 현대 운문의 흐름

개화기 문학(갑오개혁 ~ 1908년)

① 중세에서 근대로의 이행기
② 목적 문학(애국 계몽 운동, 개화, 계몽 선전)
③ 시조는 전승, 가사는 개화 가사를 끝으로 소멸, 한시도 우국 한시를 끝으로 소멸
④ 전통적 문학 형식을 기반으로 한 개화 가사, 창가 탄생

1910년대 문학(1908 ~ 1919년 3·1 운동)

① 계몽주의적 이상주의가 두드러진 현대 문학의 태동기
② 근대적 인간의 형상화를 시도, 신교육, 자유연애 등의 주제 등장
③ 『소년』, 『태서문예신보』를 통하여 서구 문예 사조가 소개
④ 「해에게서 소년에게」(최남선)는 1908년에 『소년』에 발표된 최초의 신체시
⑤ 프랑스 상징시의 번역, 소개
⑥ 김억, 주요한 등에 의해 자유시의 서정성 확립

1920년대 문학

① 일제의 문화 정책으로 인해 여러 신문들과 문예지를 간행
② 1910년대의 계몽주의 문학에 대한 반성에서 반계몽주의적 순수 문학을 지향
③ 낭만주의, 사실주의, 자연주의, 상징주의 등의 서구 문예 사조가 혼입
④ 1920년대 초 무분별한 서구 지향에 '민요시 운동', '시조 부흥 운동'과 같은 전통시 계승 운동 등장
⑤ 1920년대 중반 이후 러시아 계급 사상이 도입, '신경향파' 문학 대두(카프 결성)
⑥ 1920년대 초 병적·퇴폐적 낭만주의 → 1920년대 후반 건강하고 밝은 정서 회복
⑦ 카프에 반발하여 민족주의 진영에서 '국민 문학파' 형성('시조 부흥 운동' 전개)

> ✐ 계급주의 문학
> ① 3·1 운동의 실패 → 지식인의 운동 역량 등에 대한 반성 + 마르크스주의 유입
> ② KAPF(Korea Artista Proleta Federatio): 김기진, 박영희, 이익상, 이상화, 안석주, 송영
> ③ 일제에 의해 1935년 KAPF 공식 해체
> ④ 동반자 작가(직접 가담하지는 않았으나, 그 취지에 찬동한 일군의 작가들): 유진오, 이효석, 박화성, 채만식 등

작가	특징	대표작
주요한	• 『창조』의 동인 • 시의 교훈성, 계몽성 배격	불놀이(최초의 자유시) → 『창조』(1919) 창간호에 발표
홍사용	• 『백조』의 실질적인 주재자	나는 왕이로소이다
김억	• 『태서문예신보』를 통해 서구 상징시를 최초로 번역, 소개 • 근대시와 민요를 접목 • 시의 형식과 리듬에 대한 분명한 자각 • 『폐허』의 동인	• 봄은 간다(최초의 자유시) • 오뇌의 무도(1921, 최초의 근대적 번역 시집) • 해파리의 노래(1923, 최초의 개인 창작 시집)
김소월	• 본명 정식 • 한국적인 정감과 전통적인 율조 확립 • 『창조』를 통해 문단 등장 • 1924년 『영대』의 동인	진달래꽃, 금잔디, 먼 후일, 엄마야 누나야, 산유화, 초혼, 못 잊어, 접동새, 바라건대는 우리에게 우리의 보섭 대일 땅이 있었더면
김동환	• 종합 잡지 『삼천리』 및 문예지 『삼천리 문학』을 주재	국경의 밤(1925, 최초의 현대 서사시)
이상화	• 『백조』 동인 • 감상적이고 낭만주의적인 시를 쓰다가, KAPF의 창립에 가담한 이후 퇴폐적 경향을 청산 • 항일적, 민족주의적	빼앗긴 들에도 봄은 오는가(1926)
한용운	• 불교 시인 • 독립운동가, 3·1 운동 민족 대표 33인의 한 사람, 항일 독립운동의 투사로 활약 • 불교 잡지 『유심』 간행	님의 침묵, 찬송, 나룻배와 행인, 알 수 없어요, 당신을 보았습니다
변영로	• 섬세한 전통 정서와 기개 높은 민족정신이 배어 있는 작품	논개, 조선의 마음
이병기	• 『조선 문단』을 통해 등단 • 시조 작가	난초, 오동꽃, 수선화

 1930, 1940년대 문학(만주 사변 ~ 1945년 8·15 광복)

① 일제의 탄압과 자체 비판 → 1935년 카프 해체 → 목적 문학 퇴조
② 시문학파, 구인회 등 문학의 순수성과 예술성을 지향하는 세력이 문단의 주류 형성
③ 현실에 대한 지적 인식 → 주지적 경향
④ 문학이 역사적 가치의 대상 → 예술적 가치의 대상
⑤ 같은 시기의 서구 문학 수용, 보다 성숙된 기교 구사
⑥ 표현과 주제 다양화
⑦ 내면세계를 지향하는 초현실주의 문학 등장(이상의 「오감도」)
⑧ 생명파와 청록파 등장
⑨ 이육사와 윤동주의 양심과 의지

1 주요 시파

① 시문학파(순수시파)
  ㉠ 주요 인물: 김영랑(윤식), 박용철, 이하윤, 정지용, 신석정
  ㉡ 1920년대 카프 문학이 추구한 목적의식 배격, 순수한 서정시의 본질 강조
  ㉢ '시는 언어 예술', 언어 조탁과 음악성 중시, 우리말의 아름다운 가락 살림, 감각성 추구
  ㉣ 유미주의적, 상징주의적 경향
  ㉤ 고향의 삶을 노래하여 민족의식을 드러내기도 하고 소재 선택이나 어휘 구사는 전통적임.

② 주지시파(모더니즘 시파)
  ㉠ 주요 인물: 장만영, 이상
  ㉡ 최재서(전개) → 김기림(발전) → 김광균(완성)
  ㉢ 낭만적 감정과 음악성을 배격, 지성과 논리 중시
  ㉣ 말에 의해 재현된 감각적 체험의 표상인 이미지와 시각적 심상을 위주로 한 회화성 중시
  ㉤ 측면으로만 기울어져 내용에서 깊이를 찾기가 힘들었으며 시가 언어 예술이라는 점을 깨닫지도 못함.

③ 전원시파
  ㉠ 주요 인물: 신석정, 김동명, 김상용
  ㉡ 일제의 탄압으로 인한 현실 도피의 태도와 동양적 세계관을 중시하는 경향으로 발생
  ㉢ 이상향으로서의 전원생활에 대한 동경과 안빈낙도의 세계관 중시
  ㉣ 자연 친화적, 관조적, 자조적 태도와 서경적 묘사 중시

④ 생명파
  ㉠ 주요 인물: 서정주, 유치환, 김동리
  ㉡ 경향파의 목적의식, 시문학파의 지나친 기교주의, 주지시파의 서구적 취향과 작위적인 기교에 반발
  ㉢ '생명 의식'의 양양, '원시 생명의 회구', '삶의 고뇌 표출'이라는 인간주의 문학을 부르짖음.
  ㉣ 『시인부락』, 『생리』를 중심으로 활동
  ㉤ 휴머니즘 문학(김동리의 주장)은 순수 문학으로 발전하여, 계급주의 문학과 대결

⑤ 청록파
  ㉠ 주요 인물: 조지훈, 박두진, 박목월
  ㉡ 해방 이후 최초의 시집 『청록집』(1946) 간행
  ㉢ 자연을 소재로 한 자연 친화적 태도
  ㉣ 향토적 정서와 전통 회귀 정신을 강조

2 주요 시인과 시

작가	특징	대표작
김영랑	• 『시문학』 동인 • 언어의 섬세한 조탁으로 국어의 심미적 가치 개발에 주력	돌담에 속삭이는 햇발
박용철	• 『시문학』 동인	떠나가는 배
신석정	• 『시문학』 동인 • 전원적, 자연적, 목가적 서정시	그 먼 나라를 알으십니까, 아직 촛불을 켤 때가 아닙니다, 슬픈 구도, 꽃덤불
김기림	• 감상성 배격, 문명 비평 정신을 추구하는 주지주의 도입	기상도(1936), 바다와 나비
정지용	• 세련된 감각적 시어 구사 • 향토적 정취를 노래한 감각적 이미지즘 시인 • 시문학파와 주지시파로 활동	향수, 유리창, 별, 백록담
김광균	• 『자오선』 동인 • 도시적 소재, 공감각적, 시각적 심상을 통한 회화적인 시 • 김기림, 정지용과 함께 1930년대 모더니즘 시를 확산	와사등, 기항지, 외인촌, 추일서정, 설야, 데생
김상용	• 동양적 관조의 세계와 전원 세계를 그림.	남으로 창을 내겠소
서정주	• 『시인 부락』 동인, 생명파 시인 • 인간의 원죄 의식, 불교적 상상력, 영원성 추구, 신비주의	화사, 문둥이, 추천사, 국화 옆에서
유치환	• 『생리』 동인, 생명파 시인 • 생명 탐구의 시 세계를 바탕으로, 동양적인 무위 추구, 허무의 세계를 극복하려는 강한 원시 생명적 의지	깃발, 울릉도, 바위, 일월, 생명의 서
이육사	• 『자오선』 동인 • 고전적 선비 의식이 드러나는 전통적인 민족시 창작 • 일제에 대한 저항시 창작	황혼, 절정, 청포도, 교목, 광야, 꽃
윤동주	• 식민지 지식인의 정신적, 윤리적 고통을 노래 • 부끄러움의 미학	서시, 별 헤는 밤, 간, 자화상, 참회록, 십자가, 쉽게 씌어진 시, 또 다른 고향
조지훈	• 민족적 정서와 전통에 대한 향수 및 불교적 선미를 표현	봉황수, 완화삼, 승무, 고풍 의상, 역사 앞에서, 풀잎 단장
박두진	• 기독교적 생명 사상에 입각한 자연 친화적 노래	향현, 묘지송, 해, 청산도, 낙엽송, 도봉, 어서 너는 오너라
박목월	• 향토성 짙은 토속적인 언어 • 정형적, 민요적 율격 • 자연 친화적 노래	윤사월, 나그네, 청노루, 산도화

1950년대(광복 이후)

① 6·25 전쟁 자체의 비극성과 민족에 대한 연민, 전후의 새로운 가치관과 인간상을 제시
② 생명파와 청록파의 작가들 및 박남수, 박재삼 등의 시인들은 전통 지향
③ 전통적 순수시의 시적 흐름에 반발하여, 1930년대의 모더니즘을 계승한 김수영, 박인환 등의 후반기 동인 등장 → 도시와 문명을 소재로, 시각적 이미지와 관념의 조화를 시도
④ 김광림, 전봉건, 김종삼 등은 기법면에서는 주지주의적, 정서면에서는 서정적
⑤ 김춘수는 사물에 대한 지적 인식을 바탕으로 한 실존적 자각을 표현

1960, 1970년대

① 4·19 혁명 → 분단 극복의 열망과, 시민의 자유와 권리에 대한 열망 분출
② 개발 독재 전략 → 산업화 → 시의 현실 참여 문제가 본격적으로 논의
③ 1970년대 참여파 시인들(신동엽, 김수영)의 민중 지향적인 시적 작업이 본격화
④ 1970년대 초반부터 신경림, 이성부, 정희성 등의 활동에 의해 민중시 활발, 김광섭, 김현승, 김지하 등이 이들의 활동을 더욱 촉발

작가	특징	대표작
이용악	• 초기의 시는 감각적 이미지로 모더니즘적 • 조선 민중의 삶을 구체적인 경험에 관련시킨 '이야기시'	낡은 집, 우라지오 가까운 항구에서, 오랑캐꽃
오장환	• 『낭만』, 『시인 부락(詩人部落)』, 『자오선(子午線)』 등의 동인 • 비애와 퇴폐의 정서를 바탕으로 한 모더니즘 지향 • 향토적 삶을 배경으로 한 순수 서정시 • 계급 의식	고향 앞에서, 소야의 노래
박남수	• 언어 표현의 형태미와 암시성 중시 • 암시적인 이미지로 존재의 본질 탐색	아침 이미지, 새, 종소리
박재삼	• 한국 서정시의 전통적 음색을 재현 • 소박한 일상생활과 자연	울음이 타는 가을 강, 추억에서
구상	• 가톨릭의 종교를 바탕으로 인간 존재를 탐구하는 구도적 경향	초토의 시
박인환	• 광복 후 혼란과 6·25 참상을 배경으로 전후 도시의 삭막함을 그림	목마와 숙녀
김수영	• 1930년대 모더니즘 계승 → 주지적 서정 • 4·19 이후, 강렬한 현실 의식과 저항 정신의 탐구 → 현실 참여	폭포, 눈, 풀
김춘수	• 존재와 언어의 관계 • 탈이미지의 세계 = 포스트모더니즘 • 종교 혹은 예술에 대한 성찰	꽃, 꽃을 위한 서시
신동엽	• 사회의 부조리 폭로, 허구성 비판 • 4·19 혁명의 정신을 되새기며, 인간 본연의 삶을 찾기를 희망	껍데기는 가라
김지하	• 사회 현실에 대한 풍자와 비판 • 판소리 가락을 도입하고 난해한 한문을 차용해서 풍자하기도 함. • 생명에 대한 외경과 환경에 대한 관심	타는 목마름으로, 금강
신경림	• 농민의 고달픔. 따뜻하고 잔잔한 감정을 바탕으로 함.	농무, 목계장터
이성부	• 민중의 강인한 생명력과 서민의 정한을 담아낸 사실주의 • 고통스러운 농촌의 현실을 정직하게 노래	벼, 누룩
정희성	• 절제된 감정과 차분한 어조로 노동 현실과 민중의 정서를 노래	저문 강에 삽을 씻고
김광섭	• 광복 전 해외 문학파로서 활동: 지식인의 우수와 비애 • 광복 후 활동: 자연에 대한 몰입, 전쟁으로 인한 상실의 비애, 공동체적 삶에 대한 인식	성북동 비둘기
김현승	• 기독교 정신과 인간주의	눈물

4 현대 산문의 흐름

 개화기 문학(갑오개혁 ~ 1908년)

1 **신소설**: 고소설과는 다른 새로운 내용, 형식, 문체로 이루어진 소설로, 고소설과 현대 소설의 교량적 역할

① 특징
  ㉠ 표면적 주제(진보적): 개화, 계몽, 자주독립, 자유연애, 신교육, 인습과 미신 타파, 유교 질서 비판 등
  ㉡ 이면적 주제(보수적): 권선징악이라는 운명론적인 사고방식
  ㉢ 문체: 서술 형식의 전기체에서 벗어나 장면 묘사로 시작되는 묘사체로 바뀜.

② 주요 작가와 작품

작가	작품	특징
이인직	혈의 누	• 우리나라 최초의 신소설 • 신문명에 대한 무비판적인 수용과 지나치게 낙관적인 개화주의 • 「숙향전」과 유사한 구조
안국선	금수회의록	• 개화기 작품 중 현실 비판 의식이 가장 강한 소설 • 1인칭 관찰자가 꿈속에서 동물들의 연설을 듣는 형태(= 연설체, 토론체) • 여덟 가지의 동물이 사람의 행실을 나무라고 침략을 규탄하며, 매국을 나무람. • 몽유록 구조 + 우화 소설, 풍자 구조 + 액자 소설

 1910년대 문학(1908 ~ 1919년 3·1 운동)

1 **특징**
  ① 계몽주의적 이상주의가 두드러진 현대 문학의 태동기
  ② 근대적 인간의 형상화, 신교육, 자유연애 등이 주요 주제

2 **최초의 현대 소설 이광수의 「무정」이 1917년 『매일신보』에 연재**
  ① 계몽적, 민족주의적 장편 소설
  ② 문명개화에 대한 실천적 참여 촉구
  ③ 근대적 요소: 자아 각성을 통한 근대적 인물 창조, 적절한 심리 묘사, 구어체, 현실성
  ④ 전근대적 요소: 지나친 작가 개입과 계몽적 태도, 시혜 의식, 영웅 소설적 구조

3 **신파극의 등장과 유행**
  ① 신파극의 특성
    ㉠ 1910~1930년대까지 상업적 대중 연극으로 지속된 연극
    ㉡ 흥미 본위의 통속극이라 신극보다도 필연적 구성이 뒤떨어진다.
  ② 최초의 창작 희곡: 1912년 조중환의 「병자삼인」

 **1920년대 문학**

1 특징

① 1910년대 계몽주의에 대한 반성 → 반계몽주의적 순수 문학을 지향
② 낭만주의, 사실주의, 자연주의, 상징주의 등의 서구 문예 사조가 혼입
③ 1920년대 중반 이후 계급 사상 도입 → 신경향파 → 카프 → 조직적 계급 문학 운동
④ 일제 강점기하 빈곤 문제가 주된 소재로 등장
⑤ 서구 근대극 도입 → 신파극 탈피 → 근대적 연극 활기 → 창작 시나리오
⑥ 최남선, 이광수, 이병기의 기행 수필 발표 → 수필 활기
⑦ 현대 비평 시작

2 계급주의 문학 = 사회주의 문학 운동 = 정치적 문학

① 1925년에 '염군사 + 파스큘라 = 조선 프롤레타리아 예술가 동맹 = KAPF' 결성
② 1930년대 대검거령에 의해 1931년 1차, 1934년 2차 검거를 거쳐 1935년 공식 해체
③ 동반자 작가: 직접 가담하지는 않았으나, 뜻을 같이한 작가(유진오, 이효석, 박화성, 채만식 등)

3 민족주의 문학 – 국민 문학파 주도

① 계급 문학의 정치성에 반대하고 문학의 순수성을 옹호하면서 민족의식을 고취
② 최남선, 이광수, 김동인, 이병기, 이은상, 염상섭
③ 최남선은 시조 부흥 운동, 역사 소설의 제작을 주도
④ 국민 문학의 매체가 되는 한글의 연구 및 한글날의 제창에 공헌

4 주요 작가와 작품

작가	작품	특징
김동인	감자, 배따라기, 광화사, 광염 소나타	• 『창조』 동인 • 소설의 예술성 주장 → 계몽 문학 거부 • 단편 소설 기반 확립 • 1935년 평론집 『춘원 연구』로 비평 개척
전영택	사실: 화수분, 소	• 『창조』 동인　• 빈궁의 문학
나도향	물레방아, 뽕, 벙어리 삼룡이	• 『백조』 동인　• 감상적, 낭만주의적
염상섭	표본실의 청개구리(최초의 사실주의) 만세전, 삼대	• 『폐허』 동인 • 시조 부흥 운동 참여 • '내용, 형식 논쟁'에 참여 = 평론 활동 • 민족주의 문학파의 대표적 이론가
최서해	고국 탈출기, 기아와 살육, 홍염, 박돌의 죽음	• 신경향파 작가 • 빈궁 생활을 소재로 한 체험 문학
현진건	• 단편: 빈처, 운수 좋은 날, 술 권하는 사회, 불, 고향, 할머니의 죽음, B사감과 러브레터 • 장편: 무영탑, 흑치상지, 적도	• 『백조』 동인 • 우리나라 근대 문학 형성기의 선구자 • 김동인과 함께 근대 단편 소설을 개척 • 소설 문학에 기교를 보여 준 최초의 작가

1930, 1940년대 문학(만주 사변 ~ 1945년 8·15 광복)

1 특징

① 1935년 카프의 해체 → 목적 문학 퇴조 → 문학의 순수성과 예술성을 지향
② 현실에 대한 지적 인식을 바탕으로 한 주지적 경향
③ 세태 소설: 현대 문명과 도시적 삶에 대한 관심, 사회적 부조리, 도시적 삶의 병리
④ 풍자 소설: 모더니즘의 경향을 보인 자조적인 지식인 소설
⑤ 농촌 소설: 이광수의 「흙」, 심훈의 「상록수」, 이기영의 「고향」, 조명희의 「낙동강」, 이무영의 「제1과 제1장」, 박영준의 「모범 경작생」, 김유정의 「만무방」, 김정한의 「사하촌」
⑥ 역사 소설: 일제의 탄압에 대항하여 민족의식을 간접적으로나마 고취
⑦ 가족사 소설: 인간의 운명과 본질 탐구, 가족의 삶이나 가족의 역사를 소설화
⑧ 1920년대의 해외 문학파가 1931년 '극예술 연구회' 결성 → 본격적 현대극 운동
⑨ 현대 수필이 독자적인 영역을 확보하여 '해외 문학파'에 의해 본격적인 수필 이론 도입
⑩ 비평 발전: 이데올로기 비평 퇴조 → 순수 문학론 중심 비평 등장
⑪ 구인회(1933)
  ㉠ 김기림, 유치진, 이태준, 이효석, 조용만, 정지용, 박태원, 이상, 박팔양, 김유정, 김환태
  ㉡ 예술 지상주의, 유미주의적 경향을 지향(예술파 = 언어의 지적인 조직 추구 = 기교파)

2 주요 작가와 작품

작가	작품	특징
유진오	김 강사와 T 교수	• 동반자 작가
이효석	메밀꽃 필 무렵	• 동반자 작가 • '구인회' 일원 • 뛰어난 형식적 아름다움
이상	• 소설: 날개, 종생기 • 수필: 권태	• '구인회' 일원 • 실험 정신, 심리주의, 초현실주의
채만식	• 소설: 탁류, 레디메이드 인생, 태평천하, 치숙 • 희곡: 인테리와 빈대떡	• 동반자 작가 • 아이러니(반어)의 미학: 부정적 인물을 주인공으로 삼아 조롱
김유정	동백꽃, 봄봄, 소낙비, 산골 나그네, 금 따는 콩밭, 만무방	• '구인회' 일원 • 우매한 주인공 → 희화적 해학미 • 배경이 주로 산골 농촌 = 향토성
김동리	화랑의 후예, 무녀도(단편), 을화(장편), 등신불	• 『시인 부락』 동인 • 순수 문학 이론 정립
황순원	학, 카인의 후예, 소나기, 별, 나무들 비탈에 서다	• 극도로 절제된 문장 양식
박태원	소설가 구보 씨의 일일, 천변 풍경, 권태	• '구인회' 일원 • 반계몽주의, 반계급주의 • 세태 풍속의 사실적 묘사

광복 이후의 문학(8·15 광복 ~ 이후)

1 특징

① 이념적 대립: 좌익 문단은 계급적 이념, 우익 문단은 순수 문학론
② 일제하에서의 고난, 고향을 잃은 자들의 귀향 의식을 표현한 작품 등장
③ 6·25 전쟁 + 전후 사회 현실에 대한 인식 → 허무주의, 실존주의, 주지주의, 전통주의
④ 전쟁 분위기를 4·19 혁명을 통해 극복
⑤ 1970년대 독재 + 산업화 → 민족 문학론, 리얼리즘, 민중 문학론

2 주요 작가와 작품

작가	작품	특징
채만식	논 이야기(1946)	• 광복이 되었지만 사실 그리 큰 변화가 없음을 비판
염상섭	두 파산(1949)	• 광복 직후에 두드러진 가치관의 전도, 혼란한 사회상을 비판적으로 조감
계용묵	별을 헨다(1946)	• 광복 직후 분단된 조국의 정치적, 역사적 현실
김동리	역마(1948)	• 한국적 운명론 • 시대적 현실과는 거리를 둔 본격 순수 소설
황순원	목넘이 마을의 개(1948), 독 짓는 늙은이(1950)	• 한국적 전통 • 시대적 현실과는 거리를 둔 본격 순수 소설

 1960, 1970년대의 문학

1 특징

① 개발 독재(산업화) → 도시의 과밀화(도시화) → 인간 소외 현상 → 인간성 상실
② 4·19 혁명의 실패로 인한 지식인의 좌절
③ 분단의 세계사적 맥락과 치유 방안을 차분하게 성찰
④ 현실 비판 의식, 인간의 본질적인 삶을 다룬 소설

2 주요 작가와 작품

작가	작품	작가	작품
채만식	미스터 방(1946~1948)	박경리	불신 시대(1957), 김 약국의 딸들(1962)
선우휘	불꽃(1957)	박완서	나목(1970), 그해 겨울은 따뜻했네(1983), 엄마의 말뚝(1980)
장용학	요한 시집(1955)	김정한	모래톱 이야기(1966), 수라도(1969)
김성한	5분간(1955), 바비도(1956)	이문구	관촌수필(1972)
이범선	학마을 사람들(1957)	최명희	혼불(1996)
전광용	꺼삐딴 리(1962)	서정인	강(1968)
이호철	닳아지는 살들(1962)	조정래	태백산맥(1986~1989)

Chapter 04 어휘 개념

1 유의(類義) 관계

의미가 같거나 비슷한 둘 이상의 단어가 맺는 의미 관계를 말하며, 그 짝이 되는 말들을 '유의어'라고 한다.

> ✒ **고유어와 한자어의 유의 관계**
> 고유어는 일상생활에서 널리 쓰이다 보니 하나의 고유어가 여러 가지 의미로 쓰이는 다의어가 되는 예가 많다. 이에 비해 한자어는 뜻을 나타내는 표의 문자이기 때문에 개념어나 추상어들이 많고, 그 의미가 고유어에 비해 좀 더 전문화되고 분화되기도 한다.

1 밑줄 친 단어에 대응하는 한자어를 찾아 연결하시오.

(1) 마찰로 인해 저항값이 커진다. •   • ㉠ 가격(價格)
(2) 과일 값이 너무 비싸다. •   • ㉡ 수치(數値)
(3) 이번 봉사는 값진 경험이었다. •   • ㉢ 가치(價値)

2 밑줄 친 단어에 대응하는 한자어를 찾아 연결하시오.

(1) 업무 환경을 효율적으로 고치자. •   • ㉠ 정정(訂正)하다
(2) 서류에 잘못 기재된 것을 고쳤다. •   • ㉡ 교정(矯正)하다
(3) 지붕을 고치려 한다. •   • ㉢ 개조(改造)하다
(4) 건강에 나쁜 자세는 고쳐야 한다. •   • ㉣ 개선(改善)하다

3 밑줄 친 단어에 대응하는 한자어를 찾아 연결하시오.

(1) 선물을 공평하게 나누어라. •   • ㉠ 분류(分類)하다
(2) 자료를 종류별로 나눠 정리했다. •   • ㉡ 분배(分配)하다
(3) 재산을 둘로 나눠 투자했다. •   • ㉢ 분할(分割)하다
(4) 그 물질의 성분을 나누어 보았다. •   • ㉣ 분석(分析)하다

1 (1) ㉡ (2) ㉠ (3) ㉢

🟢 정답해설
값
- 가격(價格): 돈으로 표시한 물건의 가치
- 수치(數値): 계산하여 얻은 값
- 가치(價値): 사물이 지니고 있는 쓸모

2 (1) ㉣ (2) ㉠ (3) ㉢ (4) ㉡

🟢 정답해설
고치다
- 정정(訂正)하다: 글자나 글 따위의 잘못을 고쳐 바르게 하다.
- 교정(矯正)하다: 틀어지거나 잘못된 것을 바로잡다.
- 개조(改造)하다: 고쳐서 만들거나 바꾸다.
- 개선(改善)하다: 잘못된 것이나 부족한 것, 나쁜 것 따위를 고쳐 더 좋게 만들다.

3 (1) ㉡ (2) ㉠ (3) ㉢ (4) ㉣

🟢 정답해설
나누다
- 분류(分類)하다: 같은 성질에 따라 종류별로 가르다.
- 분배(分配)하다: 몫 따위를 나누어 주다.
- 분할(分割)하다: 하나를 둘 이상으로 나누다.
- 분석(分析)하다: 복합된 사물을 개별적인 요소나 성질로 나누다.

4 다음 밑줄 친 단어와 의미가 통하는 것을 고르시오.

> 이제는 관광객도 줄어들어서 어떤 운송 수단도 그 섬을 <u>가지</u> 않게 되었다.

① 이동(移動)하다 ② 운행(運行)하다
③ 유지(維持)하다 ④ 작동(作動)하다

5 다음 밑줄 친 단어와 의미가 통하는 것을 고르시오.

> 그 아비는 아들이 떳떳하게 지원 입영을 하는 것으로 서류를 <u>꾸며</u> 달라고 간청을 했다.

① 가장(假裝)하다 ② 변장(變裝)하다
③ 수식(修飾)하다 ④ 위조(僞造)하다

6 다음 밑줄 친 단어와 의미가 통하는 것을 고르시오.

> 할머니는 자신이 평생 동안 힘들게 모은 재산을 장학 재단에 선뜻 <u>내놓았다</u>.

① 공개(公開)하다 ② 노출(露出)하다
③ 기증(寄贈)하다 ④ 제시(提示)하다

4 ②

정답해설

'그 섬을 가다'에서 '가다'는 '수레, 배, 자동차, 비행기 따위가 운행하거나 다니다.'라는 뜻이므로 '운행하다'와 뜻이 통한다.
- 운행(運行)하다: 차, 배, 기차 따위가 정해진 길로 다니다.
  예 풍랑으로 인해 뭍으로 운행하는(가는) 배가 뜨지 않았다.

오답해설

가다
- 이동(移動)하다: 움직여 자리를 옮기다.
  예 그녀는 아침에 서울로 이동했다(갔다).
- 유지(維持)하다: 같은 상태가 이어지다.
  예 그 자세는 힘이 들어서 오래 유지하지(가지) 못한다.
- 작동(作動)하다: 기계 따위가 기능이나 목적에 맞게 움직이다.
  예 오래된 시계지만 잘 작동한다(간다).

5 ④

정답해설

'서류를 꾸미다'에서 '꾸미다'는 '속일 목적으로 꾸며 진짜처럼 만들다'의 뜻이므로 '위조하다'와 뜻이 통한다.
- 위조(僞造)하다: 어떤 물건을 속일 목적으로 꾸며 진짜처럼 만들다.
  예 여권을 위조했다(꾸몄다).

오답해설

꾸미다
- 가장(假裝)하다: 태도나 자세를 거짓으로 꾸미다.
  예 그는 우연을 가장하여(꾸며) 나에게 접근했다.
- 변장(變裝)하다: 본모습과 다르게 꾸미다.
  예 그녀는 남자로 변장했다(꾸몄다).
- 수식(修飾)하다: 글의 표현을 더욱 생생하게 만들다.
  예 부사는 주로 용언을 수식한다(꾸민다).

6 ③

정답해설

'선뜻 내놓았다'에서 '내놓았다'는 '남에게 물품을 거저 주다'의 뜻이므로 '기증하다'와 뜻이 통한다.
- 기증(寄贈)하다: 선물이나 기념으로 남에게 물품을 거저 주다.
  예 소장품을 국가에 기증했다(내놓았다).

오답해설

내놓다
- 공개(公開)하다: 모두 알 수 있게 일반에게 드러내다.
  예 증거를 대중에게 공개하겠다(내놓겠다).
- 노출(露出)하다: 겉으로 드러나 보이게 하다.
  예 어깨를 과감히 노출했다(내놓았다).
- 제시(提示)하다: 사실, 의견, 결과 따위를 나타내 보이다.
  예 그가 학계에 제시한(내놓은) 가설은 20년 만에 증명되었다.

7 다음 밑줄 친 단어와 의미가 통하는 것을 고르시오.

> 그는 그 인원으로 어떻게 적의 탱크를 막으라는지 알 수가 없었다.

① 차단(遮斷)하다 ② 저해(沮害)하다
③ 제지(制止)하다 ④ 저지(沮止)하다

8 다음 밑줄 친 단어와 의미가 통하는 것을 고르시오.

> 요즘 인공지능에 대한 사람들의 관심이 정점을 찍고 있다. 정말 인공지능이 세상을 바꿀 수 있을까?

① 변화(變化)하다 ② 교체(交替)하다
③ 교환(交換)하다 ④ 전환(轉換)하다

9 다음 중 [   ] 안의 표현이 서로 의미가 통하지 않는 것을 고르시오.

① 세상이 어지러울 때는 [낭설(浪說) / 헛소문]이 떠돌기 쉽다.
② 최근에 반려동물을 [유기(遺棄)하는 / 버리는] 사람들이 늘고 있다.
③ 이 상은 학교의 명예를 높인 동문이 [수여(授與)하는 / 받는] 상이다.
④ 로봇 청소기가 개발되어 주부의 가사노동이 [경감(輕減)되었다 / 줄어들었다].

10 다음 중 [   ] 안의 표현이 서로 의미가 통하지 않는 것을 고르시오.

① 불우이웃을 위해 모금한 돈을 잠시 은행에 [기탁(寄託)했다 / 맡겼다].
② 나는 공개된 정답과 내 답을 [비교(比較)해 / 견주어] 보았다.
③ 대부분의 공연 시설이 수도권에 [편재(偏在)되어 / 두루] 있다.
④ 그는 국가 체제를 [전복(顚覆)하려 / 뒤집어엎으려] 했다는 혐의로 붙잡혔다.

7 ④

정답해설

'탱크를 막다'에서 '막다'는 '막아서 못 하게 하다'의 뜻이므로 '저지하다'와 뜻이 통한다.
- 저지(沮止)하다: 막아서 못 하게 하다.
  예 적들의 공격을 저지했다(막았다).

오답해설

막다
- 차단(遮斷)하다: 통하지 않게끔 가로막거나 끊다.
  예 햇빛을 차단하기(막기) 위해 가림막을 쳤다.
- 저해(沮害)하다: 막아서 못 하도록 해치다.
  예 대중의 편견은 사회 발전을 저해하는(막는) 요소이다.
- 제지(制止)하다: 막거나 말려서 하지 못하게 하다.
  예 막무가내로 나서는 그를 제지했다(막았다).

> **참고**
> '제지하다'의 경우, 그 목적어가 주로 '사람'이나 '행위성 명사'가 쓰인다. 제시된 문장과 같이 '사물'이 목적어로 쓰일 때는 '저지하다'를 쓰는 것이 적절하다.

8 ①

정답해설

'세상을 바꾸다'에서 '바꾸다'는 '사물의 성질, 모양, 상태 따위가 바뀌어 달라지다'의 뜻이므로 '변화하다'와 뜻이 통한다.
- 변화(變化)하다: 사물의 성질, 모양, 상태 따위가 바뀌어 달라지다.
  예 획기적으로 변화하다(바꾸다).

오답해설

바꾸다
- 교체(交替)하다: 다른 사람이나 사물로 대신해서 바꾸다.
  예 시계 배터리를 새 것으로 교체했다(바꿨다).
- 교환(交換)하다: 이것과 저것을 서로 맞바꾸다.
  예 친구와 볼펜을 서로 교환했다(바꿨다).
- 전환(轉換)하다: 다른 상태나 방향으로 바꾸다.
  예 교육 제도를 현실에 맞게 전환했다(바꾸었다).

9 ③

정답해설

수여(授與)하다: 증서, 상장, 훈장 따위를 주다.

오답해설

- 낭설(浪說): 터무니없는 헛소문
- 유기(遺棄)하다: 내다 버리다.
- 경감(輕減)하다: 부담이나 고통 따위를 덜어서 가볍게 하다.

10 ③

정답해설

편재(偏在)하다: 한곳에 치우쳐 있다.

오답해설

- 기탁(寄託)하다: 금품 따위의 처리를 부탁하여 맡기다.
- 비교(比較)하다: 사물을 서로 견주어 살펴보다.
- 전복(顚覆)하다: 사회 체제를 무너뜨리거나 정권 따위를 뒤집어엎다.

2 다의(多義) 관계

다의어는 사전에 하나의 표제어로 제시되고, 가장 기본이 되는 중심 의미부터 의미가 확대되어 나온 주변 의미의 순서로 기술한다. 이 의미들 사이의 관계를 '다의 관계'라 한다. 다의어는 각각의 의미 항목마다 유의어와 반의어를 가질 수 있다.

> **어휘의 문맥적 의미 파악 과정**
> 1. 밑줄 친 단어와 대체해서 쓸 수 있는 유의어나 상위어를 떠올려 본다.
> 2. 밑줄 친 단어가 서술어일 경우, 서술어 자릿수(필수 구조)를 파악하고 필수 성분의 의미를 파악한다.
>   밑줄 친 단어가 명사일 경우, 수식어를 확인한다.

3 동음이의(同音異義) 관계

두 개 이상의 단어가 서로 소리는 같으나 그 의미가 다른 경우에, 이들의 관계를 이의 관계(일명 동음 관계)라고 한다.

> **다의어와 동음이의어의 차이**
> 동음이의어(同音異議語)는 글자의 음은 같지만 뜻이 다른 단어이다. 즉 '말[言]'과 '말[馬]'같이 모양은 같지만 뜻은 전혀 다르다. 한편 다의어(多義語)는 두 가지 이상의 뜻을 가진 단어이다. 가령 '다리'는 기본적으로 '사람이나 짐승의 몸통 아래에 몸을 받치며 서거나 걷거나 뛰게 하는 부분'을 가리키지만, 의자 '다리'처럼 '물건의 하체 부분'을 가리키기도 한다. 즉 하나의 중심 의미가 다른 주변 의미로 확장된 단어인 셈이다. '쓰다'처럼 동음이의어와 다의어로 나타나는 단어들을 많이 찾아볼 수 있다.

11 밑줄 친 단어가 다의어 관계로 묶인 것은?

① 무를 강판에 <u>갈아</u> 즙을 내었다. - 고장 난 전등을 새것으로 <u>갈아</u> 끼웠다.
② 안개에 <u>가려서</u> 앞이 잘 안 보인다. - 음식을 <u>가리지</u> 말고 골고루 먹어야 한다.
③ 긴장이 되면 입술이 바짝바짝 <u>탄다</u>. - 벽난로에서 장작불이 활활 <u>타고</u> 있다.
④ 이 경기에서 <u>지면</u> 결승 진출이 좌절된다. - 모닥불이 <u>지면</u> 한기가 느껴지기 시작한다.

12 밑줄 친 단어가 다음에서 설명한 동음어로 묶인 것은?

> 동음어는 의미상 서로 관련이 없거나 역사적으로 기원이 다른데 소리만 우연히 같게 된 말들의 집합이며, 국어사전에는 서로 다른 표제어로 등재된다.

① 그 영화는 <u>뒤</u>로 갈수록 재미가 없었다. - 너의 일이 잘될 수 있도록 내가 <u>뒤</u>를 봐주겠다.
② 이 방은 너무 <u>밝아서</u> 잠자기에 적당하지 않다. - 그는 계산에 <u>밝은</u> 사람이다.
③ 새로 구입한 의자는 <u>다리</u>가 튼튼하다. - 박물관에 가려면 한강 <u>다리</u>를 건너야 한다.
④ 지수는 빨래를 할 때 합성세제를 <u>쓰지</u> 않는다. - 이 일은 인부를 <u>쓰지</u> 않으면 하기 어렵다.

11 ③

정답해설

'긴장이 되면 입술이 바짝바짝 <u>탄다</u>.'에서 '타다'는 '물기가 없어 바싹 마르다'라는 의미로, '벽난로에서 장작불이 활활 <u>타고</u> 있다.'에서 '타다'는 '불씨나 높은 열로 불이 붙어 번지거나 불꽃이 일어나다'의 의미로 사용되었다. 이는 서로 의미적 연관성이 있는 다의어에 해당한다.
타다¹ : 「1」 불씨나 높은 열로 불이 붙어 번지거나 불꽃이 일어나다.
「5」 물기가 없어 바싹 마르다.

오답해설

① '무를 강판에 <u>갈아</u> 즙을 내었다.'에서 '갈다'는 '잘게 부수기 위하여 단단한 물건에 대고 문지르거나 단단한 물건 사이에 넣어 으깨다'라는 의미로, '고장 난 전등을 새것으로 <u>갈아</u> 끼웠다.'의 '갈다'는 '이미 있는 사물을 다른 것으로 바꾸다'라는 의미로 사용된다. 이는 의미적 연관성을 가지고 있지 않은 동음이의어이다.
갈다² : 「2」 잘게 부수기 위하여 단단한 물건에 대고 문지르거나 단단한 물건 사이에 넣어 으깨다.
갈다¹ : 「1」 이미 있는 사물을 다른 것으로 바꾸다.
② '안개에 <u>가려서</u> 앞이 잘 안 보인다.'의 '가리다'는 '보이거나 통하지 못하도록 막히다'라는 의미로, '음식을 <u>가리지</u> 말고 골고루 먹어야 한다.'의 '가리다'는 '음식을 골라서 먹다'라는 의미로 사용된다. 이는 의미적 연관성을 가지고 있지 않은 동음이의어이다.
가리다¹ : 보이거나 통하지 못하도록 막히다.
가리다³ : 「6」 음식을 골라서 먹다.
④ '이 경기에서 <u>지면</u> 결승 진출이 좌절된다.'의 '지다'는 '내기나 시합, 싸움 따위에서 재주나 힘을 겨루어 상대에게 꺾이다'의 의미로, '모닥불이 <u>지면</u> 한기가 느껴지기 시작한다.'의 '지다'는 '불이 타 버려 사위어 없어지거나 빛이 희미하여지다'라는 의미로 사용된다. 이는 의미적 연관성을 가지고 있지 않은 동음이의어이다.
지다³ : 「1」 내기나 시합, 싸움 따위에서 재주나 힘을 겨루어 상대에게 꺾이다.
지다² : 「5」 불이 타 버려 사위어 없어지거나 빛이 희미하여지다.

12 ③

정답해설

새로 구입한 의자는 <u>다리</u>가 튼튼하다 : 다리⁰¹의 '「2」 물체의 아래쪽에 붙어서 그 물체를 받치거나 직접 땅에 닿지 아니하게 하거나 높이 있도록 버티어 놓은 부분'이라는 의미이다.
한강 <u>다리</u> : 다리⁰²의 '「1」 물을 건너거나 또는 한편의 높은 곳에서 다른 편의 높은 곳으로 건너다닐 수 있도록 만든 시설물'이라는 의미이다.
두 예문의 '다리'는 의미상 연관성이 없으므로 동음이의어이다.

오답해설

① <u>뒤</u>로 갈수록 : 뒤⁰¹의 '「4」 일의 끝이나 마지막이 되는 부분'이라는 의미이다.
<u>뒤</u>를 봐주겠다 : 뒤⁰¹의 '「6」 어떤 일을 할 수 있게 이바지하거나 도와주는 힘'이라는 의미이다.
두 예문의 '뒤'는 뒤⁰¹의 '「1」 향하고 있는 방향과 반대되는 쪽이나 곳'에서 파생되어 의미상 연관성을 갖는 다의어이다.
② 방이 <u>밝다</u> : 형용사 '밝다'의 '[1] 「1」 불빛 따위가 환하다.'라는 의미이다.
계산에 <u>밝다</u> : 형용사 '밝다'의 '[2] 어떤 일에 대하여 잘 알아 막히는 데가 없다.'라는 의미이다.
'계산에 밝다'의 '밝다'는 '밝다'의 중심 의미인 '불빛 따위가 환하다.'에서 파생되어 의미상 연관성을 갖는 다의어이다.
④ 합성세제를 <u>쓰다</u> : 쓰다⁰³의 '「1」 어떤 일을 하는 데에 재료나 도구, 수단을 이용하다.'라는 의미이다.
인부를 <u>쓰다</u> : 쓰다⁰³의 '「2」 사람에게 일정한 돈을 주고 어떤 일을 하도록 부리다.'라는 의미이다.
'인부를 쓰다'의 '쓰다'는 쓰다⁰³의 중심 의미인 '어떤 일을 하는 데에 재료나 도구, 수단을 이용하다'에서 파생되어 의미상 연관성을 갖는 다의어이다.

13 다음의 밑줄 친 부분이 〈보기〉의 ㉠과 가장 유사한 의미로 쓰인 것은?

— 보기 —

그는 집에 갈 때 자동차를 ㉠<u>타지</u> 않고 걸어서 간다.

① 그는 남들과는 다른 비범한 재능을 <u>타고</u> 태어났다.
② 그는 가야금을 발가락으로 <u>탈</u> 줄 아는 재주가 있다.
③ 그는 어릴 적부터 남들 앞에 서면 부끄럼을 잘 <u>탔다</u>.
④ 그는 감시가 소홀한 야밤을 <u>타서</u> 먼 곳으로 갔다.

14 밑줄 친 부분의 의미와 가장 가까운 것은?

회초리 맞은 <u>자리</u>에 멍이 들었다.

① 높은 <u>자리</u>에 있는 사람을 만났다.
② 금 간 <u>자리</u>를 흙으로 말끔히 메웠다.
③ 그는 적성에 맞는 <u>자리</u>를 구하고 있다.
④ 방이 좁아서 책상을 들여놓을 <u>자리</u>가 없다.

15 다음에 제시된 단어의 의미에 맞게 쓴 문장으로 적절하지 않은 것은?

단어	의미	문장
풀다	모르거나 복잡한 문제 따위를 알아내거나 해결하다.	㉠
	어려운 것을 알기 쉽게 바꾸다.	㉡
	긴장된 분위기나 표정 따위를 부드럽게 하다.	㉢
	금지되거나 제한된 것을 할 수 있도록 터놓다.	㉣

① ㉠: 나는 형이 낸 수수께끼를 <u>풀다가</u> 결국 포기하고 말았다.
② ㉡: 선생님은 난해한 말을 알아들을 수 있게 <u>풀어</u> 설명하셨다.
③ ㉢: 막내도 잘못을 뉘우치니, 아버지도 그만 얼굴을 <u>푸세요</u>.
④ ㉣: 경찰을 <u>풀어서</u> 행방불명자를 백방으로 찾으려 하였다.

13 ④

정답해설

〈보기〉의 '타다'와 상대적으로 유사한 의미를 가지고 있는 것은 ④의 '타다'이다.
'야밤'은 시간이지만 기회(물리적인 도구, 짐승은 아니지만)를 이용한다는 점에서 〈보기〉의 '타다'와 다의 관계를 지니고 있다.

오답해설

① 타다⁴ : 「2」 복이나 재주, 운명 따위를 선천적으로 지니다.
② 타다⁶ : 악기의 줄을 퉁기거나 건반을 눌러 소리를 내다.
③ 타다⁷ : 「2」 부끄럼이나 노여움 따위의 감정이나 간지럼 따위의 육체적 느낌을 쉽게 느끼다.

14 ②

정답해설

제시된 문장의 '자리'는 '자리' 「2」(무엇이 있었던 자국, 사람의 몸이나 물건이 어떤 변화를 겪고 난 후 남은 흔적)에 해당한다. 이와 가장 가까운 의미를 가지고 있는 것은 ②의 '자리'이다.
'회초리 맞은' = '금(이) 간'

오답해설

① 자리¹ 「4」: 일정한 조직체에서의 직위나 지위
③ 자리¹ 「5」: 일정한 조건의 사람을 필요로 하는 곳. 흔히 일자리나 혼처를 이름
④ 자리¹ 「1」: 사람이나 물체가 차지하고 있는 공간

15 ④

정답해설

'경찰을 풀어서'의 '풀다'는 '사람을 동원하다'의 뜻이므로 ㉣의 예시로는 적절하지 않다.
㉣에 들어가기에 적절한 문장으로는 '구금을 풀다.' 또는 '통금을 풀다.'를 들 수 있다.

오답해설

① '나는 형이 낸 수수께끼를 풀다가 결국 포기하고 말았다.'는 '모르거나 복잡한 문제 따위인 수수께끼를 알아내거나 해결하려다가 포기하고 말았다'의 의미이므로 ㉠에 들어가기에 적절하다.
② '선생님은 난해한 말을 알아들을 수 있게 풀어 설명하셨다.'는 '어려운 것인 난해한 말을 알기 쉽게(알아들을 수 있게) 바꾸어 설명했다'의 의미이므로 ㉡에 들어가기에 적절하다.
③ '막내도 잘못을 뉘우치니, 아버지도 그만 얼굴을 푸세요.'는 '긴장된 분위기나 표정 따위인 얼굴을 부드럽게 하다'의 의미이므로 ㉢에 들어가기에 적절하다.

4 반의(反義) 관계

둘 이상의 단어에서 의미가 서로 짝을 이루어 대립하는 경우를 의미한다. 이러한 관계를 맺고 있는 단어들을 반의어라고 하는데 반의 관계는 둘 사이에 공통적인 의미 요소가 있으면서도 한 개의 요소만이 달라야 한다.

1) **상보(相補) 반의어**: 반의 관계의 개념적 영역에서 상호 배타적인 두 구역으로 철저히 양분되는 단어 쌍이다. 중간항이 있을 수 없으며, 동시에 참이 될 수도 없고 동시에 거짓이 될 수도 없다.
   예 남자–여자, 참–거짓, 삶–죽음, 합격–불합격, 출석–결석

2) **정도(程度) 반의어**: 정도나 등급에서 대립을 이루고 있는 단어 쌍을 의미한다. 정도 반의어는 다시 척도(尺度) 반의어, 평가(評價) 반의어, 정감(情感) 반의어로 나눌 수 있고 중간항이 존재하며 동시에 부정이 가능하다.
   ① 척도(尺度) 반의어: 길다 – 짧다, 높다 – 낮다, 깊다 – 얕다, 넓다 – 좁다, 두껍다 – 얇다, 크다 – 작다, 세다 – 여리다, 무겁다 – 가볍다
   ② 평가(評價) 반의어: 좋다 – 나쁘다, 쉽다 – 어렵다, 영리하다 – 우둔하다, 유능하다 – 무능하다
   ③ 정감(情感) 반의어: 덥다 – 춥다, 달다 – 쓰다, 기쁘다 – 슬프다, 뜨겁다 – 차갑다

3) **방향(方向) 반의어**: 맞선 방향을 전제로 하여 관계나 이동의 측면에서 대립을 이루는 단어 쌍을 의미한다. 방향 반의어에는 공간적 대립, 인간관계 대립, 이동적 대립이 있다.
   ① 공간적 대립: 위 – 아래, 오른쪽 – 왼쪽, 앞 – 뒤, 처음 – 끝, 남극 – 북극
   ② 인간관계 대립: 부모 – 자식, 남편 – 아내, 스승 – 제자
   ③ 이동적 대립: 사다 – 팔다, 올라가다 – 내려가다, 입다 – 벗다, 열다 – 닫다

16 〈보기〉를 참고했을 때 반의어로 볼 수 없는 것은?

› 보기 ‹

언어의 의미 관계 중 대립 관계는 공통된 속성을 가지고 있으면서 어느 한 가지 속성이 다를 때 성립되는 것을 말한다. 대립 관계의 중요한 유형에는 반의어, 상보어가 있다. 반의어와 상보어를 구분하는 기준은 중립 지역(M)의 유무인데, 반의어에는 중립 지역이 있는 반면 상보어에는 중립 지역이 없다. 그 결과 대립 관계에 있는 단어를 동시에 부정할 경우 반의어와 달리 상보어에는 모순이 일어난다.

① 덥다 – 춥다   ② 살다 – 죽다
③ 크다 – 작다   ④ 쉽다 – 어렵다

17 반의 관계 어휘에 대한 설명으로 옳지 않은 것은?

① '크다/작다'의 경우, 두 단어를 동시에 긍정하거나 부정하면 모순이 발생한다.
② '출발/도착'의 경우, 한 단어의 부정이 다른 쪽 단어의 부정과 모순되지 않는다.
③ '참/거짓'의 경우, 한 단어의 부정은 다른 쪽 단어의 긍정을 함의한다.
④ '넓다/좁다'의 경우, 한 단어의 의미가 다른 쪽 단어의 부정을 함의한다.

---

16 ②

■ 정답해설
상식적으로 살지도 않고 죽지도 않은 상태는 존재할 수 없다. '살다'와 '죽다'를 동시에 부정하면 모순이 일어나게 된다. 따라서 '살다'와 '죽다'는 상보어로 볼 수 있다. ②를 제외한 나머지 선지는 반의어에 해당한다.

17 ①

■ 정답해설
'크다-작다'는 중간항이 존재하며 크지도 작지도 않은 상태로 동시 부정도 가능한 반대 관계(=정도 반의어)이다. '두 단어를 동시에 긍정하거나 부정하면 모순이 발생한다'는 ①은 모순 관계(=상보 반의어)의 내용이다.

✗ 오답해설
② '출발-도착'은 출발하지 않았다는 한 쪽 단어의 부정이 도착하지 않았다는 다른 쪽 단어의 부정과 모순되지 않는다. 출발도, 도착도 하지 않은 상태가 존재하기 때문이다.
③ '참-거짓'은 동시에 참이 될 수도, 동시에 거짓이 될 수도 없는 모순 관계(=상보 반의어)이다. 참이 아닌 경우에는 거짓이고, 거짓이 아닌 경우에는 참인. 즉, 한 쪽 단어의 부정이 다른 쪽 단어의 긍정을 의미한다.
④ '넓다-좁다'는 중간항이 허용되고 넓지도, 좁지도 않은 상태로 동시에 부정이 가능한 반대 관계(=정도 반의어)이다. '넓다'가 증명되는 경우, 적어도 좁지는 않은 것을 의미하고, '좁다'가 증명되는 경우 적어도 넓지는 않은 것을 의미한다.

18 반의어에 대한 설명으로 옳지 않은 것은?

① '상식 : 몰상식'에서는 부정(否定)의 접두사가 붙어 반의어가 만들어진다.
② '남자 : 여자'는 '사람'이라는 공통 요소와 '성별'의 대조적 요소가 있어서 반의 관계를 이룬다.
③ '오다 : 가다'는 '이동'이라는 공통 요소와 '방향'의 대조적 요소가 있어서 반의 관계를 이룬다.
④ '하늘 : 땅'은 두 단어 사이에 의미의 중간 영역이 있어서 서로 반의 관계를 이룬다.

19 다음에 해당하는 사례로 적절하지 않은 것은?

> 대립쌍을 이루는 단어들이 일정한 방향성을 이루고 있다.

① 성공(成功) : 실패(失敗)
② 시상(施賞) : 수상(受賞)
③ 판매(販賣) : 구매(購買)
④ 공격(攻擊) : 방어(防禦)

18 ④

🟢 **정답해설**

반의 관계는 둘 사이에 공통적인 의미 요소가 있으면서도 단 하나의 요소만 대조적이어야 성립한다. '하늘 : 땅'은 '자연환경'이라는 공통적 의미 요소가 있으나 다른 대상이지 단 하나의 양극적인 대조점이 있는 관계는 아니다. 또한 물리적인 공간으로는 중간의 공간이 있다고 생각할 수 있으나 두 단어의 의미 사이에 중간 영역이 있는 것은 아니다. 선지에서 요구한 조건인 '두 단어 사이에 의미의 중간 영역이 있는 반의 관계'를 '정도 반의어(반대 관계)'라 하는데, 주로 척도, 평가, 정감 등을 표현하는 단어들의 관계를 말한다.

❌ **오답해설**

① '몰상식'은 '상식'이라는 명사에 '그것이 전혀 없음'의 뜻을 더하는 접두사 '몰(沒)–'이 붙어 '상식'의 반의어가 된 것이다.
② '남자 : 여자'는 '사람'이라는 공통적인 의미 요소가 있으면서도 '성별'이라는 단 하나의 요소만이 대조적이다.
③ '오다 : 가다'는 '이동'을 하는 행위라는 공통적인 의미 요소가 있으면서도 '방향'만이 대조적이므로 방향 반의 관계가 성립한다.

19 ①

🟢 **정답해설**

제시된 문장에서 '대립쌍을 이루는 단어'를 통해 반의어임을, '일정한 방향성'을 통해 방향 반의어를 요구한다는 것을 알 수 있다. 따라서 방향이 아닌 등급에서 대립을 보이는 '성공(成功) : 실패(失敗)'는 정도 반의어 중 평가 반의어이기 때문에 주어진 문장의 사례로 적절하지 않다.

❌ **오답해설**

② '시상(施賞) : 수상(受賞)'에서는 '상(賞)'을 주고받는 방향성이 나타나므로 두 단어는 방향 반의어이다.
③ '판매(販賣) : 구매(購買)'에서는 '물건'을 사고파는(賣/買) 방향성이 나타나므로 두 단어는 방향 반의어이다.
④ '공격(攻擊) : 방어(防禦)'에서는 상대를 치고(功) 막는(防) 방향성이 나타나므로 두 단어는 방향 반의어이다.

5 하의(下義) 관계 [상하(上下) 관계]

한쪽이 의미상 다른 쪽을 포함하거나 다른 쪽에 포섭되는 관계를 뜻한다. 상하 관계를 형성하는 단어들은 상위어일수록 일반적이고 포괄적인 의미를 지니며, 하위어일수록 개별적이고 한정적인 의미를 지닌다. 따라서 하위어는 상위어를 의미적으로 함의(含意)하게 된다. 즉 상위어가 가지고 있는 의미 특성을 하위어가 자동적으로 가지게 된다.

1) **분류적 관계** 예 생물-동물-척추 동물

2) **분석적 관계** 예 시계-시침, 분침, 초침

20 다음 글을 바탕으로 다음 자료를 탐구한 것으로 적절하지 않은 것은?

> **악기(樂器)**[-끼] 명
> [음악] 음악을 연주하는 데 쓰는 기구를 통틀어 이르는 말. 연주법에 따라 일반적으로 현악기, 관악기, 타악기로 나눈다.
>
> **타-악기(打樂器)**[타:-끼] 명
> [음악] 두드려서 소리를 내는 악기를 통틀어 이르는 말. 팀파니, 실로폰, 북이나 심벌즈 따위이다.

① '타악기'는 '실로폰'의 상위어로서 '실로폰'보다 포괄적인 의미를 갖겠군.
② '북'은 '타악기'의 하위어이므로 [두드림]을 의미 자질 중 하나로 갖겠군.
③ '기구'는 '악기'를 의미적으로 함의하고 '악기'는 '북'을 의미적으로 함의하겠군.
④ '현악기'는 '악기'의 하위어이므로 '악기'의 상위어 '기구'보다 의미 자질의 개수가 많겠군.

20 ③

정답해설
상위어는 하위어를 의미적으로 함의하지 못한다. 따라서 '기구'가 '악기'를 의미적으로 함의할 수 없고, '악기'는 '북'을 의미적으로 함의할 수 없다.

PART 2
기초 트레이닝

Pattern 01	중심 화제와 주제	74
Pattern 02	정보 관계와 접속어	88
Pattern 03	서술 전개 방식	96
Pattern 04	배치와 배열	114
Pattern 05	내용 확인과 일반 추론(부정)	126
Pattern 06	내용 확인과 일반 추론(긍정)	138
Pattern 07	어휘 추론과 문맥 추론	150
Pattern 08	빈칸 추론과 사례 추론	156
Pattern 09	화법	166
Pattern 10	작문	174

Pattern 01 중심 화제와 주제

> **'중심 화제를 찾는다?'**

┌─────────────────────┐   ┌─────────────────────────────┐
│ 지문의 세부 정보를 확인하였다 │ → │ 누군가 전달하고자 하는 이야기의 핵심을 이해한다 │
└─────────────────────┘   └─────────────────────────────┘
↳ 정상의 시력 + 집중력 필요   ↳ 어휘력 + 문장 추론력 + 요약 능력 + 눈치 필요

중심 화제를 찾는 것은 지문에서 전달하고자 하는 이야기의 **주어**를 찾는 것입니다.
지문에 등장하는 모든 어휘 중에서 **가장 중요한 어휘**를 가려내야 하는 것이죠.

1 중심 화제를 찾기 위한 알고리즘

① <u>가장 많이 언급되고 있는 어휘가 무엇인지 확인한다.</u>
  ↳ 핵심어를 파악할 때에는 가장 많이 쓰인 어휘를 확인해야 한다. 한 문단에 많이 나온 것이 아니라 각 문단에 골고루 사용된 것을 말한다.

② <u>끝까지 언급되고 있는 어휘가 무엇인지 확인한다.</u>
  ↳ 처음에는 많이 언급되다가 뒷부분에 가면서 언급되지 않는 어휘는 핵심어라고 할 수 없다. 끝까지 관련 진술이 언급되는 어휘가 핵심어이다.

③ <u>각 문단의 핵심어를 먼저 파악한다.</u>
  ↳ 글 전체의 핵심어를 파악하기 전에 먼저 각 문단에 언급되어 있는 핵심어를 파악해야 한다. 이러한 핵심어 중에서 글 전체를 통해서 가장 많이 언급되어 있는 것이 그 글의 핵심어라고 할 수 있기 때문이다.

④ <u>핵심어를 중심으로 필자가 초점을 맞추고 있는 부분을 확인한다.</u>
  ↳ 글 전체의 핵심 내용을 파악할 때에는 필자가 초점을 맞추고 있는 내용이 무엇인가를 핵심어를 바탕으로 정리해야 한다. 또 필자가 가장 강조하는 내용이라든지, 제목으로 적절한 것도 모두 핵심 내용이라는 것을 알아야 한다.

똑똑한 알고리즘으로 승부하자

'주제'를 찾는다?

지문에는 **주어(중심 화제)**에 대한 많은 정보가 담겨 있습니다.
주제란 지문에 제시된 중심 화제의 모든 서술어를 합해서 만든 **단 하나의 문장**입니다. 따라서 **주제**를 찾으려면 지문의 많은 서술어를 경쟁시켜서 가장 중요하고도 포괄적인 하나의 서술어를 찾아내야 합니다.
그런데 문제는 매력적인 오답도 내가 준비한 **가답안**(스스로 지문을 읽고 요약하여 만든 주제)과 유사하다는 것입니다. 따라서, 정답을 골라내기 위한 기준으로는 **가답안**을 사용하면서, 동시에 오답 패턴을 익혀 두고 소거 기준으로 함께 사용해야 합니다.
그렇다면 출제자는 어떻게 **주제 찾기**의 오답을 만들어 낼까요?

2 주제를 찾기 위한 알고리즘

1. 글에서 자주 반복되는 단어나 어구 등에 주목하여 <u>핵심어</u>를 찾는다.
   ↳ 주로 서두에 글의 화제가 제시되는데, 자주 반복되는 어휘나 추가적 정보를 파생시키는 어휘에 집중하자.

2. 핵심어를 통해 <u>각 문단의 소주제</u>를 파악한다.
   ↳ 문단별로 <u>핵심어에 동그라미</u>를 치고, 그에 대한 <u>주요 서술에 밑줄</u>을 긋는 등 펜터치를 하자. 문단별 소주제를 연결하면 그것이 결국 글의 흐름이 된다.

3. <u>문단 간의 관계</u>를 파악한다.
   ↳ <u>문단 간의 관계</u>를 파악하는 것은 <u>글의 구조</u>를 파악하는 일이다. 글의 구조, 즉 글의 짜임새는 필자가 논지를 전개해 나가는 방식이다.

4. 각 문단의 소주제 중 <u>필자의 집필 의도가 집중된 부분</u>을 찾는다.
   ↳ 주제는 <u>각 문단의 소주제를 포괄한다</u>. 중심 화제에 핵심어가 포함되듯 주제문에도 반드시 화제가 포함된다.

3 중심 화제 오답을 피하는 알고리즘

① '보조 화제'를 중심 화제로 착각하지 말 것!
　└ 중심 화제를 쉽게 설명하기 위해 활용하는 보조적인 글감

② '보조 관념'을 중심 화제로 착각하지 말 것!
　└ 중심 화제를 효과적으로 전달하기 위해 비유적으로 활용하는 글감
예) 그녀는 장미다. → 중심 화제는 '그녀'(원관념)입니다.

③ '무의미어'를 중심 화제로 착각하지 말 것!
　└ 글의 내용을 이어 나가기 위해 활용하는 메타적인 어휘
예) 이 사회에서 가장 중요한 것은 ○○○다.
　　→ '가장 중요한 것'은 무의미어, ○○○이 중심 내용입니다.

4 주제 오답을 피하는 알고리즘

① **중심 화제를 확대하여 만든 오답이 아닌지 주의할 것!**
   ↳ 작은 옷은 못 입으니 단번에 알지만, 큰 옷은 입을 수 있으니 몸에 맞다고 착각!
   지문에서 선지 밖으로 나가는 내용이 없네? 안전하군. 이렇게 착각하는 것이죠.
   하지만 잊지 마세요. 주제 찾기 패턴은 항상 '가장 적절한 것'을 묻습니다.
   예) 공룡 발자국 화석을 분석한 지문의 주제를 '공룡 화석 탐구'로 만든다.

② **지문을 대표할 수 없는 부분적인 내용이 아닌지 점검할 것!**
   ↳ 지문에 있는 내용이라고 모두 주제가 될 수는 없습니다.
   주제 찾기 패턴은 '참'을 찾는 것이 아닙니다.
   예) 사계절의 아름다움을 이야기한 지문의 주제를 '신록의 아름다움'으로 만든다.

③ **중심 화제에 대한 논점을 왜곡하거나 거짓 정보를 활용하지 않았는지 점검할 것!**
   ↳ 글은 '무엇(중심 화제)'에 대해서 '어떠하다/어찌하다/무엇이다'라고 서술합니다.
   서술 부분에서 필자의 의도를 왜곡하거나 거짓을 만들 수 있습니다.
   예) 중심 화제의 문제점을 다룬 설명문의 주제를 '~해야 한다'는 식의 주장으로 만든다.

중심 화제와 주제를 위한 트레이닝

1. 다음 글의 중심 화제로 가장 적절한 것은?

> 쌀을 화폐로 사용한다면 멀고 가까운 곳을 따라 교역할 때 운반하는 과정에 어려움이 있습니다. 수백 리 밖으로부터 쌀을 운반할 때에 말 한 마리에 겨우 두 섬밖에 실을 수 없고 열흘이란 기간이 걸리므로 여기에 사람과 말의 힘이 이미 절반 이상 소모됩니다. 겨울이나 여름에는 가난한 백성들이 소나 말이 없으면 직접 등에 지고 가다가 추위와 더위에 병들어 길에 쓰러지는 그 고통과 불편을 이루 다 말할 수 없습니다. 이런 점에서 지금 돈을 만들어 써서 사람이 지거나 말에 싣는 고통을 면해 주어야 할 것입니다.

① 쌀 운반의 어려움
② 화폐 주조의 필요성
③ 바람직한 화폐의 조건
④ 쌀을 화폐로 사용해야 하는 이유

2. 다음 글의 중심 내용으로 가장 적절한 것은?

> 과학은 일반적으로 창조나 무질서 속에서 동일성을 찾아내는 것이라고 한다. 과학은 이러한 창조의 과정에서 자연 현상을 연구의 대상으로 객관화한다. 이렇게 객관화된 대상을 소립자 단위로 분석한 후 다시 종합화하는 과정에서 동일성과 보편적 질서를 찾아낸다. 그러나 예술적 창조 활동은 주어진 대상을 객관화하기보다는 거꾸로 그 현상에 몰입하는 것이다. 즉 예술은 예술가 자신을 대상에 동화시키는 과정을 통해, 그 현상의 총체적 본질을 표현해 내는 통합적 작업이라 하겠다.

① 과학과 예술의 차이
② 예술가의 임무
③ 예술적 창조의 특징
④ 창조의 개념

3. 다음 글의 중심 화제로 가장 적절한 것은?

'앵포르멜'은 '형태가 없는'이라는 뜻을 지닌 형용사 '앵포름(informe)'에서 유래한 것으로, 형상보다는 질료에 중점을 두면서 질료 그 자체의 촉각적 질감에 주목하고, 비정형(非定型) 속에서 의미를 찾고자 하는 미술 양식을 말한다. 앵포르멜로 인해 질료는 형상을 받아들이는 수동적인 바탕에 불과한 것이 아니라 그 자체로서 존재하는 것이 되었다. 앵포르멜 계열 작품들은 종종 '타시슴(Tachisme)'이라 불리기도 하는데, 이는 얼룩을 의미하는 '타슈(tache)'에서 유래한 이름으로 두꺼운 물감을 덕지덕지 발라 만든 얼룩과 같은 작품이라는 뜻을 담고 있다. 즉흥적으로 붓질을 하거나, 튜브에서 물감을 짜 그대로 화면에 흘리거나 찍어 대는 방법은 앵포르멜이 '타시슴'이라 불리는 이유를 말해 준다.

① 서구의 미술 사조
② 앵포르멜의 등장 배경
③ 앵포르멜의 개념과 의미
④ 앵포르멜 작품의 주재료 및 부재료

4. 다음 글의 중심 내용으로 가장 적절한 것은?

태풍은 비를 동반한 강한 바람이다. 어원적으로는 남양 지방 필리핀 제도 부근에서 발생하여 불어오는 강한 열대성 저기압을 이르는 말인 타이푼을 지칭한다. 매년 춘분에서 하지를 거쳐 추분에 이르는 반년간은 적도에서 북회귀선 사이의 지역을 태양이 수직으로 비추고 있다. 그래서 북반구의 해수에서 증발이 왕성하게 일어나 대기 중에는 많은 양의 수증기가 포함되게 된다. 한편 남양의 섬 부근에서는 육지와 바닷물의 비열 차이로 섬 부근의 온도가 높아져 상승 기류가 발생하게 되고, 섬 주위의 바다에서는 그 뒤를 메우기 위해 섬으로 수증기가 많이 함유된 바람이 불게 된다. 수증기가 많이 함유된 이 공기는 상승하면서 냉각되어 응결이 일어나고 응결열을 방출하게 된다. 이때 방출된 응결열은 저기압 중심의 공기를 가열하게 되고, 그 결과 상승 기류를 강화하여 저기압이 더욱 강화되는데, 이 같은 저기압을 열대 저기압이라 하고, 이를 씨앗으로 태풍이 되는 것이다.

① 태풍의 정의 및 이동 방향
② 태풍의 개념 및 발생 과정
③ 태풍의 어원적 유래 및 비슷한 표현
④ 태풍의 특징 및 필리핀의 지형적 특성

5. 다음 글의 중심 내용으로 가장 적절한 것은?

퍼트넘은 사회 집단에 참여함으로써 상호 이익을 위해 다른 사람들과 협력하는 능력, 신뢰감 및 소속감 같은 사회적 자본을 얻을 수 있고, 이런 종류의 사회적 자본은 효과적인 시민성을 유지하기 위해 필수적이라고 주장한다. 즉 사회적 자본은 민주주의가 발전하기 위한 조건 중 하나이며, 그런 의미에서 사회적 자본이 강하면 민주주의가 발전한다. 실제로 국가 간 비교 조사 결과, 상대적으로 민주주의가 발달했다고 평가되는 미국은 시민 참여의 수준이 세계에서 상당히 높은 축에 속했다. 하지만 최근 30여 년 동안 미국에서는 서로를 묶어 주었던 다양한 사회 집단에서의 시민적 참여가 빠르게 줄어들고 있다. 이러한 사회 집단 참여 감소와 더불어 대통령이나 의원을 선출하는 선거의 투표율도 1960년대 후반을 정점으로 상당히 떨어졌다. 퍼트넘은 이와 같은 변화를 민주주의의 위기와 공동체 상실의 징후로 받아들인다.

① 민주주의의 발전 과정
② 사회 집단에 참여하는 이유
③ 사회적 자본과 민주주의의 상관성
④ 미국의 시민 참여 수준이 감소하게 된 원인

6. 다음 글의 주제로 가장 적절한 것은?

행복한 삶을 설계하기 위해서는 내면적 가치의 우위가 실천적으로 지켜지도록 삶을 계획하고 실천해야 한다. 다시 말해, 삶의 과정에서 외면적 가치에 의하여 내면적 가치가 밀려나는 일이 없게 해야 한다는 것이다. 외면적 가치는 그 가치를 가지고 있는 대상이 그 가치를 경험하는 사람 밖에 있거나 또는 그 가치의 실현이 그 가치를 경험하는 사람 외부에 있는 조건들에 의하여 주로 결정되는 경우를 일컫는다. 내면적 가치는 그 가치의 실현이 그것을 경험하는 사람 자신의 내적 요인에 의하여 주로 결정되는 경우를 말한다. 행복은 물질생활의 안정과 건강한 신체만으로 이루어지지는 않는다. 사람에 따라 차이는 있겠지만 진정한 행복의 필요조건으로는 먼저 자아의 실현이 이루어져야 하며, 자기가 속해 있는 공동체를 위해서 필요한 존재라는 것을 인정할 수 있어야 한다. 그리고 사람들과의 원만한 인간관계가 이루어질 때 비로소 진정한 행복을 느끼는 것이다.

① 내면적 가치의 종류
② 자기 효능감이 행복에 미치는 영향
③ 내면적 가치 추구를 통한 행복의 실현
④ 행복한 인간관계를 통한 자아실현의 중요성

7. 다음 글의 중심 내용으로 가장 적절한 것은?

최근 저소득층의 상황이 악화되고 있으며, 단기적 현상으로 치부하기 어려운 지속성을 보이고 있다. 이는 저임금 일자리가 확산되면서, 근로 빈곤과 미취업 빈곤이 심화되고 장기화되는 추세와 맞물려 있기 때문이다. 1990년대 초반 저임금 국가들과의 경쟁 격화로 저기술 제조업이 급격히 붕괴되면서 제조업에서 방출되어 생계형 서비스업으로 유입된 노동력은 광범위한 저임금 근로자 그룹을 형성했다. 이렇게 저임금 일자리가 확대되는 것은 취업을 유지한 상태에서도 빈곤해질 가능성이 높아진다는 것을 의미한다. 그런데 경제가 발전하면서 서비스업의 비중이 커지고 저임금 일자리 확대로 인한 근로 유인 악화와 근로 빈곤의 문제가 나타나는 것은 산업화가 진행된 국가에서 공통적으로 나타나는 현상이다. 다만, 우리에게는 급속한 공업화와 탈공업화가 곧바로 이어졌기 때문에 여느 선진국보다 그 구조적 변화의 파장이 빈곤 심화로 직결되고 있다는 특수성이 더해졌을 뿐이다.

① 우리나라 탈공업화의 역사적 배경
② 저기술 제조업 노동자들의 상황 악화
③ 저임금 일자리 확대로 인한 저소득층 빈곤 심화
④ 산업구조의 변화가 국가 간 소득 격차에 미치는 영향

8. 다음 글의 중심 화제로 가장 적절한 것은?

오늘날 공공성 결핍 현상이 사회적 쟁점으로 부상하고 있다. 공공성 결핍 현상은 '공존'이나 '연대'의 가치를 '경쟁'으로 대체하면서 공공성을 약화하고 사회적 불평등을 심화하였다. 이와 같은 문제를 해소하기 위해 공동체와 사회의 역할에 주목하는 공공성 담론이 활성화되고 있다.

우선 공공성의 개념에는 '국가 또는 정부와 관계된 것'이 포함된다. 물론 국가나 정부의 모든 행위가 공공성을 갖는다고는 할 수 없지만, 기본적으로 국민들의 안전을 보장하고 이들의 행복한 삶을 지원하며 국가 전반의 이익을 도모하려는 목적이 있다.

다음으로 공공성의 개념에는 '공익(公益)'의 의미가 포함되어 있다. 광의의 개념으로서 공익은 사회 전반의 이익을, 협의의 개념으로서 공익은 사회 전반의 경제적 이익을 의미한다. 공익은 다수의 사회 구성원들 그리고 사회 전반의 이익이라는 점에서 공공성과 매우 밀접한 개념이라고 할 수 있다.

마지막으로 공공성의 개념은 '접근성'의 의미를 포함한다. 공공성으로서의 접근성은 공유되는 자원이 사회 구성원들에게 얼마나 개방되고 잘 활용되고 있는지를 의미한다. 또 정치적 참여와 알 권리의 보장을 의미하는 행위와 정보에 대한 접근성을 지칭하기도 한다. 특히 알 권리의 보장은 단순히 정보를 공지하는 차원을 넘어서 사회 구성원들이 정보와 관련된 공적인 문제에 대하여 고찰할 수 있는 계기를 제공한다는 점에서 매우 중요한 것이다.

① 공공성 결핍의 문제점
② 공공성의 개념
③ 공익의 개념
④ 알 권리의 보장

9. 다음 글에 대한 강연의 제목으로 가장 적절한 것은?

카시러는 인간에 대한 새로운 정의를 토대로 인간이 만들어 놓은 정신 활동의 총체인 문화를 이해한 문화 철학자이다. 카시러는 인간을 상징적 동물로 규정하는데, 여기에는 생물학자 윅스킬의 영향이 크다.

윅스킬에 의하면 모든 생명체에는 '인지망'과 '작용망'이 존재하고 대부분의 생물체는 이 두 계통의 신경망으로 사물을 인식하고 이에 반응한다. 인간에게는 한 가지가 더 있는데 그것은 바로 '상징망'이다. 이 상징망을 카시러는 '상징체계'로 부르는데, 인간은 동물처럼 세계를 직접 받아들이는 것이 아니라 상징체계라는 우회로를 통해서 세계를 인식한다. 따라서 인식 반응이 느리고 복잡하지만 동물보다 훨씬 풍부하고 체계적으로 현실을 인지한다.

그렇다면 인간의 인지 반응을 매개하는 상징체계란 무엇인가? 카시러는 이를 인간이 만들어 낸 상징 형식, 곧 언어, 신화, 예술, 종교, 역사, 과학으로 보고 있다. 상징은 결국 인간의 정신이 현실 세계의 대상을 자기 안에 그려 내는 것이라 할 수 있는데, 이때 대상을 그대로 모사하기도 하고 유사하게 그려 내기도 하며 완전히 다른 차원으로 변형시켜 유사성을 발견할 수 없게 하기도 한다. 그 결과물이 바로 언어, 신화, 예술, 종교, 역사, 과학의 상징 형식이다. 이처럼 카시러의 상징체계는 문화 형식 자체를 그 근본에서부터 설명하고자 하는 개념이라 할 수 있다.

① 카시러의 상징론 – 윅스킬과의 비교를 중심으로
② 카시러의 문화론 – 상징체계를 중심으로
③ 인간과 동물의 인지 차이 – 윅스킬과 카시러를 중심으로
④ 상징체계가 문화에 미치는 영향 – 카시러의 이론을 중심으로

10. 다음 글의 표제와 부제로 가장 적절한 것은?

근대 물리학의 선구자이며 중력의 법칙을 발견한 뉴턴은 여러 신화를 가지고 있다. 그중 유명한 신화는 뉴턴의 사과인데, 뉴턴이 정원의 사과나무에서 사과가 떨어지는 것을 보고 중력의 법칙을 깨달았다는 이야기다. 모든 사람들에게 상식처럼 인정되고 있는 이야기지만 뉴턴 자신은 사과에 대해 언급한 적이 없다. 뉴턴의 사과 이야기는 계몽 사상가 볼테르가 처음 언급했는데, 그는 이를 뉴턴의 조카에게 들었다고 말했다. 뉴턴의 저작물과 편지를 편집했던 화이트 사이드는 이 일화를 근거 없는 것으로 일축했지만, 뉴턴 전기를 쓴 웨스트폴은 뉴턴이나 그의 조카가 거짓말을 했을 이유를 생각하기 힘들다는 근거를 들어 이를 개연성이 있는 것으로 보고 있다.

과학의 신화는 어렵고 전문적인 과학과 대중을 매개하는 교량 역할을 한다. 신화는 대중의 정서와 호기심을 만족시키기 때문에 쉽게 사라지지 않는 특성도 있다. 뉴턴과 같은 과학자에 대해 흥미를 느끼게 하고 과학과 친근하게 만들려는 사람들에게 과학의 신화가 근거가 없는 것임을 보여 주어야 한다는 일은 마음 편한 일만은 아니다. 그렇지만 사과를 보다가 '바로 이거야!' 하고 중력의 법칙을 깨달았다는 신화는 과학적 발견이 이루어지기 위해 얼마나 많은 노력이 필요한지를 보여 주는 데 적합하지 않다.

① 과학자의 허구 – 물리학자 뉴턴의 거짓 실험
② 과학자의 자세 – 뉴턴의 실험 정신을 높이 사자
③ 과학과 신화의 관계 – 과학자들의 신화적 상상력
④ 과학 속의 비과학 – 과학 신화의 진실을 파헤친다

11. 다음 글의 중심 내용으로 가장 적절한 것은?

'아는 것이 힘이다'라는 말이 있지만, '아는 것이 병이다'라는 말도 있다. 이 두 문장은 같은 지식이 이익도 되고 손해도 된다는 뜻이 아니다. '아는 것'에는 바르게 아는 것도 있지만, 부분적으로 아는 것이나 잘못 아는 것도 있다. 또 자신의 지식이 불완전함을 아는 것도 있다. 그런 점을 생각한다면, 힘이 되는 '아는 것'과 병이 되는 '아는 것'은 분명 다르다. 인간이 수천 년 동안 지식을 쌓아 올려서 우주를 탐구할 수 있었던 것은 바른 지식을 얻는 방법을 보여 준다. 인간은 무지에서부터 시작하여, 사고와 탐구를 통해 부분적인 지식을 쌓는다. 지식을 쌓는 과정에서 논리적 결함이 있다면 무언가를 잘못 알게 될 수도 있지만, 자신의 지식이 불완전함을 지각함으로써 바른 지식을 향해 나아갈 수 있다. 그러므로 바른 지식으로 나아가려면 먼저 내가 어디에 있는지를 아는 것이 중요하다. 내가 무엇을 모르는지를 정확히 알 때, 바른 지식을 향해 나아갈 수 있기 때문이다.

① 다양하고 넓은 분야의 지식을 가져야 한다.
② 불완전한 지식도 충분히 도움이 될 수 있다.
③ 탐구의 과정에서 논리적 결함은 필수 불가결하다.
④ 바른 지식을 위해서는 내 위치를 먼저 파악해야 한다.

12. 글쓴이가 말하고자 하는 바로 가장 적절한 것은?

공상 과학 영화 속 미래는 여러 모습이 공존한다. 과학 기술의 발전에 힘입어 더 풍요롭고 안락한 삶을 누리는가 하면, 기계에 의한 인간 지배 혹은 핵전쟁이나 기타 재난에 의해 인류가 멸망하기도 한다.

하지만 이런 상상이 어느 쪽으로 현실화되든, 공상 과학 영화의 역할이 꼭 미래의 첨단 과학 기술을 예측하는 데에만 한정된 것은 아니다. 도리어 미래의 사회상에 대한 진지한 성찰의 기회를 주는 동시에, 과학과 인간의 존재에 관한 근원적 질문을 던지고 이에 대한 해답을 찾아 나아가는 데에 진정한 의의가 있다. 또한 두렵고 암울한 미래를 그리고 있는 공상 과학물이 과학 기술의 잘못된 이용에 대해 경고를 내리는 것도 좋으나, 이것이 과학 기술의 발전 자체에 대한 막연한 공포나 맹목적인 거부감으로 이어져서는 안 될 것이다. 미래 사회를 유토피아로 만드느냐, 디스토피아로 만드느냐는 과학 기술을 다루는 주체인 인간의 손에 달려 있기 때문이다.

① 공상 과학 영화의 진정한 의의는 미래의 사회상과 인간 존재에 대한 진지한 성찰에 있다.
② 미래 사회를 낙관적으로 전망하는 견해에 많은 사람들이 관심을 기울이고 있다.
③ 공상 과학 영화의 역할은 미래의 첨단 기술을 정확하게 예측하는 데 있다.
④ 공상 과학 작가들은 과학 기술의 잘못된 이용을 예리하게 비판해야 한다.

13. 다음 글의 주제로 가장 적절한 것은?

벌을 줄 때 옛날의 서당이나 학교에서는 많은 아이들이 보는 앞에서 손을 들고 서 있게 하거나 무릎을 꿇려 앉혀 놓거나 한다. 육체적 고통이 전혀 없는 것은 아니나 한국의 벌은 많은 사람 앞에 '우세'가 되는 정신적 고통인 심벌(心罰)이 중심이다. 서양의 학교에서는 육체의 고통을 주는 체벌의 전통은 오래되었지만 심벌의 전통은 없다. 한데 많은 사람들이 비웃게 하여 창피를 주는 '우세'가 벌의 중심이 되어 있음은 바로 우세라는 심통(心痛)이 체통(體痛)보다 더 아프다는 한국인의 집단의식이 작용했기 때문일 것이다. 남의 웃음을 사게 하여 징벌하는 민속은 다양하다. 어릴 때 잠자다가 요에 오줌을 싸면 키를 씌워 이웃집에 소금을 얻으러 보낸다. 이것은 키를 쓴 몰골로 남이나 이웃에게 창피를 당하게 하는 행위다. 사실 그 이상한 몰골로 소금 얻으러 온 아이를 보고 웃지 않을 이웃이 있겠는가. 우셋거리로 만들어 잘못을 자제시키는 우세 문화의 하나라고 할 것이다.

① 우세 문화는 한국의 문화에만 있는 고유한 것이다.
② 정신적 모욕감을 주는 우세는 신체적인 체벌보다 아프다.
③ 서양의 학교에서는 벌을 줄 때 심벌보다 체벌이 중심이 된다.
④ 우세 문화는 신체적 고통보다 심적 고통이 더 크다는 집단의식에 의해 만들어졌다.

14. 다음 글의 주장으로 가장 적절한 것은?

다원주의 사회 내에서는 불가피하게 다양한 가치관들이 충돌한다. 이러한 충돌과 갈등을 어떻게 해결할 것인가? 예컨대 장관 중 하나가 동성애자로 밝혀졌을 경우, 동성애를 혐오하는 사람들은 그의 해임을 요구할 것이다. 이러한 갈등은 시민 간의 합의, 여론조사, 최고 통치자의 정치적 결단 등의 절차적 방식으로 해결하기 어렵다. 동성애자들이 요구하고 있는 것은 자신들도 사회의 떳떳한 구성원이라는 사실을 다른 구성원들이 인정해 주는 것이기 때문이다. 이처럼 오늘날 자유주의가 직면한 문제는 단순히 개인과 개인의 갈등뿐 아니라 집단과 집단의 갈등을 내포한다. 사회 내 소수 집단들은 주류 집단에게 사회적 재화 중에서 자신들의 정당한 몫을 요구하고, 더 나아가 자신들도 하나의 문화 공동체를 형성하고 있는 구성원이라는 사실을 인정하라고 요구한다. 따라서 자유주의가 채택하는 개인주의나 절차주의적 방법으로는 소수자들의 불평등을 실질적으로 해결하지 못한다.

① 다원주의 사회에서 다양한 가치관의 갈등은 개인 간의 합의를 통해서 해결할 수 있다.
② 다원주의 사회에서 집단 간 가치관 갈등을 해결하기 위해서는 서로 다른 문화적 정체성을 인정해야 한다.
③ 국가는 개인과 개인 간의 갈등을 조정할 수 있는 제도적 장치를 마련하여 갈등을 해결해야 한다.
④ 국가는 개인들이 추구하는 다양한 가치들에 있어 중립적인 중재자 역할을 수행해야 한다.

15. 글쓴이의 주장으로 가장 적절한 것은?

진화론이 인간에 대해 설명할 때 동원하는 두 개의 핵심 개념은 생존과 번식이다. 그러나 그것만으로는 인간의 행동, 가치, 목표를 다 설명할 수 없다. 현대 생물학이 인간 존재에 대한 모든 답을 가진 것처럼 발언하는 순간, 인문학은 생물학에 의심의 눈초리를 보내게 된다. 물론 인간도 동물이고 생물인 이상 다른 모든 생명체와 생물학의 차원을 공유한다. 인간의 심리, 행동 방식, 취향과 습관은 생물학의 차원에 뿌리내리고 있다. 그러나 인문학의 관심 대상은 이런 차원 위에 만들어진 독특한 세계이다. '인간을 인간이게 하는 것은 무엇인가'라는 질문은 인문학의 핵심 관심사이다. 말하자면 인문학은 인간의 고유성을 말해 주는 층위와 지점들을 찾아내는 작업이다. 여기에는 사회·정치·윤리의 차원을 고려해야 한다. 가령 평등이나 인간 존엄과 같은 사회 원칙과 이상은 인간의 진화의 결과라기보다 선택의 결과이다.

① 인문학은 사회·정치·윤리의 차원과 구별된다.
② 인간 삶에 대한 모든 탐구는 생명체의 차원에서 이루어질 수 있다.
③ 인간은 사회 원칙과 이상에 대해 고찰할 수 있는 유일한 생명체이다.
④ 인간에게 있어 생물학을 넘어서는 차원을 연구하는 것이 인문학의 목표이다.

16. 다음 글의 핵심 주장으로 가장 적절한 것은?

서양의 학문은 자연, 사회, 인간만을 다루어 왔다. 서양의 학문은 기술과 같은 '비인간'을 논의의 대상에서 제외했다. 과학이 자연을 탐구하려면 기술이 바탕이 되는 실험 기기에 의존해야 하지만, 과학은 기술을 학문 대상이 아닌 도구로만 취급했다. 사회 구성 요소 중 가장 중요한 것이 기술임에도, 사회과학자들은 기술에 거의 관심이 없었다. 철학자들은 인간을 주체-객체로 나누면서, 기술은 저급하고 수동적인 대상으로만 취급했다. 그 결과 기술과 같은 비인간이 제외된 사회가 근대성의 핵심이 되었다. 하지만 기술은 우리 사회에서 분명 능동적인 역할을 수행한다. 근대적 과학과 철학이 범했던 자연-사회, 주체-객체의 이분법을 극복할 필요가 있다.

① 기술은 과학 발전에 중요한 역할을 수행한다.
② 기술은 자연과 사회를 잇는 가교 역할을 한다.
③ 근대적 이분법은 인간을 주체와 객체로 구분한다.
④ 기술이 수행하는 능동적 역할에 주목할 필요가 있다.

17. 다음 글의 주제로 가장 적절한 것은?

바로크 시대의 음악 이론은 '음악이 감정을 모방해야 한다'는 것에 기초한다. 감정을 체계적으로 전달하는 데 중점을 둔 것이다. 그러나 한슬리크는 음악 예술이 표현해야 하는 내용이 감정이라는 주장에 감정 표현은 음악의 내용이 될 수 없다며 반박한다. 한슬리크는 음악의 아름다움은 아름다움 외에 아무런 목적을 갖지 않는 형식이라 보았다. 또한 많은 음악 이론가들이 '감각'과 '감정'을 구별하지 못한 채 사용해 왔음을 지적하고, '감각'은 특정한 감각적 성질, 즉 하나의 음, 한 가지 빛깔 따위를 지각하는 것이며, '감정'은 우리의 심적 상태가 촉진되거나 방해받는 것, 즉 쾌나 불쾌를 의식하는 것이라고 설명했다. 그는 많은 음악 이론가들이 음악적 아름다움과 감각의 만남을 음악적 아름다움과 감정의 만남으로 잘못 알고 있다고 역설했다. 한슬리크는 음악적 아름다움에 대한 논의에서 감정이 결코 본질이 될 수 없다고 했다.

① 감정과 감각은 엄연히 구분되어야 한다.
② 바로크 시대의 음악은 감정의 전달에 치중했다.
③ 음악적 아름다움의 성립에서 감정은 본질이 아니다.
④ 음악적 아름다움은 감각과의 만남으로 이루어진다.

18. 다음 이야기가 주는 교훈으로 가장 적절한 것은?

옛날 유명한 목수가 제자들과 함께 여행을 하고 있었습니다. 마침 어느 지방에 이르렀을 때, 높이가 100길이 넘는 거대한 나무를 보았습니다. 목수의 제자들은 나무를 유심히 바라보았습니다. 그런데 목수는 눈길도 주지 않고 지나치는 것이었습니다.
"선생님, 저렇게 큰 나무를 보시고도 눈길 한번 주시지 않는 이유가 무엇입니까?"
"저 나무는 아무짝에도 쓸모가 없단다. 가구를 만들면 뒤틀리고, 기둥을 삼으면 금방 벌레가 먹고, 배를 만들면 물이 새 들고 말 테니까 말이다."
그날 밤, 그 나무의 혼령이 목수의 꿈에 나타났습니다.
"자네는 어찌 나를 쓸데없다고 하였는가? 물론 목수에게는 쓸모가 없겠지. 하지만 목수에게 유용하지 않기 때문에 천 년을 살아남아, 거대한 나무 그늘에서 사람들을 쉬게 하고, 수없이 많은 뿌리로 물을 저장하여 사람들에게 식수를 제공하고 있다네!"

① 아무리 못난 사람도 한 가지 재주는 있다.
② 모든 일이 필연성을 띠는 것은 아니다.
③ 자기가 맡은 일에 책임을 다해야 한다.
④ 일을 추진하는데 있어서는 기초가 중요하다.

19. 다음 글의 논지로 가장 적절한 것은?

사람들은 보통 어떤 사람이 질병에 걸렸다면 그 사람이 평소에 위생 관리를 철저히 하지 않았기 때문이라고 여기는 경향이 있다. 이는 발병 책임을 전적으로 질병에 걸린 사람에게 묻는 생각이다. 그러나 발병한 사람들 전체를 고려하면, 성별, 계층, 직업 등의 사회적 요인에 따라 건강 상태나 질병 종류 및 그 심각성 등이 다르게 나타난다. 따라서 어떤 질병의 성격을 파악할 때 질병의 발생이 개인적 요인뿐만 아니라 사회적 요인과도 관련될 수 있음을 고려해야 한다.

질병에 대처할 때도 사회적 요인을 고려해야 한다. 어떤 사람들에게는 질병으로 인한 고통과 치료 부담이 가장 심각한 문제일 수 있으나 또 다른 사람들에게는 질병에 대한 사회적 편견이 오히려 더 심각한 문제일 수 있다. 그러한 편견과 낙인이 더 큰 고통을 안겨 주기 때문이다. 질병이 나타나는 몸은 개인적 영역이면서 동시에 가족이나 직장과도 연결된 사회적인 것이다. 질병의 치료 역시 개인의 문제만으로 그치지 않고 가족과 사회의 문제로 확대되곤 한다. 요컨대 질병의 치료가 개인적 영역을 넘어서 사회적 영역과 관련될 수밖에 없다는 것은 질병의 대처 과정에서 사회적 요인을 반드시 고려해야 한다는 점을 잘 보여 준다.

① 한 사람의 몸은 개인적 영역인 동시에 사회적 영역이기에 발병의 책임을 질병에 걸린 사람에게만 물어서는 안 된다.
② 질병에 의한 신체적 고통보다 질병에 대한 사회적 편견으로 인한 고통이 더 크므로 이에 대한 대책이 필요하다.
③ 질병의 성격을 파악하고 질병에 대처하기 위해서는 사회적인 측면을 고려해야 한다.
④ 질병의 치료를 위해서는 개인적 차원보다 사회적 차원의 노력이 더 중요하다.

20. 다음 글에서 이끌어 낼 수 있는 주장으로 가장 적절한 것은?

도로에서 사고가 나면, 오히려 반대편 교통이 더뎌진다. 사람들이 중앙분리대 너머의 사고 현장을 구경하기 위해 속도를 늦추기 때문이다. 운전자는 예정 시간보다 10분이나 늦어졌지만 입장료를 냈다고 생각해서 자기 앞으로 도로가 트였는데도 구경을 다 할 때까지 속도를 내지 않는다. 결국 많은 사람들이 10초 동안 사고를 구경하기 위해 10분을 소비하게 된다. 결국 10분이라는 비용을 지불하여 10초 구경을 하는 것이니 나머지는 호기심에 들인 비용이라 할 수 있다. 만약 운전자들이 조직화된 집합체라면, 고속도로에서 10초 동안의 구경을 포기하고 10분을 절약함으로써 원래의 속도를 유지하는 효율을 추구할 것이다. 하지만 조직화되지 않았을 경우 그들은 뒤에 있는 사람들에게 끼치는 손해를 책임지지 않는다.

① 각 개인이 주관인 선택을 하더라도, 사회적으로도 최대의 효율이 달성될 수 있다.
② 자기에게 아무런 이익이 안 되지만 남에게는 도움이 되는 행위를 누군가 할 필요가 있다.
③ 전체의 효율을 위해 다른 사람에게 비용을 유발하는 개인의 행동에 대한 강제력 있는 규제가 필요하다.
④ 모든 사람은 호기심을 충족하기 위해서 비용을 아끼지 않는 존재이다.

Pattern 02 정보 관계와 접속어

'정보 관계'를 따져라!

문단이란 하나 이상의 문장이 모여서 **통일된 하나의 생각**을 나타내는 글의 단위를 말합니다. 하나의 문단에는 하나의 중심 생각을 효과적으로 전달할 수 있는 뒷받침 문장들이 유기적 관계를 맺으며 주제를 뒷받침하고 있습니다.

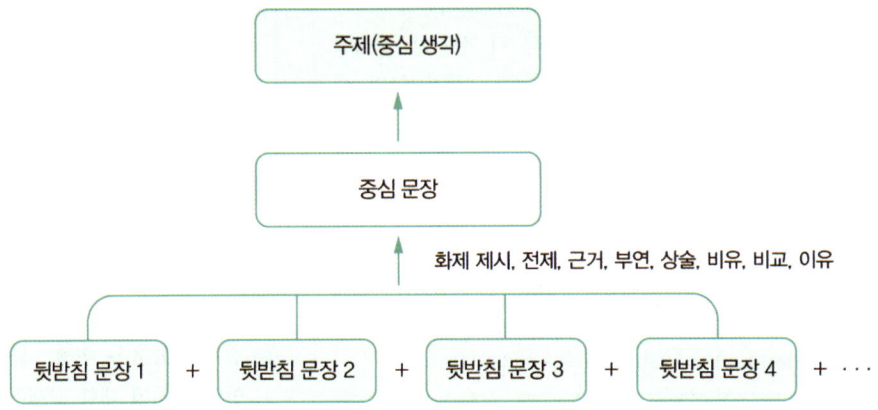

문장 속의 정보 관계를 묻는 유형을 해결하기 위해서만이 아니라, 글을 빠르고 정확하게 읽기 위해서는 '정보의 요약 능력'이 필수입니다. 지문에서 새로운 정보를 확인할 때마다 주제에 대한 정보의 기여도(중요도)를 따지고 그 근거를 명확히 판단하려고 노력해야 합니다. 그리고 대등한 정보는 묶어 놓으면 편리하죠.

'접속어 파악'의 중요성

접속어(접속 부사)는 문장과 문장, 문단과 문단을 이어 주는 역할을 합니다. 그렇기 때문에 문장의 관계나 문단의 관계를 파악하는 데 중요한 단서를 제공하죠. 접속어의 기능을 잘 파악하면, 필자의 의도나 말하고자 하는 바를 보다 쉽게 파악할 수 있어서 속독과 요약에 도움이 됩니다.

또한, 제시된 접속어를 통해 **앞에 나올 정보나 이어질 정보를 추론**하는 능력은 **배치나 배열** 패턴에서도 정답을 찾는 데에 아주 중요하게 활용됩니다.

똑똑한 알고리즘으로 승부하자

1 문장과 문단 간의 관계 패턴을 해결하는 팁!

- **주지가 보조보다 힘세다**
  - 보조는 주지를 뒷받침하는 부연, 구체화, 상술, 예시, 강조, 연결, 인용, 비유 등이다.

- **설득이 설명보다 힘세다**
  - 사실 정보보다 의견이 더 힘이 세다. 사실 정보는 의견의 근거로 활용되는 경우가 많다.

- **가장 포괄적인 '문장/문단'이 힘세다**
  - 지문의 문장/문단들 가운데 가장 포괄적, 추상적, 일반적인 문장/문단이 중심 문장/문단이 된다.

- **초점이 이동되었다면 이동된 초점을 가진 문장/문단이 힘세다**
  - 글쓴이는 의도하에 초점을 이동한다. 주제는 이동된 초점 쪽에 있다.

- **문제 제기보다 해결 방안이 힘세다**
  - 지문에 제기된 문제에 대한 해결 방안이 주제인 경우가 많다.

- **전제보다 결론이, 원인보다 결과가 힘세다**
  - 전제가 조건이 되는 것은 맞지만 그래도 주제는 결론에 있다.
  - 인과 관계의 정보가 있다면 원인보다 결과가 중요하다.

- **상식·통념보다 비판이 힘세고, 비판보다 결론이 힘세다**
  - 지문이 상식이나 통념으로 시작하는 경우, 이것을 비판하는 것이 글쓴이의 목적인 경우가 많다.

- **열거, 비교, 대조되는 대상은 서로 힘이 같다**
  - 열거, 비교, 대조되는 정보는 대등한 중요도를 가진다.
  - 의미 간의 교집합이 없다면 열거, 비교, 대조될 수 없기 때문이다.

2 중심 내용과 접속어의 위치

중심 내용이 앞에 있는 접속어: 즉, 왜냐하면, 다시 말해, 가령, 예를 들어, 예컨대
중심 내용이 뒤에 있는 접속어: 그러나, 따라서, 요컨대, 결국, 그런데, 그러므로, 그렇다면, 이제

3 접속어(접속 부사)의 종류와 의미

관계		예
순접(병렬)/ 보충(첨가)/선택	순접(병렬)	그리고, 또, 또한, 덧붙여 등
	보충(첨가)	게다가, 더구나, 하물며, 더욱이, 특히 등
	선택	또는, 혹은 등
대립(역접)/전환	대립(역접)	그러나, 그렇지만, 하지만, 한편, 반면에, 거꾸로 등
	전환	그러나, 그렇지만, 하지만, 그런데, 아무튼, 그렇다 하더라도, 다만 등
인과/귀결	원인	왜냐하면, 그 이유는, 그 이유로 등
	결과	그러므로, 그러니까, 따라서, 그러한즉(그런즉), 그래서, 결론적으로 등
예		예를 들어, 가령, 예컨대 등
상술/정의/정리		곧, 즉, 말하자면, 다시 말해서, 달리 말하면, 요컨대 등

다음 세 가지 기능의 접속어에는 표시를 해 두는 것이 좋습니다.

관계		기호
대립(역접)/전환		↔
인과/귀결	원인	인(근거) → 과(결론)
	결과	과(결론) ← 인(근거)
예		>

⋯▶ '인과/귀결'을 나타내는 접속어는, 결과나 결론 쪽으로 화살표 머리가 향하도록 표시하세요. 이런 표시는 인과관계가 연쇄적으로 반복되는 지문에서 강력한 도구가 됩니다.

⋯▶ '대립(역접)/전환'을 나타내는 접속어는 지문에서 가장 중요하게 활용되는 접속어입니다. 이 접속어가 등장하면 논지가 전환되거나 논지에 대한 비판·반박이 이어지거나 아예 중심 화제가 전환될 수도 있습니다. 이 접속어에 대해서 주의할 점은, 접속어의 기능이 적용되는 범주가 앞뒤 문장일 뿐인지, 그 이상의 내용 단락인지 판단하셔야 한다는 점입니다.

⋯▶ '예'를 나타내는 접속어가 나오면 앞의 내용에 대한 구체화이니 앞에 제시된 일반화 진술의 방향으로 부등호(>)를 하고, 다양한 예시가 열거되거나 어느 정도 텍스트 분량을 차지하는 일화인 경우 소괄호(( ))를 활용하여 묶어 두도록 합니다. 예시는 주제를 파악했다면 빠르게 읽어 나가도 되는 부분입니다. 다만, 선지에서 예시에 대한 질문을 한다면, 다시 ( ) 안을 확인하는 것이 정확합니다. 이를 위해 미리 지문에 표시를 해 두는 것이기도 합니다.

⋯▶ '순접(병렬)/보충(첨가)/선택'이나 '상술/정의/정리'의 관계에는 별도로 표시를 할 필요까지는 없습니다. 이런 접속어가 등장했을 때는 맥락에 따라 자연스럽게 읽어 나가면 됩니다.

정보 관계와 접속어를 위한 트레이닝

1. ㉠~㉢의 발화에 대한 이해가 옳지 않은 것은?

- 미연이는 ○○학원의 직원이다. 그래서 미연이는 일을 잘한다. ·························· ㉠
- 미연이는 ○○학원의 직원이다. 그러나 미연이는 일을 잘한다. ·························· ㉡
- 미연이는 ○○학원의 직원이다. 그래서 미연이는 일을 못한다. ·························· ㉢

① ㉠에는 '○○학원의 직원은 일을 잘한다.'라는 의미가 내포되어 있다.
② ㉡에는 '○○학원의 직원은 일을 못한다.'라는 의미가 내포되어 있다.
③ ㉠과 ㉢의 접속 표현을 '따라서'로 바꾸어도 함축 내용은 각각 '그래서'를 사용할 때와 동일하다.
④ ㉠과 ㉡에는 뜻밖이라는 인식이 함축되어 있다.

2. ㉠과 ㉡에 들어갈 접속어로 가장 적절한 것은?

장기 이식에 찬성하는 사람들은, 뇌사 상태에 빠진 사람이 장기를 기증하는 것은 죽음으로 생명을 구하는 것이므로, 죽음을 가치 있게 해 준다고 주장한다. (㉠) 뇌사 상태를 죽음으로 인정하는 것은 잘못된 생명관이다. 물론 뇌사 상태에 빠졌다가 소생하는 경우가 드물기는 하다. (㉡) 어느 누구도 뇌사 상태를 죽음의 선고라고 자신 있게 말할 수 없다는 것을 그들은 모르고 있다. 미국의 어느 의사는 '어떤 상태를 뇌사 상태로 규정할 것인가에 대한 원칙이 의학계에서조차 아직 정해지지 않았다.'라고 말한 적이 있다. 온몸에 엄연히 뜨거운 피가 흐르고 있는 사람을 뇌의 기능이 정지되었다고 하여 죽었다고 단정 지을 수는 없는 것이다.

	㉠	㉡
①	그러나	그리고
②	따라서	하지만
③	그러나	하지만
④	따라서	그리고

3. 괄호 안에 들어갈 접속어로 가장 적절한 것은?

　우리나라 가구당 서적·인쇄물 구입에 지출한 돈이 월평균 10,405원에 불과하다고 한다. 월평균 3권 이상 읽는 인구 비율은 우리가 14.5%인 데 비해 일본은 17.7%에 달한다. 이처럼 낮은 독서율로는 21세기 문화 전쟁의 시대를 이겨낼 수 없다. 문화 전쟁의 무기는 정보와 지식이고, 책이야말로 검증된 지식과 정보의 원천이기 때문이다. (　　) 책을 읽지 않는 국민에게는 미래가 없다. (　　) 정부는 독서 진흥 방안을 적극적으로 마련해야 한다. 공공 도서관을 늘리고 양서(良書) 출판도 지원해야 한다. 학교의 독서 환경과 독서 교육을 더욱 강화해야 한다. 신문이든 책이든 읽는 사람이 지도자가 된다.

① 그러므로 – 그리고　　② 즉 – 그러나
③ 그러므로 – 따라서　　④ 즉 – 한편

5. 괄호 안에 들어갈 접속어로 가장 적절한 것은?

　절차적 민주주의는 국민의 대표나 지도자를 선출하는 과정·방법·절차와 이의 전제 조건으로 개인의 자유와 권리에 초점을 맞춘다. 개인의 자유와 권리를 보장하기 위해서는 공정한 제도와 절차가 있어야 한다. 이것이 확보되지 않으면 실질적 민주주의는 불가능하다는 점에서 절차적 민주주의는 민주주의의 이상을 실현하기 위해 필요한 조건을 잘 제시하고 있다고 할 수 있다. (　　) 이것은 민주주의를 선거나 의회와 관련된 절차의 문제로만 한정시킨다. 때문에 자본주의 사회에서 나타날 수밖에 없는 사회적·경제적 자원의 불평등한 분배로 인하여 민주주의의 제도나 절차조차도 제대로 실천하기 어려울 수 있다는 점을 간과하게 된다. (　　) 국민에게 선거 시기 이외에는 선출직 공직자에 대해 책임을 물을 기회를 주지 않는다는 점, 대다수 국민에게 중대한 영향을 미치는 결정을 내리는 사적·공적 집단(예: 기업)에 대해 국민이 직접 책임을 물을 수 없다는 점 등과 같은 여러 한계를 가지고 있다.

① 그러나 – 또한　　② 즉 – 반면에
③ 그러나 – 반면에　　④ 즉 – 또한

4. ㉠~㉡에 알맞은 접속어를 순서대로 나열한 것은?

　방송은 독과점의 지위를 누렸던 과거와 달리 경쟁 체제를 형성하고 있다. (㉠) 방송을 산업으로 보는 시각도 보편화되었다. 방송이 프로그램이라는 무형의 산물을 생산함과 동시에 시청자에게 서비스를 제공하고, 경쟁을 통해 이윤을 창출한다고 보는 것이다.
　방송사 간의 경쟁이 심화됨에 따라 방송 프로그램의 시장 규모도 커지고 있다. (㉡) 상품으로 거래되는 방송 프로그램의 수가 증가하고 있는 것이다. 시장에서의 방송 프로그램은 여느 상품처럼 '저장성'을 기준으로 분류된다. 가령, 자연 다큐멘터리는 시기에 구애받지 않고 저장되어 방영될 수 있기 때문에 시기가 지나도 그 가치를 잃어버리지 않는다.

	㉠	㉡		㉠	㉡
①	따라서	다시 말해	②	따라서	아무튼
③	하지만	다시 말해	④	하지만	아무튼

6. ㉠~㉢에 알맞은 접속어를 순서대로 나열한 것은?

　20세기 냉전이 자유주의의 승리로 끝나면서 세계는 미국의 자본주의적 세계화가 진행됐다. (㉠) 정보 통신 기술이 발달하고 다국적 기업이 늘어나, 세계의 자원 이동과 교류가 빈번해졌다. (㉡) 국가 간의 경계가 느슨해지고 자본주의적 세계화가 가속화되었다. (㉢) 자본주의적 세계화는 강대국과 약소국 간의 불평등을 가속화하고 국가 간의 빈익빈 부익부를 심화시키면서 세계적인 저항에 직면한다.

	㉠	㉡	㉢
①	그렇지만	왜냐하면	하지만
②	더욱이	왜냐하면	요컨대
③	더욱이	따라서	하지만
④	그렇지만	따라서	요컨대

7. ㉠~㉢에 알맞은 접속어를 순서대로 나열한 것은?

한 인간은 유전과 환경 사이의 관계 속에서 탄생하고 성장한다. 유전자에 의해서 발현되는 형질들과 환경 사이의 상호작용과 관련된 것이라면 무엇이든지 생물학에 포함된다. (㉠) 생물학에는 생리학, 생화학, 분자생물학, 신경생물학, 생태학, 환경생물학, 우주생물학 등이 포함된다. (㉡) 우리 삶 전체가 생물학의 차원 안으로 들어오게 된다. 생물학 너머의 차원이란 존재하지 않는다. (㉢) 법학은 인간의 법률 행위를 연구하는 인간 생물학이고 경제학은 인간의 경제 행위를 연구하는 인간 생물학이다. 모든 학문은 인간 생물학의 일부이다.

	㉠	㉡	㉢
①	그런데	결국	그리하여
②	그런데	물론	가령
③	그래서	결국	가령
④	그래서	물론	그리하여

8. ㉠~㉢에 들어갈 말을 바르게 연결한 것은?

'시장 실패'란 시장이 자원 배분을 효율적으로 하지 못하는 상태를 가리킨다. (㉠) 시장 실패는 자원 배분의 효율성을 높이기 위해 정부가 공공 정책을 통해 시장에 개입해야 한다는 논리적 근거를 제공한다. (㉡) 정부의 시장 개입도 성공하기보다 실패하는 경우가 많았다. 이런 정부의 시장 개입 실패를 설명하려 한 여러 이론이 있다. (㉢) 공공 선택 이론은 비시장적 의사 결정에 관한 경제적 연구를 통해 이와 같은 '정부 실패'가 왜 발생하는지를 설명하였다.

	㉠	㉡	㉢
①	따라서	그러나	예컨대
②	왜냐하면	그러나	즉
③	왜냐하면	더욱이	예컨대
④	따라서	더욱이	즉

9. ㉠~㉢에 알맞은 접속어를 순서대로 나열한 것은?

우리는 사물의 일부를 보고 그 실제 속성을 알 수 있다고 생각하지만, 사실 하나의 사물은 관점에 따라 속성이 다르게 나타난다. 우리가 느끼는 사물의 속성은 우리가 본 일부로부터 추리된 것에 불과하다.
(㉠) 우리는 보통 책상의 속성을 생각할 때 '단단함'과 같은 단어를 떠올린다. (㉡) 이러한 느낌은 책상에 얼마나 힘을 주느냐에 따라, 또 우리 신체의 어느 부위로 누르냐에 따라 달라질 수 있다. (㉢) 촉감을 통한 감각이 책상의 어떠한 불변적인 속성을 보여준다고 할 수는 없다. 그런 감각은 감각들을 촉발하는 속성을 간접적으로 알려줄 뿐이다.

	㉠	㉡	㉢
①	한편	그럼에도	또한
②	반면	하지만	그리고
③	예를 들어	그러나	그러므로
④	가령	그리고	한편

10. ㉠~㉢에 알맞은 접속어를 순서대로 나열한 것은?

근대 국가 탄생을 설명하는 이론으로 자유주의자, 마르크스의 이론을 들 수 있다. 자유주의자들은 만인에 대한 만인의 투쟁 상태를 극복하기 위해 국가가 탄생했다고 설명한다. (㉠) 국가는 시장이나 소유권을 절대적으로 보장하든 노동 시장에서 배제된 사람들을 위한 보호막을 제공하든 간에 어떤 형태로든지 사회 혹은 시장에 개입하게 된다고 간주한다.
(㉡) 마르크스는 국가를 지배 계급의 지배를 유지하기 위한 도구라 규정한다. 그는 계급이 철폐되면 국가 또한 소멸될 것이라 예언했다. (㉢) 역사적으로 자본주의 국가는 자본에 대한 끊임없는 수정을 통해 자본주의를 재생산해 왔다. 그 과정에서 국가는 자본에 종속된 것이 아니라 자본으로부터 독립적이고 자율적인 존재라는 견해가 대두되기도 하였다.

	㉠	㉡	㉢
①	따라서	하지만	그러나
②	왜냐하면	하지만	또는
③	왜냐하면	가령	그러나
④	따라서	가령	또는

11. ㉠~㉢에 알맞은 접속어를 순서대로 나열한 것은?

A시 시장은 정부의 보조금으로 낙후된 지역 경제를 발전시키기 위한 소각장을 유치하겠다고 밝혔다. A시 시민들은 반대파와 찬성파로 갈려 집회를 이어 갔다. 반대파는 지역 경제 발전에는 찬성하지만 소각장이 환경을 오염시킨다며 철회할 것을 요구했다. (㉠) 찬성파는 반대파가 지역 이기주의에 빠져 있다고 비판했다. 각 입장은 여러 방법을 통해 자신의 주장을 알렸다. (㉡) 반대파는 반대 운동을 전국적으로 알리기 위해 서울에 가서 집회를 했다. (㉢) 서울 집회에 참여하지 않은 사람들도 토박이와 노인은 반대 운동에, 이주민과 젊은이는 찬성 운동에 참여했다.

	㉠	㉡	㉢
①	그러나	곧	왜냐하면
②	그러나	예를 들어	한편
③	그러므로	예를 들어	왜냐하면
④	그러므로	곧	한편

12. ㉠~㉢에 알맞은 접속어를 순서대로 나열한 것은?

클라크는 자본재를 이용한 우회적 생산에서 이자 성립의 근거를 찾았다. 우회적 생산이란 어떤 상품을 직접 생산하지 않고, 투자를 통해 공장과 설비 등의 자본재를 만들고 그것을 통해 상품을 생산하는 방식을 말한다. (㉠) 맨손을 사용해 매일 3마리의 생선을 잡는 어부가 어선이나 어망을 구매해, 이를 사용하여 더 많은 생선을 잡는 것이다. 우회적 생산은 직접 생산보다 높은 생산성을 지닌다. (㉡) 생산에 있어 자본재를 도입한 경우의 수익이 자본재를 도입하지 않은 경우의 수익보다 더 큰 것이다. 클라크는 이처럼 자본재 투입에 따라 발생하는 수익 차이가 이자 성립의 근거라 생각했다. (㉢) 그는 우회적 생산이 더 많이 일어날수록 생산량이 증가한다고 주장하였으며, 자본재의 양이 1단위 증가함에 따라 증가하는 생산량을 이자의 원천으로 제시했다.

	㉠	㉡	㉢
①	가령	즉	또한
②	예를 들어	요컨대	그럼에도
③	하지만	다시 말해	곧
④	그러나	예컨대	그리고

13. ㉠~㉢에 알맞은 접속어를 순서대로 나열한 것은?

사람들은 함께 모여 '집합 의례'를 행한다. 뒤르켐은 오스트레일리아 부족들의 집합 의례를 공동체 결속의 관점에서 탐구한다. 부족 사람들은 문제 상황이 발생할 경우 생계 활동을 멈춘다. (㉠) 자신들이 공유하는 분류 체계를 활용하여 이 상황이 성스러운 것인지 속된 것인지를 판별하는 집합 의례를 행한다. 이 과정에서 자신들이 공유하는 성스러움이 무엇인지 깨닫고 그것을 중심으로 약해진 도덕 공동체를 재생한다. 집합 의례가 끝나면 부족 사람들은 가슴속에 성스러움을 품고 일상의 속된 세계로 되돌아간다. (㉡) 먹고사는 문제에 불과했던 생계 활동이 성스러움과 연결된 도덕적 의미를 지니게 된다. 뒤르켐은 현대 사회의 집합 의례가 기존 도덕 공동체의 재생으로 끝나지 않고 새로운 도덕 공동체를 창출할 것이라 본다. (㉢) 프랑스 혁명은 자유, 평등, 우애와 같은 새로운 성스러움을 창출하고 이를 중심으로 새로운 도덕 공동체를 구성한 집합 의례다.

	㉠	㉡	㉢
①	그리고	따라서	즉
②	혹은	다만	예컨대
③	그리고	따라서	예컨대
④	혹은	다만	즉

14. 빈칸에 들어갈 접속어를 순서대로 나열한 것은?

최신 연구에 의하면, 유기농 식품이 건강에 도움이 되지 않는다고 한다. 한 조사에 따르면, 임신 중 유기농 식품 섭취가 신생아의 아토피 피부염이나 알레르기 질환을 일으킨다고 한다. 어떤 연구는 유기농 식품 섭취가 특정 박테리아의 감염 가능성을 높인다고 보고한다. 이에 따르면 유기농 식품이 건강에 별 도움이 되지 않는다는 결론이 설득력이 있어 보인다. ☐ 이러한 증거는 유기농 식품의 유익성이 아닌 유해성에 관한 것이다. ☐ 이러한 연구는 2년 이하의 짧은 기간 동안 섭취한 유기농 식품의 영향을 대상으로 하는데, 2년은 건강에 대한 전체적인 영향을 평가하기에는 충분하지 않다. ☐ 유기농 식품이 유익한 것이 아니라고 결론짓는 것은 성급하다.

① 특히 – 게다가 – 오히려 ② 특히 – 또한 – 따라서
③ 하지만 – 또한 – 따라서 ④ 하지만 – 가령 – 그러므로

15. ㉠~㉢에 들어갈 접속어로 가장 적절한 것은?

태풍은 저기압의 일종이므로 북반구에서는 중심을 향하여 반시계 방향으로 불어 들어가는 소용돌이 바람이 생기며, 중심으로 갈수록 풍속이 강해진다. (㉠) 항해하는 선박에게 있어서 태풍은 블랙홀과 같다. (㉡) 태풍이 진행하는 방향의 왼쪽 반원은 좀 나아서 때로 파선을 면하고 빠져나올 수 있는 경우도 있다. 이를 가항반원이라고 한다.

태풍은 안쪽으로 갈수록 풍속이 증가하나 중심에는 하늘이 맑고 바람이 없는 고요한 상태를 유지하는데 이를 태풍의 눈이라고 한다. 태풍의 눈은 중심으로 불어드는 강한 바람으로 인한 원심력의 작용으로 약한 하강 기류가 생겨 형성된 것으로 지름이 수십 킬로미터에 이른다. (㉢) 태풍은 이동하므로 어느 한 장소에서 이러한 상태가 오래 유지되지 못하고 바로 폭풍우에 휩싸이게 된다.

	㉠	㉡	㉢
①	게다가	가령	그러나
②	게다가	반면에	또한
③	그래서	반면에	그러나
④	그래서	가령	또한

Pattern 03 서술 전개 방식

중심 화제, 주제 찾기 패턴이 '무엇을 이야기하는가'를 파악하는 것이라면, 서술 전개 방식 패턴은 **'어떻게 이야기하는가'**를 파악하는 것입니다.

이 유형을 해결하기 위해서는 일단 기본적인 **용어에 대한 이해**가 필요합니다. 지문 속 다양한 정보의 관계에 대해 **개념어**를 활용해 **일반화**시킨 정답을 찾아야 하기 때문이죠. 또, 선지의 구조에 따라 O/X를 따질 줄 아는 능력도 필요합니다.

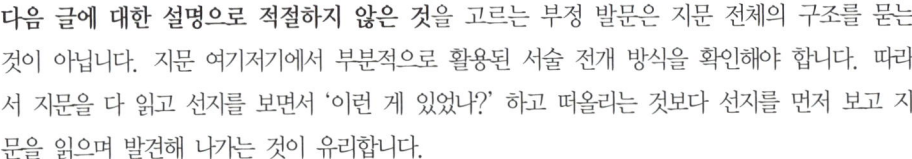

다음 글에 대한 설명으로 적절하지 않은 것을 고르는 부정 발문은 지문 전체의 구조를 묻는 것이 아닙니다. 지문 여기저기에서 부분적으로 활용된 서술 전개 방식을 확인해야 합니다. 따라서 지문을 다 읽고 선지를 보면서 '이런 게 있었나?' 하고 떠올리는 것보다 선지를 먼저 보고 지문을 읽으며 발견해 나가는 것이 유리합니다.

선지를 끊어 읽어가며 서술 전개 방식에 대한 개념어를 잡아 동그라미를 치고, 지문을 읽다가 해당되는 부분을 발견하면 바로바로 선지를 확인하고 처리합니다. 사실 선지가 다 기억나지 않을 수도 있어요. 하지만 몇 개라도 기억해서 읽는 중에 처리할 수 있다면, 내용만 쭉 읽은 뒤에 다시 다 확인하는 것보다 훨씬 이득이죠.

이렇게 선지를 먼저 보고 글을 읽으며 중간 처리를 하는 것이 유리하기는 복수답안을 묻는 발문도 마찬가지입니다. 글에서 활용된 선지가 여러 개인 것은 마찬가지니까요.

서술 전개 방식 긍정 발문

'다음 글의 전개 방식으로 가장 적절한', '다음 글에 대한 설명으로 가장 적절한'을 묻는 긍정 발문은 지문의 전체 구조를 가장 잘 표현한 **하나의 정답**을 고르라는 것입니다.

지문 전체의 구조를 가장 잘 설명하는 선지를 찾아야 하는 긍정 발문을 위해서는 '정보의 요약 능력'이 필수입니다. 지문의 중심 화제에 대해 문단별로 중요한 부분에 체크하며 요약한 뒤, 문단 간의 관계를 파악합니다. 그리고 마지막으로 지문 전체에서 정보를 어떻게 펼쳐 나갔는지 한 문장으로 정리하는 것이지요.

이렇게 가답안을 만드는 과정을 거치지 않고 선지를 먼저 보게 되면, 오답 중 하나에 이끌려 그 선지에 맞춰 지문을 합리화하는 경우가 생길 수 있습니다.

1 서술 전개 방식 개념어

1 설명: 사실이나 정보 등을 전달하거나 독자의 이해를 돕는 진술 방식으로, 감정적 표현을 배제한 객관성에 근거한 진술 방식

(1) **정의**: 어떤 대상의 범위를 규정 짓고 그 본질을 명제의 형식으로 진술하는 방식

   A는 B하는 C이다. (B는 A의 특징, C는 A가 속하는 범주)
   A는 B라는 말이다(뜻이다). A는 B라고 한다(부른다, 일컫는다).
   A는 B로 정의(규정)된다. A는 B를 의미한다.

종개념	종차 요소(변별 요소)	(최근) 유개념
사람은	(생각하는)	동물이다
피정의항	정의항	

(2) **확인(지정)**: '누구냐, 무엇이냐?'에 대해 그 특성을 통해 단순히 답변하는 방식

   누구냐 - [　　　] / 무엇이냐 - 밑줄 긋기
   A는 B이다. A는 B로서 C하다.

> 확인된 대상
> 북두칠성은 어느 계절에나 북쪽 밤하늘을 보면 쉽게 찾을 수 있다. 북두칠성을 흔히 국자에 비유하는데, 그것이 국자라면 국을 쏟을 때 국이 흐를 마지막 두 별을 잇는 직선상에 있는 별 중 가장 밝고, 그 두 별의 간격의 다섯 배쯤에 있는 별을 발견할 것이다. 그것이 바로 북극성이다.
> → 종차   유개념   → 정의된 대상

···▶ 지정과 정의의 차이?
　　　　　　　　유개념(상위 개념)이 드러났는가.

(3) **분석**: 하나의 대상(전체)을 구성 요소(부분)들로 나누어 진술하는 방식

   A는 B와 C로 구성되다. A는 B부분, C부분으로 되다.

컴퓨터의 구조는 크게 본체와 주변 장치로 나누어 볼 수 있다. 컴퓨터의 본체는 중앙 처리 장치와 기억 장치로 이루어져 있다. 컴퓨터의 본체에는 중앙 처리 장치와 함께 기억 장치가 있기 때문에 여러 가지 정보를 저장할 수 있다. 디스크라고 하는 보조 기억 장치도 저장 기능을 수행한다. 그러나 컴퓨터는 본체만으로는 그 기능을 발휘할 수 없다. 주변 장치가 함께 있어야만 제대로 정보를 처리하게 된다. 컴퓨터의 본체로 정보를 들여보내는 입력 장치가 필요하고, 컴퓨터의 본체를 통해 처리된 자료를 드러내어 보여 주는 출력 장치가 필요하다. 자판은 입력 장치에 해당된다. 컴퓨터의 본체와 연결되는 모니터와 프린터는 모두 출력 장치이다.

(4) 분류와 구분: 하위 항목을 상위 항목으로 묶는 것을 '분류', 상위 항목을 하위 항목으로 나누는 것을 '구분'이라 하는데, 넓은 의미에서 분류는 구분을 포함하기도 한다.
A의 종류에는 B, C가 있다. A는 B, C로 나뉜다. A, B는 C에 속한다.

| 분류 | – 종개념들을 모아 유개념으로 묶어 가는 것 |
| 구분 | – 유개념(類概念)에서 종개념(種概念)으로 내려오면서 가르는 것 |

① (경기도, 황해도 남부, 충청남도의 북부)를 묶어 기호(畿湖)지방이라 한다. (분류)
② 우리나라는 (관서 지방, 관북 지방, 관동 지방, 기호 지방, 호남 지방, 영남 지방)으로 (구분) 된다.

⋯▶ **분석과 분류의 차이?** 분석은 유기적 관계의 요소로 전체를 나누는 것이고, 분류는 각각 독립적인 종류별로 나누거나 공통 기준으로 묶는 것

(5) 예시: 일반적·추상적 진술의 타당성을 뒷받침할 수 있도록 구체화하여 설명하는 방식

민화는[피정의항] 화가의 창조적인 예술품이라기보다는, /(집 안팎을 단장하기 위해 그렸거나, 민속 신앙과 관습에 얽힌 내용의 그림을 대중의 요구에 따라 오랜 세월을 두고 되풀이하여 그린,)[종차1] (실용적이며 장식적인) 그림이다. 이것은 정통적인 음악이나 무용, 문학이 아닌 /(민속 음악, 민속 무용, 민담)과 같은 대중문화에[유개념] 속하는 것이다.
→ '대중문화'의 예시
→ 종차2

(6) 유추: 생소한 어떤 개념이나 현상을 친숙한 대상에 빗대어 설명하는 방식

이처럼 재료가 구조에 참가할 때에 생기는 변화, 이것은 문학과 실생활을 구별하는 본질적 요소가 된다. (건축가가 집을 짓는 것을 보면, 위에 말한 것이 쉽게 이해될 줄 안다. 그는 어떤 완성된 구조를 생각하고 거기에 필요한 재료를 모아서 적절하게 집을 짓기도 하고, 주어진 재료들을 가지고 그것으로 지을 만한 집을 짓기도 한다. 어떻든, 그는 모래, 자갈, 목재, 시멘트, 철근 같은 재료를 가지고 건물이라고 하는 하나의 구조를 완성한다. 이 완성된 구조의 구성 분자가 된 재료들은 그 본래의 재료와 전혀 다른 성질과 모습의 것이 된다. 즉, 시멘트와 적당한 비율로 배합되어 벽에 발린 모래는 트럭에 실려 있을 때와는 전혀 다른 성질, 다른 모습의 사물, 즉 구조의 일부가 된다는 것이다.) [유추의 도구] 그러므로 문학의 구조를 논할 때에는 무엇보다도 이러한 절대적인 변화가 생긴다는 사실을 잊지 말아야 한다.
→ 유추의 본질

⋯▶ **유추와 비교의 차이?** 유추는 다른 영역에서 끌어온 유사 개념을 도구로 하여 전달력을 높이는 것이고, 비교는 대등한 공통 영역에서 두 대상을 견주어 보는 것

⋯▶ **유추와 예시의 차이?**
　　　　유추의 대상은 다른 영역이지만, 예시의 대상은 상하 관계이다.(대중문화 ⊃ 민화)

(7) 비교와 대조: 둘 이상의 사물을 견주어 그 공통되는 성질이나 유사점을 중심으로 설명하는 방법을 '비교'라 하고, 그 상대되는 성질이나 차이점을 들어 설명하는 방법을 '대조'라 한다. 비교와 대조를 포괄적으로 '비교'라 부르기도 한다.

A와 B는 ~하다. A는 ~하다는 점이 B와 같다.
A와 달리 B는 ~하다. A는 ~하지만, B는 ~하다.

| 비교 | – 대상 간의 공통점 위주로 설명하는 것 |
| 대조 | – 대상 간의 차이점 위주로 설명하는 것 |

오토바이와 자전거는 모두 탈것이다. 그런데 이 두 개의 탈것의 생김새가 비슷하다. 둘 다 땅 위에서 타는 것이고 바퀴가 두 개라는 공통점이 있다. 반면 오토바이는 연료가 있어야 움직이고, 자전거는 연료 없이 움직인다는 차이점이 있다.

(8) 과정(過程): 어떤 결과를 가져오게 한 변화나 단계 또는 기능, 작용 등을 밝히는 진술 방법.

A는 B로 바뀌다(변하다, 발전하다).
먼저 A하고 다음으로 B하다가 끝으로(마침내) C하다.

수영을 할 때에는 팔, 다리, 목 등 관절의 각 부위를 오른쪽, 왼쪽으로 회전시켜 주고 / 근육 마비가 일어나지 않도록 근육을 충분히 풀어 준다. / 그다음 온몸에 충분히 물을 끼얹은 후 / 물속에 들어간다. / 물에 들어간 후 기본 자세는 가능한 한 몸을 수평하게 일직선으로 유지하면서 유선형으로 하여 물의 저항을 줄인다.

⋯▶ **서사와 과정의 차이?** 서사는 시간이 흐르며 서술이 진행되기만 하면 되지만, 과정은 마지막 단계의 결과를 위해 앞의 단계들이 존재한다.

(9) 인과(因果): 원인(原因)과 결과(結果). 왜 그것이 일어났는가, 결과가 무엇인가.

A의(하는) 원인(이유)은 B이다. A의 결과 B하다. A에 의하여(인하여, 말미암아) B하다.
A에 따라 B하다. A때문(덕분, 탓)에 B하다. A니(까) B하다. A 왜냐하면 B 때문이다.
A는 B를 야기하다(초래하다, 발생시키다, 유발하다). A어(서) B하다. A면(일 경우) B하다.
A 그러므로(따라서, 그래서, 결국, 마침내, 이에 따라, 그 결과로) B하다.

애초에 춘향의 저항은 이 도령을 위한 수절을 방해하는 신관 사또에 대한 저항에 지나지 않았다. 신관 사또는 구관 사또에 뒤이어 남원 부사가 된 뒤에 춘향에게 수청을 요구함으로써 그녀의 수절을 가로막는 방해자에 불과했다. 후대로 오면서 춘향의 정절을 돋보이게 하기 위해서 신관의 박해를 점점 가혹하게 묘사하게 된다. 그 결과 신관 사또는 잔학한 인물이 되고 나아가서는 탐관오리로까지 변모되었다. 그는 연약한 부녀자에게 가한 잔혹 행위로 말미암아 민중의 증오심을 유발하면서 쉽게 탐관오리의 성격을 부여받게 될 것이다. 신관에게 '포악한 탐관오리'라는 딱지를 붙임으로써 춘향의 항거는 정당성을 부여받게 되고, 강렬한 민중적 호응을 얻게 된다.

⋯▶ **원인과 이유의 차이?** 자연스러운 현상에는 원인, 의도에는 이유 예) 화재의 원인, 방화의 이유

⋯▶ **인과와 과정의 차이?** 인과는 원인이 결과와 유기적이지만, 과정은 모든 단계가 마지막 단계와 유기적이다.

2 묘사: 구체적인 대상을 말로써 그려 보이는 기술 양식

(1) 사실 적 묘사(과학적 묘사): 주관을 배제하고, 대상이나 상황을 사실에 충실하게 묘사

> 앞발은 아직도 빈 껍질을 붙들고 있다. 그리고 맨 나중으로 몸 중간에 담겼던 껍질로부터 빠져 나온다. 이것으로 매미의 일생에서 가장 중요한 허물 벗는 일은 끝이 난다.

(2) 주관 적 묘사(인상적, 문학적 묘사): 주관적 인상을 통해 대상을 그려 내는 것

> 길은 지금 긴 산허리에 걸려 있다. 밤중을 지난 무렵인지 죽은 듯이 고요한 속에서 짐승 같은 달의 숨소리가 손에 잡힐 듯이 들리며, 콩 포기와 옥수수 잎새가 한층 달에 푸르게 젖었다. 산허리는 온통 메밀밭이어서 피기 시작한 꽃이 소금을 뿌린 듯이 흐뭇한 달빛에 숨이 막힐 지경이다. 붉은 대궁이 향기같이 애잔하고 나귀들의 걸음도 시원하다. 길이 좁은 까닭에 세 사람은 나귀를 타고 외줄로 늘어섰다. 앞장선 허 생원의 이야기 소리는 꽁무니에 선 동이에게는 확적히는 안 들렸으나, 그는 그대로 개운한 제멋에 적적하지는 않았다.

3 서사: 대상의 움직임(행동)을 시간의 흐름에 따라 진술하는 방식

> 소녀가 물속에서 무엇을 하나 집어낸다. 하얀 조약돌이었다. 그리고는 벌떡 일어나 팔짝팔짝 징검다리를 뛰어 건너간다. 다 건너가더니만 홱 이리로 돌아서며,
> "이 바보."
> 조약돌이 날아왔다.

⋯▶ 묘사와 서사의 차이? 묘사는 주로 느낌이나 인상을 표현하는 데 반해, 서사는 일정한 시간 내에서 일어나는 사건이나 행동의 전개에 따르는 행위에 초점을 둔다.

4 논증: 불확실한 사실이나 원칙을 논거를 통해 논리적으로 밝혀 독자를 설득시킴으로써 주장을 입증하는 진술 방식

논증은 자기주장을 하나의 문장 형식으로 나타낸 명제와 이를 뒷받침하는 이유나 근거인 논거, 논거를 사용하여 명제의 타당성을 증명해 나가는 과정인 추론으로 이루어진다.

(1) 연역적 방법: 일반적인 사실이나 원리를 전제로 하여 구체적인 사실을 결론으로 이끌어 내는 방법
　　　　　　　이미 알고 있는 일반적 명제를 바탕으로 새로운 명제를 이끌어 내는 추론 방법
　　　　　　　이 방법은 전제가 반드시 참이어야 하며 전제에 오류가 있으면 성립하지 않는다.

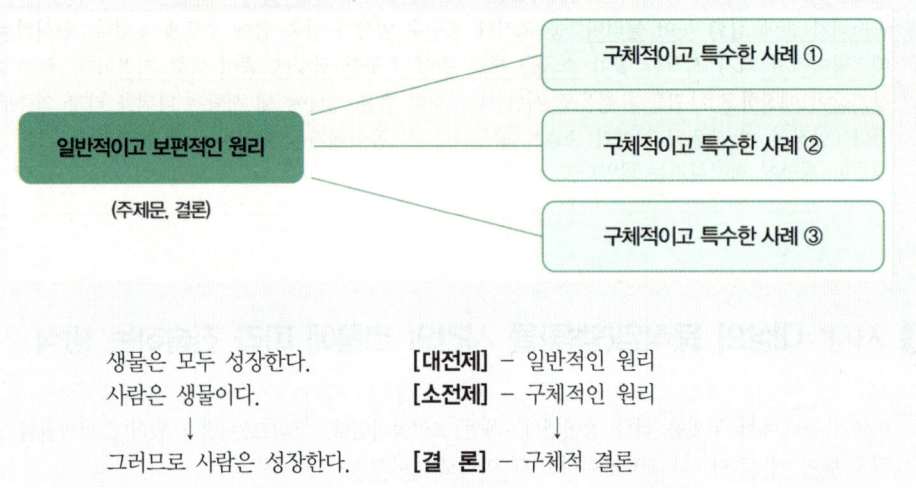

생물은 모두 성장한다. 　　　　[대전제] - 일반적인 원리
사람은 생물이다. 　　　　　　[소전제] - 구체적인 원리
↓
그러므로 사람은 성장한다. 　　[결　론] - 구체적 결론

- 예) 한국인은 모두 황인종이다. (전제)
　　황인종이 아닌 사람은 모두 한국인이 아니다. (결론)
- 예) 모든 사람은 죽는다. 그 독재자는 사람이다. 그러므로 그 독재자는 죽는다.
- 예) 비가 오지 않는다면 운동회가 열릴 것이다. 비가 오지 않는다. 그러므로 운동회는 열릴 것이다.
- 예) 내일은 비가 오거나 눈이 올 것이다. 그런데 비는 오지 않을 것이다. 따라서, 눈이 올 것이다.
- 예) 비가 오면 큰아들의 미투리가 안 팔릴 테니 걱정이다.
　　비가 안 오면 작은아들의 나막신이 안 팔릴 테니 걱정이다.
　　비는 오거나 안 오거나 둘 중의 하나일 것이다. 그러므로 어떻든 걱정이다.

(2) 귀납적 방법: 구체적인 사실로부터 일반적인 사실을 결론으로 이끌어 내는 방법
가능한 한 많은 사례를 통해 결론을 도출하는 것이 중요하지만 예외가 있을 때는 주장을 완벽하게 증명하기 어렵다.

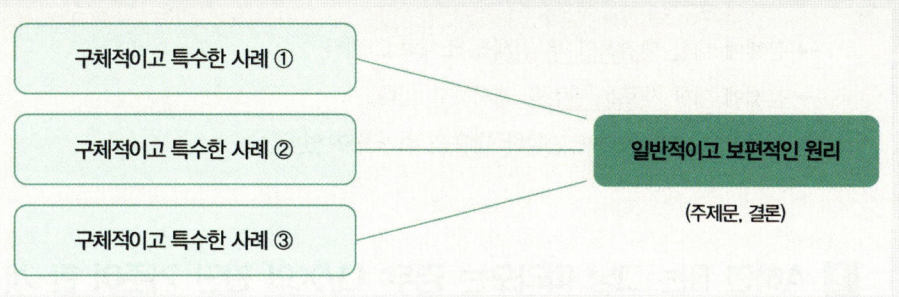

> 예) 제비도 날개가 있다. 까치도 날개가 있다.   [구체적인 사실들]
> 이들은 모두 새이다.   [공통점]
> ∴ 그러므로 모든 새는 날개가 있다.   [결론]

(3) 변증법적 방법: 비판적 의문을 제기하여 가장 완벽한 결론에 도달하고자 하는 방법
하나의 이론〈정(正)〉에 대해 이의를 제기〈반(反)〉하면 그것을 받아들여 새로운 이론〈합(合)〉을 정립하고 이 과정을 반복한다.

2 선지 구조에 따른 O/X의 판단 기준

1 A: O/X의 판단 기준이 한 개

- 문제에 대한 대립적인 두 견해를 소개하고 있다.
- 문제에 대한 새로운 관점을 제시하고 있다.
- 사물이나 현상에 대해 관찰한 내용을 소개하고 있다.

2 A하면 B는 그냥 따라오는 경우: O/X의 판단 기준이 한 개

- 화제에 대한 인식의 변화 과정을 통시적으로 설명하고 있다.
- 인용을 통하여 흥미를 유발하고 있다.
- 대조를 통하여 대상의 이해를 돕고 있다.
- 질문에 대해 답변하는 방식으로 독자의 이해를 돕고 있다.
- 예시를 통하여 설명을 구체화하고 있다.
- 통계 수치를 활용하여 객관적 자료를 제시하고 있다.
- 비유를 통하여 설명의 효과를 높이고 있다.
- 예상되는 반론을 비판함으로써 글쓴이의 주장을 강화하고 있다.

3 A와 B: O/X의 판단 기준이 두 개

- 개념의 정의와/설명 대상의 유형화
- 실제 사례와/시각 자료를 통한 구체적 설명
- 주장을 요약하면서/논지를 강화하고 있다.
- 두 견해의 특징과/장단점을 제시하고 있다.
- 각각의 관점이 가지고 있는/부정적 측면도 지적하고 있다.

4 A해도 B를 의심해야 하는 경우: O/X의 판단 기준이 두 개 이상

→ 독자의 관심을 환기하기 위해 묻고 답하는 방식으로/주장을 제시하고 있다.
→ 대상 간의 관계를 설명하기 위해/예를 들고 있다.
→ 구체적인 예를 들어/추상적인 개념을 설명하고 있다.
→ 다양한 사례를 기반으로 하여 일반적 원리를 도출하고 있다.
→ 반대 사례들을 제시하면서 논지를 전환하고 있다.
→ 유사한 원리를 보이는 현상에 빗대어 대상의 특성을 설명하고 있다.
→ 유사한 사례를 비교하여 공통점과 차이점을 부각하고 있다.
→ 유추를 통하여/대안을 제시하고 있다.
→ 현상의 원인을/다양한 측면에서 심층적으로 분석하고 있다.
→ 현상의 원인을/사회적, /역사적 관점에서 진단하고 있다.
→ 현상의 원인을 분석하여/다양한 해결책을 제시하고 있다.
→ 인용을 통해/문제를 제기하고 있다.
→ 학자들의 견해를 언급하면서/글쓴이의 관점을 간접적으로 드러내고 있다.
→ 대립되는 이론을 절충하여/새로운 이론의 가능성을 탐색하고 있다.
→ 대책의 신뢰성을 높이기 위해/권위 있는 전문가의 견해에 기대고 있다.
→ 문제의 복잡성을 드러내기 위해/관점이 다른 견해도 소개하고 있다.
→ 문제의 심각성을 드러내기 위해/예측할 수 있는 미래 상황을 제시하고 있다.

5 A한 후 B: O/X의 판단 기준이 세 개 이상

→ 기존 이론의 문제점을 밝히고 새로운 이론을 제시하고 있다.
→ 사물이나 현상의 의미를 밝히고 그 종류를 들고 있다.
→ 통념에 대한 의문을 제기하고 근거를 들어가며/주장을 펼치고 있다.
→ 자신의 관점을 제시한 다음, 구체적인 사례에 적용하였다.
→ 핵심적 문제를 제시한 다음, 역사적 고찰을 통해 해명하였다.
→ 가설을 설정한 다음, 여러 관점에서/의견들을 검토하였다.
→ 비교되는 두 대상을 제시한 다음, 상반된 관점에서 각각을 평가하였다.
→ 통념을 비판한 다음, 구체적인 근거를 밝혀/자신의 주장을 입증하였다.
→ 자료를 활용하여/이론을 정립한 후 구체적 사례에 적용하고 있다.
→ 핵심 개념을 재시하고 이에 비추어 문제점을 도출하고 있다.

서술 전개 방식을 위한 트레이닝

정답 및 해설 P. 10

1. 다음 글에 사용된 서술 방식으로 적절한 것은?

> 미술은 늘 나름의 명료성을 추구한다. 그러나 명료하다는 말의 16세기적 의미는 후대와 다르다. 고전 양식의 아름다움이란 늘 형태를 완벽하게 드러내는 것인 반면에 바로크 양식에서는 완벽한 객관성을 꾀하는 경우에도 그와 같은 절대적 명료성은 거부되었다. 고전적 미술은 모든 재현 수단을 동원하여 형태를 뚜렷이 하는 반면, 바로크 미술에서는 감상자를 의식한 듯 적나라하게 드러내는 것을 회피한다. 바로크 양식의 기준에서 볼 때 아름다움이란 완벽하게 파악되는 형태가 아니라 모호한 기운을 품고 있다. 따라서 감상자에게 늘 새로운 여운을 남긴다. 규정된 형태에의 열광은 이제 그 한계가 뚜렷하지 않은, 움직이는 듯한 가상에의 열광에 의해 압도당하게 되었다.

① 비교　　　　② 대조
③ 예시　　　　④ 인용

2. 다음 글의 서술 방식으로 적절하지 않은 것은?

> 의태어의 지시 대상은 소리가 아니므로 어떻게 해도 지시 대상과 일치시킬 수는 없는 데 반해, 의성어의 경우는 해당 언어 사회의 화자들에게 지시 대상인 소리와 같거나 매우 가까운 소리로 인식된다. 의성어도 기본적으로는 자의적 기호로서 사회적 약속의 산물이지만, 적어도 지시 대상이 언어 형식과 같은 '소리'로 이루어져 있으므로 지시 대상과 언어 형식과의 연합의 필연성은 일반어에 비할 수 없이 큰 것이다. '종소리'를 표현하기 위해 그 '소리'를 인간의 말로 바꾸어 들려주는 것이 의성어이므로, 인간의 청각 기관과 발음 기관이 같은 한, 여러 언어 간에 의성어가 상당히 비슷해질 가능성이 있다.
>
> 이에 비해 의태어는 소리 아닌 시각이나 미각, 촉각적 대상을 말소리로 바꾸는 것이기 때문에 대상과 언어 형식의 관계가 전적으로 자의적이다. 움직임이나 상태를 청각화해서 말소리로 나타낸다는 것은 어떻게 해도 간접적일 수밖에 없다. 의태어의 경우 지시 대상과 언어 형식 사이에 어떤 동기도 없으므로 서로 다른 언어 사이에서 의태어가 비슷해질 가능성은 거의 없다고 할 수 있다.

① 과정　　　　② 대조
③ 인과　　　　④ 예시

3. 글의 전개 방식이 지문과 가장 다른 것은?

> 즉흥과 변주는 새로운 음악을 만들기 위한 원동력이다. 즉흥이 감성적이라면 변주는 논리적이요, 즉흥이 순간적이라면 변주는 순차적이다. 즉흥이 연주가 이루어지는 현장에서 만들어지는 예상치 못한 것이라면 변주는 무대에 오르기 전에 이미 만들어진 준비된 것이다. 이런 즉흥과 변주의 속성을 한국의 전통 음악과 연결 지어 보면 즉흥은 민속악에서 많이 나타나며, 변주는 정악(正樂)의 형성과 관련이 깊다.

① 인생은 짧고 예술은 길다.
② 희곡과 소설은 갈등을 중심으로 전개되는 문학이다.
③ 호랑이는 단독생활을 하지만 사자는 무리를 지어 생활한다.
④ 중국의 담은 집보다도 높은 데 비해 일본의 담은 아주 낮다.

4. 다음 글에 사용된 전개 방식이 아닌 것은?

> 혐오 표현의 규제 방식은 형성적 규제와 법적 규제로 나뉜다. 형성적 규제는 국가 기관이나 시민 사회가 나서 캠페인을 통해 혐오 표현을 금지하도록 유도하는 것이며, 법적 규제는 형사 범죄화, 차별 시정 등 법적으로 혐오 표현을 금지하는 것이다. 이 중 더 이상적인 것은 형성적 규제이다. 혐오 표현을 법적으로 금지하는 것이 아니므로 표현의 자유를 침해하지 않으며, 대항 표현을 실천할 수 있는 분위기를 만들어 혐오 표현의 남용을 줄일 수 있기 때문이다. 그럼에도 혐오 표현에 직면한 소수자가 대항 표현으로 맞설 수 있는지에 대한 회의가 존재하는 것이 사실이다. 이는 결국 혐오 표현에 대한 법적 규제를 옹호하는 입장으로 연결된다. 표현의 자유가 지니는 우월한 지위를 전제하여 법적 규제를 지양하는 미국에 비해서, 영국, 독일, 캐나다 등에서는 적극적인 법적 규제를 시행한다.

① 특정 개념을 두 가지로 나누어 분류하고 있다.
② 특정 개념의 예상되는 문제점을 지적하고 있다.
③ 특정 개념과 관련된 예시를 제시하고 있다.
④ 특정 개념의 변화 과정을 통시적으로 살펴보고 있다.

5. 다음 글의 논지 전개 방식으로 적절하지 않은 것은?

'단일환자방식'은 숫자가 아닌 문자를 암호화하는 가장 기본적인 방법이다. 이는 문장에 사용된 문자를 일정한 규칙에 따라 일대일 대응으로 재배열하여 문장을 암호화하는 방법이다. 예를 들어, 철수가 이 방법에 따라 영어 문장 'I LOVE YOU'를 암호화하여 암호문으로 만든다고 해 보자. 철수는 먼저 알파벳을 일대일 대응으로 재배열하는 규칙을 정하고, 그 규칙에 따라 'I LOVE YOU'를 'Q RPDA LPX'와 같이 암호화하게 될 것이다. 이때 철수가 사용한 규칙에는 'I를 Q로 변경한다', 'L을 R로 변경한다' 등이 포함되어 있는 셈이다.

우리가 단일환자방식에 따라 암호화한 영어 문장을 접한다고 해 보자. 그 암호문을 어떻게 해독할 수 있을까? 우리가 그 암호문에 단일환자방식의 암호화 규칙이 적용되어 있다는 것을 알고 있다면 문제가 쉽게 해결될 수도 있다. 알파벳의 사용 빈도를 파악하여 일대일 대응의 암호화 규칙을 추론해 낼 수 있기 때문이다. 통계 자료를 통해 영어에서 사용되는 알파벳의 사용 빈도를 조사해 보니, E가 12.51%로 가장 많이 사용되고 다음으로는 T, A, O, I, N, S, R, H의 순서로 사용되었다는 것이 밝혀졌다고 해 보자. 물론 이러한 통계 자료를 확보했다고 해도 암호문이 한두 개밖에 없다면 암호화 규칙을 추론하기는 힘들 것이다. 그러나 암호문을 많이 확보하면 할수록 암호문을 해독할 수 있는 가능성이 높아질 것이다.

① 질문의 방식을 통해 흥미를 유발하고 있다.
② 예시를 통해 개념에 대한 이해를 돕고 있다.
③ 개념의 정의를 바탕으로 글을 전개하고 있다.
④ 가설을 제시하고 구체적인 수치 자료로 이를 검증하였다.

6. 다음 글의 논지 전개 방식으로 적절하지 않은 것은?

중국은 문자가 이미 상(商)나라 때 탄생되었고, 기록을 보관하려는 노력이 지속되어 많은 역사책이 전해지고 있다. 『춘추』에 나타나는 편년체의 연대기적 서술 방식으로 일관하던 중국 사학사에서 새로운 역사 서술을 선보인 것이 전한(前漢) 시대의 사마천이다. 그는 역사의 복잡한 전개 과정이나 인과 관계 등을 편년체 서술 방식으로는 충분히 기록할 수 없다고 생각했다. 그래서 사마천은 『사기』에서 제왕의 연대기를 본기에, 인물은 세가(世家)와 열전(列傳)에, 경제, 제도, 지리 등의 분야는 서(書)에, 시간에 따른 사건의 배열은 표(表)에 정리하였다. 이것이 한 사건을 세가와 열전, 서와 표에 중복하여 서술하는 기전체(紀傳體) 서술 방식이다. 뒤이어 후한(後漢) 시대의 역사가 반고는 최초로 하나의 왕조에 한정하여 『한서』를 집필하였다. 『한서』의 서술 방식은 『사기』처럼 시대를 한정하지 않고 역사적 줄거리를 서술하는 통사(通史)가 아니라, 하나의 왕조가 끝나면 단대사*를 기전체로 정리하는 방식이었다. 이런 서술 방식이 관행이 되어 북송 시대에 이르러서는 기전체로 기록된 정사(正史)는 16종이 되었고, 그 분량을 합치면 무려 1,600권에 달하게 되었다.

* 단대사: 한 왕조에 한정하여 쓴 역사.

① 대상의 개념을 정의하고 있다.
② 객관적인 수치를 활용하여 신뢰도를 높이고 있다.
③ 구체적인 예시를 들어 이해를 돕고 있다.
④ 비유를 통해 대상의 특징을 강조하였다.

7. 다음 글에 사용된 전개 방식이 아닌 것은?

극의 구조적 측면에서 볼 때 극 중 현실에 해당하는 극을 '틀 극(frame play)', 그 안에 포함된 극을 '극중극(play within a play)'이라고 부른다. 즉 연극 안에 또 하나의 연극이 있을 때 이를 '극중극'이라고 한다. 예를 들어 어떤 연극에서 주인공의 역할이 연극배우이고, 그가 극 중에서 다시 연극 공연을 할 때, 극 중의 연극 공연이 극중극이 된다. 이것을 액자식 구조라고 표현하기도 한다.

극중극이 틀 극에 삽입되는 유형은 각 작품에 따라 다양하지만, 일반적으로 완전 삽입 구조, 병렬식 구조, 해체된 삽입 구조로 나눌 수 있다. 이 중 완전 삽입 구조는 틀 극의 인물이 극중극의 배우와 관객으로 양분되고 극중극의 관객이 줄곧 무대 위에 남아 있으면서 극중극이 진행되는 도중에 논평을 하는 유형이다. 대표적인 예로 셰익스피어의 '햄릿' 3막 2장 '곤자고의 살인'을 들 수 있다. 햄릿은 숙부인 클로디어스가 자신의 아버지를 죽였다고 의심하고, 이를 확인하기 위해 유사한 정황을 담은 연극 '곤자고의 살인'을 공연하게 한다. 틀 극의 인물들이 극중극을 보기 위해 무대에 나와 있는 상태에서 극중극은 무언극으로 시작되고, 무언극이 끝나면 무대 위 관객인 햄릿과 오필리아의 짧은 대화가 이어진다. 그리고 본격적인 극중극이 진행되는 도중에 간간이 햄릿을 비롯한 극중 관객들의 논평이 끼어들기도 한다.

① 대상을 구분 지어 설명하고 있다.
② 대상의 개념을 명확하게 정의하고 있다.
③ 대상들 사이의 인과 관계를 밝히고 있다.
④ 관련 사례를 들어 독자의 흥미를 유발하고 있다.

8. 다음 글의 서술 방식으로 적절하지 않은 것은?

서로 반대되거나 대립되는 의미를 가진 단어의 의미 관계를 반의 관계라고 한다. 반의 관계는 두 단어가 의미상 여러 가지 공통성을 가지고 있으면서 다만 하나의 매개 변수가 다름으로 해서 성립한다고 할 수 있다. 가령, '총각'의 반의어가 '처녀'인 것은 많은 공통성을 가지고 있으면서 '성'이라고 하는 하나의 매개 변수가 다르기 때문이며, 이와 반대로 '총각'과 '부인'이 반의어가 될 수 없는 것은 두 단어가 '성'과 '결혼'이라는 두 개의 매개 변수가 다르기 때문이다. 이와 같이 반의 관계는 하나의 비교 기준만 다르면 성립되기 때문에 한 단어가 둘 이상의 반의어를 갖게 되는 경우가 많다.

반의어는 상보 반의어, 등급 반의어, 관계 반의어로 구별하는 것이 일반적이다. 상보 반의어는 양분적 대립 관계에 있기 때문에 상호 배타적인 영역을 갖는다. 상보 반의어는 한 단어의 긍정적인 면이, 다른 단어의 부정적인 면을 함의하는 관계에 있기 때문에 동시에 참이 되거나 동시에 거짓이 될 수 없다. 등급 반의어는 두 단어 사이에 등급성이 있다. 다시 말하면, 두 단어 사이에 중간 상태가 있을 수 있으며, 그렇기 때문에 한쪽을 부정하는 것이 바로 다른 쪽을 의미하는 것이 아니다. 관계 반의어는 두 단어가 상대적 관계를 형성하고 있으면서 의미상 대칭을 이루고 있다는 특징을 가지고 있다.

① 예시를 통하여 설명을 구체화하고 있다.
② 대상의 개념을 명확하게 정의하고 있다.
③ 비유를 통하여 설명의 효과를 높이고 있다.
④ 분류의 방식을 활용하여 내용을 전개하고 있다.

9. 다음 글의 전개 방식으로 적절한 것은?

> 엠바고란 원래 선박의 억류나 통상 금지를 나타내는 경제 용어이지만, 언론에서는 어떤 뉴스 기사의 보도를 일정 시간까지 유보하는 것을 뜻한다. 공공 이익을 위한 엠바고는 국가 전체의 이익이나 안전, 또는 인명과 관련된 사건이 진행 중일 때, 해결 시점까지 보도를 유보하는 것이다. 관례적 엠바고에는 예컨대 외교 관계에서 두 나라가 동시에 발표하기로 되어 있는 협정을 공식 발표 시점까지 보도 유보하는 것이 포함된다. 조건부 엠바고는 어떤 일을 확실히 예측할 수는 있지만 그 시점을 정확히 알 수 없을 때, 해당 사건 발생 이후에 기사화한다는 조건으로 보도 자료를 제공하는 것이다. 끝으로, 보충 취재용 엠바고는 발표될 내용이 전문적이고 복잡하여 미리 보충 취재할 필요가 있을 때 이루어지는 엠바고이다.

① 대상이 변화한 원인을 분석하고 있다.
② 유추를 통해 주장의 근거를 제시하고 있다.
③ 특정 개념을 구분해 제시하고 있다.
④ 현상을 제시한 후, 그에 대한 원인을 분석하고 있다.

10. 다음 글에 사용된 전개 방식으로 가장 적절한 것은?

> 유학은 예(禮)라는 중국의 전통적 규범 안에 인(仁)을 배치하며 탄생했다. 공자는 사람의 올바른 행동은 강제된 행동이 아니며, 인으로부터 저절로 드러난 것이라고 보았다. 이렇게 올바른 행동의 바탕이 되는 마음을 탐구하는 과정에서 유학은 행동을 유발하는 감정에 주목했다. 기쁨, 노여움, 슬픔, 두려움, 사랑, 미움, 욕심 등의 일반적인 감정을 가리키는 칠정(七情)은 인간이라면 누구나 지닌 감정을 일곱 개로 정리한 것이다. 더 나아가, 맹자는 선천적인 일반 감정에서 모든 사람이 지닌 선함의 가능성을 찾았다. 다른 이가 느끼는 고통을 내 것인 양 느낄 수 있는 마음, 즉 '차마 어찌할 수 없는 마음'을 인간이라면 누구나 지니고 있다는 것이다. 이러한 감정을 구체화한 것이 사단(四端)으로, 인간에게는 선함의 가능성이 선천적으로 주어져 있다는 것이다.

① 이론적 경향이 절충되는 과정을 설명하고 있다.
② 특정한 학문적 흐름의 변화 양상을 설명하고 있다.
③ 서로 다른 사상이 통합되는 과정을 설명하고 있다.
④ 이론적 개념에 대한 사상가의 견해를 설명하고 있다.

11. 다음 글에서 가장 중요하게 사용된 서술 방식은?

> '시간은 금이다.'처럼 이질적인 두 대상을 동일시하는 표현을 은유라고 한다. 서양 철학에서는 전통적으로 은유를 수사적 효과를 유발하거나 두 대상의 유사성을 드러내기 위한 수사법으로 여겼는데, 이러한 관점은 은유적 표현이 드러내고자 하는 유사성이나 수사적 효과를 알면 그 표현을 비은유적 표현으로 대체할 수 있다고 보기 때문에 환원론이라 불렸다.
>
> 그런데 18세기 낭만주의 예술이 등장하며 예술의 목적이 예술가의 감정을 표현하는 것이라는 견해가 대두되면서 은유에 대한 새로운 시각이 등장했다. 상호작용론에서는 은유적 표현이 새로운 의미를 생성하기에 비은유적 표현으로 환원될 수 없다고 보았다.
>
> 한편 현대의 인지 언어학자들은 환원론과 상호작용론이 은유를 단지 언어적 차원에 국한시키는 오류를 범하고 있다고 비판한다. 대표적으로 레이코프는 은유의 구조가 우리의 사고방식이라고 보고, 우리 사고가 확장되는 방식을 은유를 통해 규명하고자 한다.

① 은유의 개념이 변화하는 과정을 제시하고 있다.
② 은유를 분석하는 이론들의 장단점을 비교하고 있다.
③ 은유에 대한 이론이 나아갈 방향을 제시하고 있다.
④ 은유에 대한 이론의 변화 양상을 소개하고 있다.

12. 다음 글에 사용된 서술 방식으로 적절한 것은?

> 의태어는 의성어와 서로 다른 동기와 과정에 의해서 형성되었지만, 몇 가지 유사한 점이 있어서 그동안 함께 묶여 논의되곤 하였다. 우선 의성어와 의태어는 대상의 소리나 상태, 움직임을 직접적으로 묘사하고자 하는 목적이 같다는 점에서 유사한 언어 범주로 인식되어 왔다. 또 의성어나 의태어는 하나의 감각만을 표현하는 것이 아니라 둘 이상의 감각을 동시에 나타내는 경우가 많으며, 심지어 대상의 감각적인 요소만을 나타내는 것이 아니라 대상의 심리까지 동시에 나타내기도 한다는 공통점도 지닌다.
>
> 그러나 의성어가 자연적 또는 인공적인 모든 소리를 지칭하거나 묘사하기 위해 되도록 그 소리에 가까우면서도 해당 언어의 음운과 음절 구조에 맞도록 만들어진 말을 가리킨다면, 의태어는 소리가 아닌 것, 즉 비청각적인 감각을 음성으로 바꾸어 표현하는 말을 가리킨다. 묘사 대상으로 볼 때는 일반 형용사나 부사와 같지만 형태상으로 의성어와 비슷하여, 소리를 묘사하는 의성어에 대응되는 개념으로 상태나 움직임을 묘사한다 하여 의태어라 부른다.

① 구체적인 예시를 들어 이해를 돕고 있다.
② 비교와 대조를 통해 대상의 특징을 밝히고 있다.
③ 대립적인 두 견해의 장단점을 위주로 서술하고 있다.
④ 시간의 흐름에 따라 대상의 변화를 설명하고 있다.

13. 다음 글의 서술 방식으로 가장 적절한 것은?

나는 서양의 다양하고 찬란한 건축 양식에 비해 우리는 별로 내어 보일 것이 없지 않은가 하고 느낀 적이 있었다. 요즈음 서양에서 독창적이라고 하는 것은 가끔 남과 다른 것, 특이한 것을 의미하는 것이어서, 남으로부터의 차별성을 구현하는 것이 건축의 독창성이라고 믿는다. 물론 개체성을 추구하는 것은 의의가 있고, 또 우리는 본능적으로 차별성을 강조함으로써 자기만의 독자성을 나타내고자 시도한다. 그러나 건축에서 기능과 환경 및 의미의 새로움 없이 단순히 변화를 위한 변화를 추구하는 것은 단조로움을 극복하는 신선미나 유행으로서의 소비 가치는 있지만 인간의 실존적 불안을 해결하는 것은 아니다. 특히 그 형태가 작가나 이용자의 정신·문화적 본질이나 개성 구현에의 뿌리 깊은 욕망과 연결되지 않았을 때 이는 더욱 문제가 된다.

동양의 미술과 건축은 이와 달리 독창성의 집념보다 자연과 도와 기예의 연결에 의한 정신적 미학적인 경험의 설정에 관심을 두었다. 따라서 건축은 명당(明堂)을 파악하고 위치, 형태, 재료, 경험 면에서 자연과의 보완적 연결을 통해 그 미와 특이성을 추구했다. 자연은 거의 대부분 아름답고 특이하기 때문이다. 따라서 건축적 발명의 필요가 없고, 자연의 가능성과 암시의 발견, 자연과의 공생적 어울림에 관심을 둔 것이다.

① 대상을 하위 개념으로 나누어서 서술하고 있다.
② 대상 간의 차이점을 통해 특징을 드러내고 있다.
③ 자문자답 형식으로 문제의 성격을 밝히고 있다.
④ 정의와 인용을 적절히 사용하여 이해를 돕고 있다.

14. 다음 글의 전개 방식에 대한 설명으로 적절한 것은?

조선 초기 유학자들은 이단을 물리친다며 도가를 허용하지 않았다. 하지만 조선 중기에 『노자』와 『장자』에 대한 주석서가 등장하기 시작했다.

율곡 이이는, 이론적 한계는 있지만 『노자』에 담긴 수신적 덕목들은 귀담아 들어야 한다며 선구적 해석을 제시하였다. 서명응이 『노자』의 비움과 낮춤의 도리를 양생과 처세의 가르침으로 삼겠다고 하고, 홍석주가 마음 수양법으로 수정(守靜)과 과욕(寡欲)에 주목한 것 등은 이와 상통하는 것이다. 이들은 노자의 본의가 유학의 수기치인을 벗어나지 않는데, 사람들이 『노자』를 곡해하였다고 했다. 이는 노자와 장자를 구별하여 이해하는 것으로 이어졌다. 서명응이 『장자』의 황당함을 거론하여 『노자』와 차별화하고, 홍석주가 노자와 도가를 구별하며 장자가 유학을 비난한 점 등을 거론한 것은 이러한 이해의 사례이다.

도가서 주석가 중 박세당은 노자 사상이 성인의 도(道)는 아니지만 세간에서 읽히는 『노자』를 성인의 가르침 속으로 끌어들여야 한다며, 『노자』의 올바른 해석을 과제로 삼았다. 그는 겸허의 처세술을 노자의 장점으로 보고, '무(無), 무위(無爲)' 등을 유학의 관점에서 긍정적으로 이해하였다. 하지만 '장차 빼앗으려거든 반드시 주어라'라는 말을 비판하기도 하였다.

① 여러 관점을 대조하여 차이점을 설명하고 있다.
② 하나의 관점에 해당하는 여러 사례를 소개하였다.
③ 비교와 대조를 통해 하나의 관점을 비판하였다.
④ 이론의 문제를 지적하고 새로운 관점을 소개하였다.

15. 다음 글에 대한 설명으로 적절하지 않은 것은?

(가) 속담은 살면서 체험한 것 중 생활에 본보기가 되는 교훈을 짧게 나타낸 관용적 표현이다. 형사에게 "등잔 밑이 어두울 수 있어."라고 하면 "범인은 의외로 가까운 사람일 수 있어."라는 의미이다. 속담은 이처럼 글자 그대로의 '말해진 것'과 화자가 전하고자 하는 '의도된 것'이 다르게 표현된다.

(나) 어떤 비유적 표현이 개인적 차원에서 발생했다가 사회적 공인을 얻게 되는 것은 그 발상과 표현이 신선한 효과를 주기 때문이다. 하지만 속담의 표현 방식이 왜 효과적인지는 알려진 바가 없다. 그렇다면 속담이 그런 표현 효과를 가지게 된 이유가 비유 이외에 또 어디에서 기인하는 것일까?

(다) 속담은 형성 당시 시대상을 반영하기 때문에 시대가 바뀌면 의미를 분명히 드러낼 수 없는 경우가 있다. 이때 기존의 속담을 변형하면 속담의 효과가 커진다. 예컨대, '개발에 편자'라는 속담을 현대적으로 변형한 '개발에 백(白)구두'라는 표현이 있다고 해 보자. 이때 후자가 더 효과적인 건 분명하다.

(라) 우리 일상에서 말[馬]이 사라져서 말발굽에 붙이는 '편자'가 생소해졌다. 그 결과 이 속담의 의미를 제대로 상기할 수 없게 되었다. 반면 '백구두'는 현대인들에게 매우 익숙하다. 따라서 현재는 '백구두'가 이 속담의 의미를 표현하는 데 더 적합하다. 그런 점에서 속담은 일상적 경험을 구체적이고 전형적인 사물로 비유해서 표현 효과가 높다고 볼 수 있다.

① (가): 용어를 정의하고 예시를 들어 설명하고 있다.
② (나): 의문 형식을 빌려 과제를 제시하고 있다.
③ (다): 가정을 통해 의문의 답을 전달하고 있다.
④ (라): 대상을 분류하여 독자의 이해를 돕고 있다.

16. 다음 글에 사용된 전개 방식이 아닌 것은?

삼단 논법이란, 두 개의 전제를 통해 하나의 결론을 도출하는 논증을 말한다. 전제와 결론에 명제가 사용되는데, 명제의 형식에는 전칭 긍정, 전칭 부정, 특칭 긍정, 특칭 부정이 있다. 전칭이란 주어가 대상을 모두 포함하는 것이고, 특칭은 부분만 포함하는 것이다. 긍정은 주어가 술어에 포함되는 것이며, 부정은 주어가 술어에 포함되지 않는 것이다. 삼단 논법에서 제시되는 세 명제는 세 명사의 관계를 보여 준다. 가령 '모든 학생은 수학자이다. 어떤 미술가도 수학자가 아니다. 따라서 어떤 미술가도 학생이 아니다.'의 경우, 세 명사인 '학생, 수학자, 미술가'가 명제의 주어 또는 술어에 나타난다.

타당한 삼단 논법이란 무엇일까? 두 전제를 참이라 할 때, 두 전제가 결론을 주장하기 위한 근거를 충분히 제공한다면 타당하다고 말할 수 있다. 타당성은 명제의 내용이 아닌 논리적 형식에 의해서 결정되므로, 우리는 전부 거짓인 세 개의 명제로도 타당한 논증을 구성하는 것이 가능하다. 앞서 살펴본 사례의 경우, '모든 학생이 수학자'이면서 '어떤 미술가도 수학자가 아니라는' 두 전제가 '어떤 미술가도 학생이 아니다'라는 결론에 대해 근거를 충분히 제공하므로, 타당한 삼단 논법이라고 말할 수 있다.

① 생소한 개념들의 정의를 제시하고 있다.
② 사례를 통해 핵심 내용을 설명하고 있다.
③ 질문을 던지고 그에 대한 답변을 제시하고 있다.
④ 어려운 개념을 익숙한 대상에 빗대어 설명하고 있다.

Pattern 04 배치와 배열

'배치'는 완결성

배치는 제시된 보기(문장/문단)를 지문의 어느 부분에 두는 게 가장 적절할지 판단하는 유형입니다. 이때 지문은 보기 부분의 내용이 **빠진** 불완전한 지문이겠죠? 즉, 출제자는 '배치'를 출제할 때 의도적으로 지문의 완결성을 훼손합니다.

ㄴ 한 편의 글은 필요한 요소들을 모두 갖춘다.

1 완결성이 결여된 대표적인 경우

1 중심이 되는 부분이 드러나지 않은 경우

> 아무도 쥐를 보고 후덕하다고 생각은 아니할 것이고, 할미새를 보고 진중하다고는 생각하지 아니할 것이오, 돼지를 소담한 친구라고는 아니할 것이다. 토끼를 보면 방정맞아 보이지마는, 고양이처럼 표독스럽게는 아무리 해도 아니 보이고, 수탉을 보면 걸걸은 하지마는, 지혜롭지는 아니하여 보이며, 뱀은 그림만 보아도 간특하고 독살스러워 보이고, 개는 얼른 보기에 험상스럽지마는 간교한 모양은 조금도 없다. 그는 충직하게 생겼다.

ㄴ 이 지문의 맨 앞이나 맨 뒤에 주제문이 들어가야 한다.
 '외모로 사람을 취하지 말라고 하였으나, 대개는 속마음이 외모에 나타나는 것이다.'

2 보조적인 부분의 충분한 뒷받침이 없는 경우

> 우리나라의 자연은 네 계절이 다 아름답다. 봄에는 산과 들에 진달래, 개나리가 피고, 여름에는 울창한 숲에서 시원한 바람이 불어오며, 겨울에는 함박눈이 소복이 쌓여 온 세상을 하얗게 순화시켜 주니 그 얼마나 아름다운가?

ㄴ 주제문에 의하면 네 계절의 아름다움이 공평하게 열거되어야 한다.
 여름과 겨울 사이에 가을의 아름다움이 들어가야 한다.

똑똑한 알고리즘으로 승부하자

2 지문 먼저 읽을까, 보기 먼저 읽을까?

1 배치해야 할 보기가 접속어나 지시어(이, 그, 저)로 시작하는 경우

ㄴ, 앞에 올 내용을 추론할 수 있으므로 보기 먼저 읽는다.

2 그 외의 경우

ㄴ, 지문을 먼저 읽으며 어색한 부분을 찾거나 주제를 파악한다.
그 뒤 보기를 보고 보기가 맡아야 하는 역할을 따져 배치한다.

> **'배열'은 퍼즐 맞추기**

배열은 순서가 뒤섞인 퍼즐 조각들(문장/문단)을 유기성에 맞게 배치하여 적절한 구조를 만드는 과정입니다.   ㄴ, 전체의 부분들은 서로 밀접한 관계를 맺고 있다.

퍼즐을 맞출 때, 뒤섞인 조각들 중에서 맨 윗줄의 좌측 모서리에 위치할 첫째 조각부터 찾으려면 시간이 아주 오래 걸릴 것입니다. 그 옆에 위치할 조각을 찾으려고 퍼즐 조각 더미를 뒤질 때에도 아주 오랜 시간이 걸리겠죠. 빠르게 퍼즐을 맞추는 방법은 다음과 같습니다.

※ 1000피스 퍼즐을 빨리 맞추는 방법 ⇒

1. 퍼즐 조각을 색깔별로 분류한다.
2. 색깔별로 분류한 퍼즐 조각들의 모양을 살핀다.
3. 부분적으로 조립한 뒤
4. 전체 판 위에 올리고 나머지 부분들을 연결한다.

※ 문장/문단을 빨리 맞추는 방법

1. 각 부분의 중요 정보를 파악한다.
2. 접속어, 지시어, 보조사, 어미를 파악한다.
3. 반드시 연결될 부분이나 선후를 파악한 뒤
4. 조건을 충족하는 정답을 선지에서 찾는다.

배열해야 하는 대상이 짧은 문장들인 경우, 퍼즐의 색깔보다 퍼즐의 모양(접속어, 지시어, 보조사, 어미 등)이 더 강력한 힌트가 됩니다.

장문(문단)의 **배열**에는 **퍼즐 조각의 모양**보다 **색깔**을 파악하는 능력이 요긴하게 쓰입니다. 즉, 표지(접속어, 지시어, 보조사, 어미)보다 각 부분의 주요 정보를 요약하여 지문 논리 구조에 알맞게 배치하는 것이죠.

그리고 명심할 것!

배열을 적당히 해서 읽었을 때 별 문제가 없도록 만드는 것이 아니라,
가장 적절하게 배열하는 것이 목적입니다.
따라서, 선지대로 급하게 읽어 보려는 것은 최악의 방식입니다.

1 유기성의 요소

1 명시적 연결: 접속어나 지시어를 사용하여 문장과 문장, 문단과 문단을 연결하는 것
    ↳ 주로 문장 연결 패턴에 활용된다.

2 내용적 연결: 명시적 연결어 없이 글 전체가 끊어진 듯한 느낌이 없이 잘 연결되어 있는 것
    ↳ 주로 문단 연결 패턴에 활용된다.

 문단 배열에서 주로 활용하는 내용적 연결 방식
- ⋯▸ 주제 문단은 두괄 혹은 미괄이다.
- ⋯▸ 의문, 문제, 통념 제시는 시작 부분이다.
- ⋯▸ 일반적 진술 뒤에 그에 대한 구체적 진술이 이어진다.
- ⋯▸ 포괄 문단에서 제시한 순서대로 보충 문단이 진행된다.

2 유기성에 따라 배열하는 순서

1. 배열할 각 부분을 요약하며 읽기 + 표지(접속어와 지시어) 확인
   ↓
2. 핵심 화제나 표지를 통해 부분적 조립
   ↓
3. 가장 중요한 문장/문단 선별
   ↓
4. 두괄/미괄식으로 정리

배치와 배열을 위한 트레이닝

정답 및 해설 P. 13

1. 제시된 문장이 들어갈 곳으로 가장 적절한 것은?

> 하지만 오락 프로그램 위주의 편성은 문제이다.

> 방송사는 주말 오락 프로그램을 많이 편성하고 있다. ① 오락 프로그램이 보도, 교양 프로그램보다 시청률이 높기 때문이다. ② 주말 시청률을 보면, 오락 프로그램은 58%로 각각 11%, 31%인 보도와 교양 프로그램을 앞질렀다. ③ 왜냐하면 방송사마다 타 방송사의 오락 프로그램보다 먼저 인기를 끌기 위해 경쟁적으로 흥미 위주의 자극적인 내용으로 프로그램을 구성하기 때문이다. ④ 이는 시청자의 정신적 피로를 누적시키고 취향을 저속화하는 결과를 초래하고 있다.

2. 〈보기〉의 문장이 들어갈 곳으로 가장 적절한 것은?

• 보기 •
> 그러나 의식이 있으려면 뇌만으로는 안 된다.

> 의식은 우리가 주변의 세계와 상호작용하는 동안 만들어진다. ① 의식은 그렇게 환경의 맥락 안에 있는 활동으로 이루어진 산물이다. 뇌는 당신의 일부에 지나지 않는다. 물론 뇌의 특성이 의식에 영향을 미친다는 것은 부인할 수 없다. ② 만일 의식이 뇌 안에서 생겨나는 것이라면, 실험용 접시나 플라스틱 통 속에 의식을 가진 뇌를 담는 일이 이론상으로라도 가능해야 한다. 그러나 그것은 터무니없는 생각이다. 만약 통에 담긴 뇌가 의식을 가지고 있다면, 최소한 그 통은 뇌의 대사 활동에 필요한 영양을 공급하고 노폐물을 배출하는 장치를 갖추고 있을 것이다. ③ 우리의 몸이 하는 것처럼 뇌로 보내는 자극을 통제할 수 있으려면 그 통은 아주 다양한 기능을 갖춰야 한다. ④ 따라서 인간처럼 몸으로 주변 환경과 상호작용하는 동물에게만 의식이 있을 수 있다.

3. 〈보기〉의 문장이 들어갈 곳으로 가장 적절한 것은?

• 보기 •
> 그러나 그 물체들이 화가의 분노나 고뇌나 기쁨을, 말이나 얼굴의 표정처럼 나타내는 것은 결코 아니다.

> 화가는 그의 캔버스에 기호를 그리려는 것이 아니라 하나의 사물을 창조하려는 것이다. ① 화가가 붉은색과 노란색과 초록색을 같이 칠할 때, 그 집합체가 어떤 분명한 의미를 지녀야 할, 즉 어떤 다른 물체를 또렷하게 지시해야 할 이유는 전혀 없다. ② 하기야 그 집합체에도 영혼이 깃들어 있기는 할 것이다. 그리고 화가가 분홍색이 아니라 노란색을 택한 데에는, 비록 감추어진 것이라도 어떤 동기가 있을 테니 이렇게 창조된 물체는 그 화가의 가장 깊은 경향을 반영하고 있다고 주장할 수도 있다. ③ 거기에는 오히려 그런 감정들이 배어들어 있는 것이다. ④ 그리고 그 무엇이 깃들어 있는 색조 속으로 감정이 녹아들어 갔기에 아무도 그것을 알아낼 수 없게 된다.

4. 제시된 문장이 들어갈 곳으로 가장 적절한 것은?

> 그러므로 디지털 신호를 만들기 위해서는 먼저 소리가 전달될 때 변하는 공기의 압력 변화를 전압으로 변환시켜 아날로그 파형을 만들어야 한다.

전자 피아노가 작동하려면 우선 소리를 디지털 신호로 변환시킨 데이터가 있어야 한다. ① 일반적으로 소리는 연속적인 음파의 형태로 공기를 진동시키며 전달된다. ② 이 아날로그 파형을 샘플링 주파수 44.1kHz, 즉 1초 동안의 음파를 44,100개로 분할하여 표준화한다. ③ 바꿔 말하자면 1초에 44,100개의 데이터를 처리한다는 것이다. ④ 이때 샘플링 주파수가 낮으면 데이터 처리의 개수가 적어 원래의 파형에 가까운 형태가 되지 않아 음질이 나빠지고, 반대로 샘플링 주파수가 높을수록 원래의 파형에 가까워질 수 있으므로 소리의 재현성이 좋아진다.

5. 〈보기〉의 문장이 들어갈 곳으로 가장 적절한 것은?

> ― 보기 ―
> 그렇다면 우리나라의 연호 사용 양상은 어떠했을까?

국가의 질서가 연호의 제정으로 새로워진다면, 연호의 제정은 역으로 새로운 국가 질서를 의미하는 것이 된다. ① 그래서 동일한 왕의 치세 중에도 반란을 진압했다든가 정치적 혁신을 꾀했다든가 하면 연호가 새로이 제정되었다. ② 연호를 바꿈으로써 새로운 시간을 시작한다는 의미를 부여하고 국면 전환을 도모했던 것이다. ③ 우리나라는 중국의 연호를 따르는 것이 일반적이었지만 독자적인 연호를 제정해 사용하기도 하였다. 독자적인 연호를 사용한다는 것은 시간을 셈하는 근거가 중국 황제의 치세가 아니라 우리나라 왕의 치세임을 의미하는 것이었다. ④ 고려 시대 태조와 광종은 독자적인 연호를 사용한 바 있다.

6. 제시된 문장이 들어갈 곳으로 가장 적절한 것은?

> 이로 인해 사적 권리가 정당화되고 확장되었다.

서양에서는 전통적으로 공적 영역과 사적 영역을 명백히 구분하였다. 이러한 구분은 고대 그리스 폴리스 공동체에서도 존재하였다. 고대 그리스 사회의 공적 영역에는 인격적으로 성숙한 시민들만 참여할 수 있었고, 이들이 서로의 의견을 자유롭게 교환하였다. ① 기원전 5세기, 그리스 지도자인 페리클레스는 시민들의 자유를 존중하고 사회의 공공선을 추구하는 공적 영역에 참여함으로써 인간적 가치를 실현할 수 있다고 주장하였다. 반면, 가계로 대표되는 사적 영역은 공적 영역에 비해 인정받지 못했기에 '시민'의 자격이 없는 사람들이 담당하였다. ② 이러한 관점은 중세에서도 이어졌다. 하지만 중세에서 근대로 바뀌며 공적 영역을 우월한 것으로 보던 관점에도 변화가 생겼다. ③ 근대에도 공적 영역과 사적 영역은 구분되었으나, 근대 자유주의자들은 개인을 신과 국가에서 벗어난 자유로운 존재이자, 이성을 통해 자신의 삶을 개척할 수 있는 존재로 인식하였다. 특히 근대에 형성된 자본주의 사상에서 이윤 추구는 중요하고 정당한 행위로 인정되었다. ④

7. 다음 글이 들어갈 위치로 가장 적절한 것은?

> 이에 대해 유교에서는 '이치'를 마음과 기운의 근거로 보고, 이치가 없이는 마음도 욕심에 빠지고 기운도 동물적인 데로 빠진다고 보았다.

정도전은 불교와 도교를 이단으로 배척하며 벽이단론의 실천운동과 이론적 체계화에 앞장섰다. 『심기리편』에서 정도전은 불교와 도교 및 유교의 중심 개념을 각각 마음, 기운, 이치로 표출시키고, 그 개념이 지니는 가치 의식의 정당성을 평가하였다. ① 그에 따르면 불교에서는 '마음'을 신령하며 무궁한 변화에 대응하는 것이라고 보지만, '기운'은 물질의 욕망일 뿐이라고 하였다. ② 이에 반해 도교에서는 기운은 천진하고 자연스러운 것이지만, 마음은 타산적이고 근심에 사로잡힌 것이라고 하였다. ③ 정도전은 『심기리편』에서, 불교의 마음과 도교의 기운이 서로 비난하게 하면서 유교의 이치가 양자를 올바르게 주재해야 한다고 주장하였으며, 이를 통해 불교와 도교에 대한 유교의 우월함을 강조하였다. ④

8. 제시된 문장이 들어갈 곳으로 가장 적절한 것은?

> 이는 입법의 모든 내용이 의인화된 단일 의식 속에 반영되었다고 간주하는 것을 말한다.

법학적 해석은 법이 어떻게 이해되어야 하는지를 확정하는 것이지, 어떤 의도에서 만들어졌는지를 확정하는 것은 아니다. 이는 문헌학적 해석과 비교할 때 분명해진다. 문헌학적 해석은 인식된 것에 대한 인식이다. 이것은 텍스트 생산자가 주관적으로 의도한 의미를 확정하는 것이며, 해석의 대상인 작품의 밑바닥에 존재하는, 현실적 인간이 현실에서 생각한 사상을 확정하려 한다. 이를 위해 작가의 작품과 원고, 일기와 편지 등에서 나타나는 모든 표현들에 근거하여 그의 실제 사상을 탐구한다. 이는 순수하게 경험적인 방법이다. 그러나 법학적 해석은 법률 제정자가 의도한 의미를 확정하는 데 머무르는 것이 아니라 법규가 객관적으로 타당한 의미를 갖도록 하는 것을 지향한다. ①

법률이라는 작품에는 다수의 제정자가 관여한다. ② 때문에 그 의미에 대하여 관여자마다 갖가지 의견이 있을 수 있다. ③ 하지만 법의 적용에 봉사해야 하는 법학적 해석은 일의적(一義的)이지 않으면 안 된다. 그래서 국가의 의사라 할 수 있는 입법자의 의사는 이념적으로 법률의 의사와 일치한다. ④ 그리하여 입법자의 의사는 해석의 수단이 아니라 해석의 목표이자 해석의 결과로 된다. 또한 전 법질서를 체계적으로 모순 없이 해석해야 하는 선험적 요청에 대한 표현이기도 하다. 그 때문에 법률 제정자가 미처 의식하지 못한 것도 입법자의 의사라고 확정할 수 있다. 해석자는 법률을 그 제정자가 이해한 것보다도 더 잘 이해할 수 있는 것이다.

9. 제시된 문장이 들어갈 곳으로 가장 적절한 것은?

> 우리가 당연하다고 여기는 것, 비판 없이 받아들여지는 것 등이 바로 클리셰들이다.

클리셰는 판에 박은 듯한 문구 또는 진부한 표현을 가리킬 때 사용하는 말이다. ① 우리 삶도 여러 클리셰의 모음이다. ② 다시 말해 클리셰는 의심하지 않는 우리의 상식들이다. ③ 이러한 상식이 삶을 만들고, 그 삶에서 이야기가 나온다. 클리셰는 우리 삶을 구성하는 파편으로 우리 상식의 허구를 반영한다. ④ 문제는 클리셰가 작가에 의해 어떠한 방식으로 사용되는가에 있는 것이다.

10. 제시된 문장이 들어갈 위치로 가장 적절한 것은?

> 세 원칙들은 철저하게 연계된 내재적 논리 구조를 갖고 있어 그럴듯하지만, 해석의 문제를 안고 있다.

미래 세대와 동등한 권리로 살아갈지도 모를 인공 생명들이 과연 모두 '착한 로봇'일까? 아이작 애시모브의 '로봇 공학 3원칙'은 다음과 같다. ① "제1 원칙, 로봇은 인간에게 해를 끼쳐서는 안 되며 인간이 해를 입게 방관해서도 안 된다. 제2 원칙, 제1 원칙에 위배되는 경우가 아니면 반드시 인간의 명령에 복종해야 한다. 제3 원칙, 앞의 두 원칙에 위배되지 않는 범위에서 로봇은 자기 자신을 보호해야 한다." ② 이 원칙들은 인간을 보호하고 로봇을 통제하기 위해 로봇의 근본적 조건을 설정하고 있다. ③ 예컨대 제1 원칙의 '해를 끼친다'의 의미는 어떻게 해석해야 하는가? 어떤 행동이 겉보기에 해로울지라도 궁극적으로는 인간에게 이로운 것이라면, 로봇은 어떻게 판단하고 행동할까? ④ 이처럼 인간과 로봇 사이에서 제기될 수 있는 문제는 항상 근원적인 차원을 건드린다. 모든 창조 행위에는 조물주의 통제를 벗어나는 묘한 자유의 영역이 있으며, 인간이 자신의 피조물을 완벽히 통제하기는 아주 어렵다.

11. 다음 글을 논리적 순서에 맞게 배열한 것은?

군집을 구성하는 각 개체군이 군집 내에서 점유하는 공간을 '공간 지위'라고 하며, 먹이 사슬에서 차지하고 있는 위치를 '먹이 지위'라고 한다.

ㄱ. 이러한 두 개의 지위를 합하여 '생태 지위'라고 하며, 두 생물 개체군의 생태 지위가 중복되는 경우 그 생물들은 공존하기가 힘들다.

ㄴ. 한편 생태학적으로 지위가 비슷했던 다른 종들이 긴 시간이 지난 뒤에 차이를 갖게 되기도 한다.

ㄷ. 생태 지위가 중복되면 사는 곳과 먹이가 같아서 개체군 사이의 경쟁을 피할 수 없기 때문이다.

ㄹ. 예를 들면, 자연 선택에 의한 진화 후 둘 중 한 종이 다른 자원을 이용하거나 다른 종이 이용하지 않는 시간대에 그 자원을 이용하게 되는 것이다.

① ㄱ-ㄷ-ㄴ-ㄹ ② ㄱ-ㄷ-ㄹ-ㄴ
③ ㄱ-ㄴ-ㄷ-ㄹ ④ ㄴ-ㄹ-ㄱ-ㄷ

12. 다음 문장들의 연결 순서로 가장 적절한 것은?

> 안전과 규정만을 내세워 재미없고 지루한 놀이터는 오히려 사고의 위험을 높일 수도 있다.
>
> ㄱ. 왜냐하면 놀이 기구가 단순하고 수준이 낮다고 느낄 때, 아이들은 본래 용도와 기능에 맞지 않는 방법으로 놀고 싶은 유혹에 빠지기 때문이다.
> ㄴ. 이러한 경고 문구는 미끄럼틀이 거꾸로 올라갔다가 미끄러져 내려오는 것 말고는 다르게 응용할 수 없는 놀이 기구임을 아이들에게 역으로 알려주는 결과를 가져올 가능성이 있다.
> ㄷ. 예를 들면, 미끄럼틀에 붙여 놓은 '거꾸로 올라가지 마시오.'라는 경고 문구는 오히려 아이들이 거꾸로 올라가고 싶게 만든다.
> ㄹ. 그리고 이러한 유혹은 결과적으로 아이들의 안전사고의 증가로 이어질 수 있다.

① ㄱ-ㄹ-ㄷ-ㄴ ② ㄷ-ㄱ-ㄹ-ㄴ
③ ㄱ-ㄹ-ㄴ-ㄷ ④ ㄷ-ㄹ-ㄱ-ㄴ

14. 다음 글의 전개 순서로 가장 적절한 것은?

> ㄱ. 공의회로부터 공정부(公政府)를 구성하여 이것을 각국보다 우위에 두는데, 공정부는 비록 각국의 내정에는 간섭하지 않지만 공병(公兵)과 공률(公律)로서 각국에 압력을 가한다.
> ㄴ. 각국이 평등한 연맹이란 권력이 서로 같은 여러 나라가 군대를 없애기로 동맹하고 여러 작은 국가가 따르는 것이다. 각국 간의 전쟁을 없애려 한다면 반드시 평등한 연맹이 공의회(公議會)를 제정하는 것으로부터 시작해야 한다.
> ㄷ. 그 다음에는 국명(國名)과 국경(國境)을 없애고, 국가들은 주군(州郡)으로 바뀌어 세계 공정부에 의해 통치되도록 한다.
> ㄹ. 이렇게 되면 국가나 제왕이 없으며, 모든 사람이 평등하고 천하가 공평해진다. 이것을 대동이라 하는 것이니, 이 연합은 태평세(太平世)의 체제이다.
> ㅁ. 각 주군의 주민들은 공의회에서 각 주의 입장을 대변할 의원을 선출하며, 각지에는 소정부를 설치하여 행정관이 이를 통치하도록 한다.

① ㄱ-ㄴ-ㄹ-ㄷ-ㅁ ② ㄴ-ㄱ-ㄷ-ㅁ-ㄹ
③ ㄱ-ㄷ-ㄴ-ㅁ-ㄹ ④ ㄴ-ㅁ-ㄷ-ㄱ-ㄹ

13. 다음 글을 논리적인 순서에 맞게 배열한 것은?

> ㄱ. 하지만 디젤 엔진은 미세 먼지로 알려져 있는 입자상 물질과, 일산화질소나 이산화질소와 같은 질소 산화물을 많이 발생시킨다.
> ㄴ. 이런 물질들은 기관지염이나 폐렴 등의 호흡기 질환, 광화학 스모그나 산성비의 원인이 된다.
> ㄷ. 디젤 엔진은 가솔린 엔진에 비해 이산화탄소의 배출량이 적고 열효율이 높으며 내구성이 좋다.
> ㄹ. 예컨대, 질소 산화물을 저감하는 EFR 기술, EFR보다 저감 효율이 좋은 SCR 기술 등이 있다.
> ㅁ. 그래서 디젤 엔진이 배출하는 오염 물질을 저감하기 위한 기술이 계속 개발되고 있다.

① ㄷ-ㄱ-ㅁ-ㄹ-ㄴ ② ㄷ-ㄴ-ㄱ-ㅁ-ㄹ
③ ㄷ-ㅁ-ㄱ-ㄹ-ㄴ ④ ㄷ-ㄱ-ㄴ-ㅁ-ㄹ

15. 다음 글의 전개 순서로 가장 자연스러운 것은?

가. '예술이란 무엇인가?'라는 물음에는 모든 예술에는 공통된 본질이 있고, 이 본질을 가진 것은 예술로 부를 수 있다는 생각이 내포되어 있다. 그리고 이러한 물음을 통해 그동안 예술의 본질은 모방, 표현 등으로 설명되어 왔다.

나. 하지만 맨들바움은 이러한 와이츠의 '예술 정의 불가론'에 대하여 반박하고 나섰다. 그는 예술에 포함될 수 있는 모든 대상들에 공통적인 속성이 존재할 것이라고 보았다.

다. 그러나 20세기 초에 이르러 '과연 예술의 본질은 있는가?'라는 질문이 제기되었다. 와이츠는 예술이 지시하는 대상들인 조각, 문학, 음악 등에 속한 작품들을 관찰한 결과 일련의 유사성만 있을 뿐 공통된 본질을 발견할 수 없다고 지적하였다.

라. 우선 그는 그 대상들이 갖고 있는 속성을 전시적 성질과 비전시적 성질로 구분하였다. 그리고 지금까지 예술을 정의할 때는 색채나 형태같이 작품에서 직접적으로 확인할 수 있는 전시적 성질에 초점을 맞추었지만, 예술 작품들의 집합만이 고유하게 갖고 있는 공통적인 속성은 작품 밖에 놓인 비전시적 성질일 것이라는 견해를 제시하였다.

① 가-다-라-나 ② 가-다-나-라
③ 가-라-다-나 ④ 다-가-라-나

16. 다음 글을 논리적인 순서에 맞게 배열한 것은?

ㄱ. 그렇기에 이 무렵 문학 분야에서 유럽 전역에, 더 나아가 전 세계에 영향을 미친 작가들이 많이 나왔다. 이로 인해 러시아인들의 민족적 자부심이 한껏 드높아졌고, 이는 문인들에 대한 화가들의 초상화 작업으로 이어졌다.

ㄴ. 러시아 미술관들 중 특히 목 좋은 곳에서 자주 눈에 띄는 것은 19세기 문인들의 초상화이다. 19세기의 러시아는 농노제 말기의 폐해로 고통받는 비참한 현실이었지만, 표트르 대제의 개혁 이래 서유럽의 앞선 사상 및 예술 사조가 줄기차게 밀려들어 오고 있었다.

ㄷ. 그 눈빛은 푸슈킨 개인의 특징일 뿐만 아니라, 화가의 낭만주의적 기질을 반영하는 것이기도 하다. 농노 출신의 키프렌스키는, 농노제하의 러시아 현실을 생생히 묘사하고 자유의 가치를 역설한 푸슈킨의 문학에 깊이 감동했음에 틀림없다.

ㄹ. 1827년 키프렌스키는 러시아 문학의 아버지로 불리는 푸슈킨의 초상화를 그렸다. 비낀 시선으로 약간 먼 곳을 응시하는 표정에서 시인이 지닌 남다른 사유의 정신과 깊은 통찰력이 느껴진다.

① ㄹ-ㄷ-ㄱ-ㄴ ② ㄹ-ㄴ-ㄱ-ㄷ
③ ㄴ-ㄱ-ㄹ-ㄷ ④ ㄴ-ㄹ-ㄷ-ㄱ

17. 다음 글을 논리적인 순서에 맞게 배열한 것은?

사람들은 매일 수많은 뉴스를 접하며 다양한 프레임에 노출된다. 뉴스 프레임은 어떤 이슈나 사건에 의미를 부여하는 중심 시각 틀로서 다양한 시각들 사이에서 언론에 의해 선택되고 강조된다.

ㄱ. 그리하여 프레임 작용의 결과, 즉 프레이밍 효과에 대한 논의도 본격화되었다. 프레이밍 효과에 대한 연구는 뉴스 프레임이 어떻게 수용자의 해석적 프레임으로 연결되느냐 하는 데 초점을 맞춘다.

ㄴ. 이와 달리 '개념 적용성'에 의한 설명은, 주어진 자극에 대해 특정 개념이 활성화되기 이전에 이미 수용자에게 주어진 자극의 특성에 잘 호응하는 개념들이 있을 수 있다는 데 주목한다.

ㄷ. 그래서 프레임에 대한 초기 연구는 뉴스 제작 과정에 집중하여 언론이 어떻게 현실을 재단하는가에 주목했다. 그러나 최근에는 뉴스 생산 과정을 언론과 수용자의 상호 작용으로 보는 입장에서, 언론에 의한 프레임과 수용자의 해석적 프레임 사이의 관계를 따지고 있다.

ㄹ. '뉴스 프레임을 수용자가 어떻게 받아들이느냐'에 대한 연구는 '개념 접근성'에 의한 설명과 '개념 적용성'에 의한 설명으로 나뉜다. '개념 접근성'에 의한 설명은 정보 처리를 할 때 주어진 자극에 따라 특정 개념이 활성화될 확률에 주목한다. 노출 빈도가 높아 특정 개념의 활성화가 반복되면, 특정 개념의 접근성이 증가한다는 것이다.

① ㄱ-ㄴ-ㄹ-ㄷ
② ㄷ-ㄱ-ㄹ-ㄴ
③ ㄹ-ㄷ-ㄱ-ㄴ
④ ㄹ-ㄱ-ㄷ-ㄴ

18. 다음 글을 논리적인 순서에 맞게 배열한 것은?

ㄱ. 이런 이유로 공동체 전체가 만장일치로 희생시킬 존재로 누구를 선택할 것이냐의 문제가 매우 중요해진다. 차이에서 비롯된 공동체의 위기를 해소할 수 있도록, 희생양은 공동체 구성원들이 자신들과의 차이를 부여할 수 있는 존재이면서 또 다른 폭력을 유발할 가능성이 없는 존재여야 한다.

ㄴ. 희생 제의는 차이의 소멸로 생성된 극단의 무질서와 폭력의 에너지를 일정한 방향으로 배출시키는 일종의 '대체 폭력'으로, 위기에 빠진 집단의 내부적 폭력을 '정화'하는 기능을 한다.

ㄷ. 그래서 희생양으로 선택되는 존재들은 이방인, 전쟁 포로, 짐승 등 '타자'이거나 '타자로 만들어진 존재'의 성격을 가진다.

ㄹ. 르네 지라르는 공동체에 위기가 닥칠 때 '희생양 메커니즘'이 작동한다고 보았다. 희생양 메커니즘이란 공동체가 어떤 존재를 희생시킴으로 공동체의 위기 상황을 극복하는 희생 제의의 과정이다.

ㅁ. 이런 희생 제의가 제대로 작동하기 위해서는 첫째, 공동체 집단이 그들 내부에 만연해 있던 폭력을 어떻게 사라지게 했는가를 결코 알아서는 안 된다는 것이고, 둘째, 위기의 원인이 애초에 희생양에게 있었다고 여기며 자신들의 폭력을 정당화할 수 있어야 한다는 것이다.

① ㄴ-ㄹ-ㄷ-ㄱ-ㅁ
② ㄹ-ㄴ-ㄷ-ㅁ-ㄱ
③ ㄹ-ㄷ-ㄱ-ㅁ-ㄴ
④ ㄹ-ㄴ-ㅁ-ㄱ-ㄷ

19. 다음 글의 순서로 가장 적절한 것은?

(가) 기호학자 롤랑 바르트는 신화를 '너무 자연스러워서 누구나 당연시하고 넘어가는 것'이라 설명한다. 바르트는 현대의 신화가 고대의 신화와 달리 뭔가를 숨기려는 목적이 있다고 본다. 바르트에 따르면, 부르주아지의 계급적 지배는 신화로 위장된 채 정당화되고 앞으로도 영원할 것이라는 착각을 빚어낸다. 그래서 현대 신화학자들의 임무는 현대 신화의 허구성을 폭로하는 것이 된다.

(나) 고대 그리스에서 인간은 신화의 세계인 미토스에 살고 있었다. 그러나 철학적 사유가 시작되면서 이성을 뜻하는 로고스는 미토스와의 대결에서 승리했다. 미토스는 영향력을 잃었다. 그러면 현대 사회에서 신화는 완전히 무의미해졌을까?

(다) 현대 사회에는 신이 없는 신화도 있다. 테크놀로지 신화나 미디어 신화가 그 예다. 이런 신화는 과학을 표방하지만 과학적으로 검증되지 않는다. 이런 신화의 주목적은 대중의 관심이다. 미디어 신화도 마찬가지다. 미디어는 운동선수나 영화배우를 신비화하고 영웅화함으로써 신화에 필요한 신적 존재의 대체물을 만들어 암암리에 유포한다.

(라) 신화와 전혀 무관할 것 같은 현대 사회에서도 신화는 여전히 존재한다. 대표적인 것이 바로 종교이다. 신을 섬기는 현대의 모든 종교는 고대의 미토스적 사유와 크게 차이가 없다. 종교에서는 여전히 모든 것의 원인과 목적을 신에게 돌리며, 삶의 과정과 목표도 신에게 두고 있다.

① (가)-(나)-(라)-(다)
② (나)-(다)-(라)-(가)
③ (나)-(라)-(가)-(다)
④ (나)-(라)-(다)-(가)

20. 다음 문장들의 연결 순서로 가장 적절한 것은?

ㄱ. 그는 다윈 시대에 없던 '유전자' 개념을 진화 이론에 도입하여, 개체 자신의 번식 성공도는 낮추면서 집단 구성원의 번식 성공도를 높이는 이타적 행동이 결국은 개체 자신에게 이득이 되는 방향으로 작용한다는 이론을 제시했다.

ㄴ. 그렇다면 자신은 번식을 하지 않으면서 집단을 위해 평생 헌신하는 일벌의 행동은 어떻게 설명할 수 있을까?

ㄷ. 즉 행위 당사자인 개체는 자기 자신의 번식 성공도를 높임으로써 직접 자신의 유전자 복제본을 남길 수도 있지만, 자신과 유전자를 공유할 확률이 있는 같은 집단 개체의 번식 성공도를 높이는 데 도움을 줌으로써 간접적으로 자신의 유전자 복제본을 남길 수도 있다는 것이다.

ㄹ. 그는 이 이론에서 다윈이 정리한 자연선택의 과정을 각 개체가 다음 세대에 자신의 '유전자 복제본'을 더 많이 남기는 과정으로 정의했다.

ㅁ. 이에 대해 생물학자 윌리엄 해밀턴은 다윈 이론의 틀 안에서 개체의 이타적 행동이 자연선택되는 과정을 밝혀내고자 하였다.

ㅂ. 찰스 다윈은 환경에 대한 생물학적 적응이 자연선택을 통해 발생하며, 자연선택은 각 개체 자신의 번식 성공도를 높이는 방향으로 일어난다고 보았다.

① ㅂ-ㅁ-ㄴ-ㄹ-ㄱ-ㄷ
② ㅂ-ㄹ-ㄴ-ㅁ-ㄷ-ㄱ
③ ㅂ-ㄴ-ㅁ-ㄱ-ㄹ-ㄷ
④ ㅂ-ㄴ-ㅁ-ㄹ-ㄱ-ㄷ

Pattern 05 내용 확인과 일반 추론(부정)

내용 확인/일반 추론의 부정 발문이란, 지문과 **일치하지 않는/부합하지 않는 것**, **미루어 알 수 없는 것**을 정답으로 합니다. 따라서 정답을 제외한 선지들은 지문에서 증명됩니다. 이 패턴은 긍정 발문 패턴보다 좀 더 과감한 접근이 필요합니다.

우리가 지문을 꼼꼼하게 보려고 노력하면 당연히 시간이 오래 걸립니다. 하지만 시험은 시간과의 싸움이기도 하지요. 모든 발문에 똑같이 대응해서는 시간을 잡을 수 없습니다. 지문과 선지를 비교해서 참과 거짓을 가려내는 목적은 똑같지만, 부정 발문은 긍정 발문보다 훨씬 진행을 빠르게 할 수 있습니다.

'참'인 선지가 3개일 경우, **선지를 먼저 보았을 때** '거짓'인 선지를 보고 지문을 합리화할 위험은 훨씬 줄어듭니다. 오히려 선지와 관련된 정보를 지문에서 찾을 수 있는 **검색 능력이 강화**되지요. 하지만, 모든 선지를 완벽히 기억하기는 쉽지 않습니다. 지문처럼 앞뒤 정보의 맥락이 없기 때문이지요. 그렇다면 선지를 최대한 기억하면서도 지문을 이해하는 데 방해를 받지 않는 방법은 무엇일까요? 바로, **변별 키워드를 미리 파악하고 지문에서 찾으면** 됩니다.

선지 전체를 외우려고 하지 말고, 지문에서 선지 정보를 찾을 때 사용할 만한 변별적이고 필수적인 단어를 '변별 키워드'로 잡습니다. 주어나 목적어 중에서 잡되, 지문에 자주 등장할 중심 화제는 아닌 것이 좋겠지요? 중심 화제는 선지에서 반복해서 제시된 '공통 키워드'일 테니, 선지들 속에서 반복되는 것은 '변별 키워드'로 잡아서는 안 됩니다.

4개 선지의 '변별 키워드'를 외우는 것이 힘들어 보이시나요? 그렇다면 지문을 다 외우고 나서 선지를 처리할까요? 어느 것이 더 어려울까요? 이 발문 열쇠는 정보량이 많은 지문에서 지문을 반복해 보기 때문에 생기는 시간의 낭비를 줄여 줍니다. 어색함과 불편함을 이겨내고 훈련을 통해 숙달되고 나면, 속도와 정확도의 두 마리 토끼를 잡을 수 있습니다.

똑똑한 알고리즘으로 승부하자

내용 확인/일반 추론(부정 발문)을 위한 지문 펜터치

1. 각 선지의 '변별 키워드' 잡기

    ※ 변별 키워드 잡는 법
    - 선지에서 반드시 필요한 주어나 목적어
    - 선지들이 공유하는 공통 키워드(=지문의 중심 화제)가 아니어야 한다.

    ↓

2. 지문에서 '변별 키워드'가 나오면 동그라미 치고 그것에 대한 정보에는 밑줄

    ↓

3. 바로 선지로 가서 참/거짓 확인 ←┐
                                  │
    ↓   │
                                  │
4. 참입니까? ▶ yes ▶ 선지를 소거하고 더 읽어 나가기 ┘

    ↓
    no
    ↓
    종료

내용 확인과 일반 추론(부정)을 위한 트레이닝

정답 및 해설 P. 18

1. 다음 글에서 답을 찾을 수 있는 질문이 아닌 것은?

질병을 유발하는 병원체로는 세균, 진균, 바이러스 등이 있다. 생명체의 기본 구조에 해당하는 세포막은 지질을 주성분으로 하는 이중층이다. 세균과 진균은 보통 세포막 바깥 부분에 세포벽이 있는 반면, 바이러스 표면은 세포막이 아니라 캡시드라 부르는 단백질로 이루어져 있다.

생활에서 병원체의 수를 억제하고 전염병을 예방하기 위한 목적으로 사용하는 화학 물질을 항미생물 화학제라 한다. 항미생물 화학제는 다양한 병원체가 공통으로 지닌 구조를 구성하는 성분들에 화학 작용을 일으키므로 광범위한 살균 효과가 있다. 그러나 병원체의 구조와 성분은 병원체의 종류에 따라 완전히 같지는 않으므로, 동일한 항미생물 화학제라도 그 살균 효과는 다를 수 있다.

항미생물 화학제 중 멸균제는 포자를 포함한 모든 병원체를 파괴한다. 감염 방지제는 포자를 제외한 병원체를 사멸시키며, 감염 방지제 중 독성이 약해 사람의 피부에도 사용이 가능한 것을 소독제라 부른다.

① 항미생물 화학제의 종류에는 무엇이 있을까?
② 바이러스와 세균의 표면은 어떤 차이가 있을까?
③ 병원체가 사람을 감염시키는 작용 기제는 무엇일까?
④ 항미생물 화학제가 병원체에 대해 광범위한 살균 효과를 갖는 이유는 무엇일까?

2. 다음 글의 내용과 일치하지 않는 것은?

서양의 전통 사상은 공적 영역과 사적 영역을 명백히 구분한다. 고대 그리스 사회의 공적 영역은 인격적으로 성숙한 '시민'만이 참여하여 서로의 의견을 자유롭게 교환하는 영역이었다. 반면 가계로 대표되는 사적 영역은 공적인 영역에 비해 인정받지 못했기 때문에 '시민'이 아닌 사람들이 담당하였으며 생산적 활동이 이루어지는 노동의 영역이었다. 이처럼 고대 그리스 사회에서는 공적 영역이 사적 영역보다 상대적으로 우월한 지위를 가졌으며 정당화된 영역이었다. 이런 경향은 중세에도 유지되었다.

하지만 근대가 되면서 공적 영역에 대한 관점은 변했다. 근대의 자유주의자들은 개인을 신과 국가로부터 자유로운 존재이자, 이성으로 삶을 개척할 수 있는 존재로 인식하기 시작하였다. 따라서 근대에도 공적 영역과 사적 영역이 구분되긴 하였으나, 공적 영역은 사적 영역의 자유를 보호하는 역할에 한정되었다. 개인의 자유를 강조하는 근대 자유주의자들은 공적 영역에 의한 사적 영역의 침범을 경계하고, 공적 영역을 최소화하려 하였다. 이에 따르면, 공공성은 강화되어야 하는 것이 아니라 약화되어야 했다.

① 근대 자유주의자들은 공적 영역을 개인의 권리와 자유를 지키기 위한 도구로 간주하였다.
② 서구 고대, 중세 그리고 근대 사회 모두 공통적으로 공적 영역과 사적 영역을 분리하였다.
③ 근대에는 공적 영역보다 사적 영역이 우월하였다.
④ 근대 자유주의자들은 공공성의 약화를 우려하며 공공성을 위한 개인의 주체적 역할을 강조했다.

3. '스키너'의 주장에 부합하지 않는 것은?

인간의 모든 행동이 학습의 결과라고 보는 행동주의론자들은 언어 사용이 환경과 경험에 따른 조건 반사적 행동이라고 보았다. 행동주의론자인 스키너는 조작적 조건화 이론을 언어 습득 연구에 적용했다. 인간의 특정 행동에 선택적으로 보상이나 처벌을 주어 그러한 행동이 일어날 확률을 변화시키는 것이다. 행동주의자들은 특정 행동에 대한 강화와 처벌을 통해 인간을 학습시킬 수 있다고 보았다. 스키너는 언어 습득도 이런 과정으로 이루어진다고 주장했다. 그는 언어 행위가 다른 사람을 매개로 학습하는 사회적 행동이라 보았다. 화자와 청자 간의 상호작용이 언어 행위라고 본 것이다. 예를 들어 아기가 '엄마, 아빠' 같은 단어를 말할 때 부모가 미소를 띠면 그 보상으로 아기는 그 단어를 계속 말하게 되지만, 아이가 문장을 틀렸을 때 부모가 표정을 찡그린다면 더 이상 그 언어 행위를 하지 않게 된다.

① 인간의 모든 행동은 학습을 통해 이루어진다.
② 언어 행위는 별도의 매개 없이 이루어질 수 있다.
③ 청자의 반응이 화자의 언어 습득에 영향을 미친다.
④ 아동은 행동을 강화하는 자극과 약화하는 자극을 통해 언어를 습득한다.

4. '순자'의 주장에 부합하지 않는 것은?

순자는 욕망을 인간의 본성이자 인간 활동의 기본 동력으로 생각했다. 그렇기에 사람들에게 존재하는 본성적인 욕망을 없애거나 줄이는 것이 바람직하지 않다고 보았다. 그는 오히려 인간의 욕망 추구를 긍정하며, 직업에서의 노동을 통해 이익을 얻음으로써 욕망을 충족시킬 수 있다고 보았다. 다만 순자는 인간 욕구의 대상인 자연 만물이 인간의 욕구를 충족시키고 충분히 남을 만큼 여유가 있다고 보았기에, 인간이 노력만 하면 욕망을 충족시키는 것이 얼마든 가능하다고 보았다. 즉, 자원은 한정되어 있지만 우리의 욕망을 충족하기에는 충분하므로 욕망을 추구하기 위해 서로 다툴 필요가 없다는 것이다.

결국 순자에게 직업은 자신의 욕망을 채우기 위한 것이고, 그의 직업윤리는 자신의 일에서 최선을 다해야 한다는 것이었다. 순자가 살았던 중국의 전국시대는 수많은 나라 간의 전쟁으로 백성들이 매우 피폐한 환경에 놓여 있던 시대였다. 그가 욕망 추구를 긍정했던 것은 궁극적으로 재화의 효율적인 생산을 통해 국가의 부를 증가시키고 국가 질서를 잘 유지할 수 있도록 하기 위함이었다.

① 인간은 욕망을 위해 노력하고 경쟁해야 한다.
② 인간의 욕망 추구는 인간 활동을 발전시킨다.
③ 자연 만물은 인간의 욕구를 충족하기에 충분하다.
④ 국가가 잘 유지되려면 개인의 욕망이 충족돼야 한다.

5. 다음 글의 내용과 일치하지 않는 것은?

공인 인증서를 사용하는 금융권, 증권사, 전자 정부 등 거의 모든 사이트에서 개인 정보 유출이 일어날 수 있기 때문에, 해킹이 요즘 최대 이슈이다. 그러나 이 현상은 공인 인증서 자체뿐만 아니라 공인 인증서와 웹 브라우저를 연결해 주는 연결 프로그램의 취약점에 의해서도 발생할 수 있다.

인터넷 사용자는 특정 사이트에서 "다음 발급자가 서명하고 배포한 프로그램을 설치하고 실행하겠습니까?"라는 메시지를 흔히 볼 수 있다. 이것이 연결 프로그램이다. 이 창에서 "예"라고 답하면 프로그램이 설치된다. 이는 웹 브라우저와 특정 프로그램을 연결해 주는 긍정적 역할을 하지만 보안에 취약점이 생길 수 있으며, 공격자가 이 점을 이용할 수 있다.

따라서 사용자는 보안에 대한 인식을 확고히 해야 한다. 신뢰할 수 있는 사이트가 아니라면 프로그램을 설치하라는 메시지가 떠도 필요한 프로그램인지 아닌지를 신중히 판단하는 보안 의식이 필요하다.

① 공격자는 연결 프로그램의 취약점을 이용할 수 있다.
② 공인 인증서의 문제로 개인 정보가 유출될 수 있다.
③ 인터넷 실행 시 연결 프로그램의 설치 위치를 지정할 수 있다.
④ 연결 프로그램은 사용자에게 프로그램의 설치 유무를 묻는다.

6. 다음 글의 내용과 일치하지 않는 것은?

외래어는 다른 언어에서 받아들인 어휘이다. 어떤 외국어가 우리말에 유입되면, 그것은 일정 기간 발음이나 의미 모두 본래 모습 그대로를 유지한 채 쓰인다. 그러다 점차 사람들이 사용하는 빈도가 높아지면 국어와 상당히 비슷한 모습으로 변하는데, 이것을 차용어라 한다. 이것이 자리 잡으면, 본래의 언어적 특징을 잃어버리고 우리말의 체계 속에 완전히 정착하게 된다. 이 단계의 외래어를 '귀화어'라고 한다.

사람들이 외래어라고 인식하는 것들은 차용어이며, 20세기 이후 서양의 언어에서 들어온 말들이 대부분이다. 반면 귀화어는 들어온 지 오래되어 사람들이 고유어라고 착각하는 경우가 많다. 그 예로 대부분의 한자어가 있다. 국어의 약 60%를 차지하는 한자어들도 엄밀히 따지면 중국어로부터 들어온 외래어이다.

외래어와 외국어의 구분은 쉽지 않다. 외래어인지 외국어인지에 대한 판단은 외국어에 대한 지식의 정도나 개인의 관심사에 따라 달라질 수 있다. 예를 들어 텔레비전은 누구나 외래어로 인정하지만, 비전은 사람마다 생각이 다를 수 있다. 이런 어휘들은 국어사전에 따라 실리기도 하고 실리지 않기도 한다.

① 외래어는 본래 발음이나 형태가 달라질 수 있다.
② 오래전에 유입된 외래어는 고유어로 착각할 수 있다.
③ 외래어라고 판단할 수 있는 객관적 기준은 마련되어 있지 않다.
④ 누구나 외래어라고 인정한 어휘만이 국어사전에 오를 수 있다.

7. '레비스트로스'에 대한 이해로 옳지 않은 것은?

인류학자 레비스트로스는 모든 언어의 바탕에 깔려 있는 무의식적 언어 구조를 탐구하는 구조 언어학을 방법론으로 삼아, 개별 사회와 무관하게 모든 사회의 바탕에 깔려 있는 공통적 요소, 즉 모든 사회가 존립하기 위한 바탕이 무엇인지 알아내고자 하였다.

레비스트로스는 현존하는 수많은 인간 사회를 정밀하게 분석한 결과, 근친상간의 금지라는 공통 요소를 추출해 냈다. 어떠한 사회든지, 인간 사회인 이상 근친상간을 용인하는 곳은 없다는 것이다. 레비스트로스는 귀납적인 방식을 통해 근친상간의 금지는 모든 인간 사회의 존립 조건이라고 결론 내렸다.

다른 한편, 그는 연역적인 방식으로도 그 사실을 증명한다. 동물 집단에서는 오히려 근친상간이 무리를 존속시키기 위한 필요조건이 된다. 예컨대 사촌 간의 짝짓기가 금지된다면 동물 집단은 존속할 수 없을 것이다. 그러나 인간 사회에 근친상간이 허용될 경우 가족까지는 성립해도 사회는 성립할 수 없다. 사회란 가족 외적인 인간관계망을 토대로 해야만 발생할 수 있는 집단이기 때문이다. 그러므로 근친상간의 허용 여부는 자연과 인간 사회를 구분하는 경계선이다.

① 구조 언어학을 바탕으로 인류학 연구를 하였다.
② 인간 사회 성립의 전제가 근친상간이라 생각했다.
③ 여러 방법으로 자신의 연구 결과를 증명하려 하였다.
④ 인간과 자연의 차이는 근친상간 허용 여부라 여겼다.

8. '능숙한 독자'에 대한 설명으로 적절하지 않은 것은?

능숙한 독자는 어떤 능력과 태도를 지니고 있을까? 능숙한 독자는 글의 의미를 이해하고 재구성하기 위해 배경지식을 효과적으로 활용하는 능력을 지닌다. 배경지식은 독자의 기억 속에 존재하는 구조화된 경험과 지식의 총체이다. 능숙한 독자는 읽을 글과 관련한 배경지식을 활성화한 후 이를 통해 글의 내용을 정확히 이해한다. 그런데 능숙한 독자라도 배경지식이 부족해 내용이 이해되지 않는 부분을 만날 수 있다. 이때 능숙한 독자는 글 읽기를 중단하지 않고 글의 전후 맥락을 고려해 글의 의미를 구성하거나, 참고 자료를 찾아 관련 부분에 대한 이해를 확충한다.

능숙한 독자는 독서를 준비할 때 읽을 글의 특성을 분석하고 자신의 독서 역량을 점검하는 태도를 지닌다. 그리고 독서 목적의 달성에 필요한 독서 전략을 세운다. 그런데 막상 독서를 하다 보면 글의 특성이 예상과 다를 수 있고, 독서 환경이 변할 수도 있다. 능숙한 독자는 달라진 독서 상황을 파악하여 그에 적합한 새로운 독서 전략을 적용하고 독서 행위를 조절한다. 그리고 독서 후에는 자신이 독서의 목적과 글의 특성에 맞게 독서했는지를 성찰하여 평가한다.

① 글을 읽는 도중에 글의 내용이 이해되지 않는 부분에서는 전후 맥락을 고려한 글 읽기를 지양한다.
② 글을 읽는 도중에 글과 관련한 배경지식을 활용하여 글의 내용을 정확히 이해한다.
③ 글을 읽기 전에 읽을 글의 특성을 파악하고 자신의 독서 능력을 점검한다.
④ 글 읽기를 마친 후에 독서 목적과 글의 특성에 맞는 독서를 했는지 평가한다.

9. 다음 글의 내용으로 적절하지 않은 것은?

벼슬에 나아감과 물러남의 도리에 밝은 옛 군자는 조금이라도 관직에 책임을 다하지 못하거나 의리의 기준으로 보아 직책을 더 이상 수행할 수 없을 경우, 반드시 몸을 이끌고 급히 물러났습니다. 그들도 임금을 사랑하는 정(情)이 있기에 차마 물러나기 어려웠을 터이나, 정 때문에 주저하여 자신이 물러나야 할 때를 놓치지는 않았으니, 이는 정보다는 의리를 지키지 않을 수 없었기 때문입니다.

임금과 어버이는 일체이므로 모두 죽음으로 섬겨야 할 대상입니다. 그러나 부자 관계는 천륜이어서 자식이 어버이를 봉양하는 데 한계가 없지만, 군신 관계는 의리로 합쳐진 것이라, 신하가 임금을 받드는 데 한계가 있습니다. 한계가 없는 경우에는 은혜가 항상 의리에 우선하므로 관계를 떠날 수 없지만, 한계가 있는 경우에는 때때로 의리가 은혜보다 앞서기도 하므로 떠날 수 있는 상황이 생기는 것입니다. 의리의 문제는 사람과 때에 따라 같지 않습니다. 여러 공들의 경우는 벼슬에 나가는 것이 의리가 되지만 나에게 여러 공들처럼 하도록 요구해서는 안 되며, 내 경우는 물러나는 것이 의리가 되니 여러 공들에게 나처럼 하도록 바라서도 안 됩니다.

① 군신 관계에서 신하들이 임금에 대해 의리를 실천하는 방식은 누구에게나 동일하다.
② 나는 관직에 책임을 다하지 못하거나 직책을 더 이상 수행할 수 없는 경우에 놓였다.
③ 군신 관계에서 의리가 은혜에 항상 우선하는 것은 아니다.
④ 부자 관계에서 은혜가 의리보다 중요하다.

10. 다음 글에 부합하지 않는 것은?

비례대표제는 정당 득표율과 정당의 의석 점유율이 비례적이지 못한 다수대표제의 문제를 보완하고자 등장하였다. 따라서 후보자 개인의 득표를 기준으로 의석을 배분하는 다수대표제와 달리, 정당이 획득한 득표율을 기준으로 의석을 배분한다. 이 경우 다수대표제에 비해 사표의 발생이 낮아 유권자의 의사를 더 잘 반영할 수 있으며, 정당 득표율과 의석수의 차이를 완화할 수 있다. 또한, 비례대표를 통해 다양한 사회 구성원들이 의원으로 선출될 수 있다. 국가에 따라 의회의 모든 의석을 비례대표로 선출하거나, 전체 의석의 일부만을 비례대표로 선출하기도 한다. 비례대표제는 국가에 따라 여러 형태로 운용되지만, 대부분은 정당 명부식 비례대표제를 채택한다. 이는 해당 선거구에서 정당이 선출할 인원수보다 적거나 같은 수의 후보 명부를 제출하며, 유권자는 후보 명부를 보고 이들을 공천한 정당에 투표하는 방법이다.

① 정당 명부식 비례대표제에서 유권자는 개별 정당이 공천한 후보를 확인할 수 있다.
② 비례대표제는 후보자 개인의 득표율이 아닌 정당의 득표율을 기준으로 의석을 배분한다.
③ 비례대표제를 실시할 경우 다수대표제에 비해 유권자의 의사가 투표 결과에 더 잘 반영된다.
④ 정당 명부식 비례대표제에서 각 정당은 해당 선거구의 선출 인원보다 더 많은 후보 명부를 제출한다.

11. 다음 글에서 알 수 없는 것은?

우리가 허공이라고 부르는 것이 없다면, 물체가 존재할 곳이 없고, 움직일 공간도 없을 것이다. 허공을 제외하면, 비물질적인 것은 없다. 허공은 물체에 영향을 주지도 받지도 않으며, 다만 물체가 자신을 통과해서 움직이도록 허락할 뿐이다. 물질적인 존재만이 물질적 존재에 영향을 줄 수 있다.

영혼은 미세한 입자들로 구성되어 있어서 몸의 나머지 구조들과 조화를 이룰 수 있다. 감각의 주요한 원인은 영혼에 있다. 그러나 몸에 의해 보호되지 않으면, 영혼은 감각을 가질 수 없다. 영혼이 몸을 떠나면, 몸은 더 이상 감각을 소유하지 않는다. 왜냐하면 몸과 함께 태어난 영혼이 몸에 감각 능력을 주었기 때문이다. 물론 몸 일부가 소실되어 거기에 속했던 영혼이 해체되어도 나머지 영혼은 몸 안에 있다. 또한 영혼의 한 부분이 해체되어도, 나머지 영혼이 계속 존재한다면 여전히 감각을 유지할 것이다. 반면에 영혼을 구성하는 입자들이 전부 몸에서 없어진다면, 몸 전체 또는 일부가 남아 있어도 감각을 가지지 못할 것이다.

① 허공은 물체의 운동을 위해 반드시 필요하다.
② 영혼은 비물질적 존재이며 몸에 감각 능력을 제공한다.
③ 감각을 얻기 위해서는 영혼과 몸 모두가 필요하다.
④ 육체의 일부가 소실되면 영혼의 일부가 해체되지만 나머지 영혼은 여전히 감각의 능력을 유지한다.

12. 다음 글에서 알 수 없는 것은?

영국의 빅토리아 시대에 보도된 불량 식품에 관한 기사를 보면, 대도시 빈곤층이 주식으로 삼았던 빵이나 홍차도 목록에 있는 것을 볼 수 있다. 이는 유럽 대륙이나 북아메리카에서도 흔히 볼 수 있었던 일로, 식품과 의약품의 성분에 관한 법률이 각국 의회에서 통과되어 이에 대한 제재가 이루어질 때까지 계속되었다. 예컨대 초콜릿은 그 수요가 늘어나자 악덕 생산업자나 상인들의 좋은 표적이 되었다. 1815년 왕정 복고 후 프랑스에서는 흙, 완두콩 분말, 감자 전분 등을 섞어 만든 초콜릿이 판매될 정도였다.

마침내 각국 정부는 대책을 세우게 되었다. 1850년 발간된 의학 잡지 란세트는 식품 분석을 위한 영국 위생 위원회가 창설된다고 발표하였다. 이 위생 위원회의 활동으로 그때까지 의심스러웠던 초콜릿의 첨가물이 명확히 밝혀지게 되었다. 그 결과 초콜릿 견본 70개 가운데 벽돌 가루를 이용해 적갈색을 낸 초콜릿이 39개에 달한다는 사실이 밝혀졌다. 또한 대부분의 견본은 감자나 칡에서 뽑은 전분 등을 함유하고 있었다. 이후 영국에서는 1860년 식품의약품법이, 1872년 식품첨가물법이 제정되었다.

① 북아메리카에서도 불량 식품 문제는 있었다.
② 영국 위생 위원회는 1850년 이후 창설되었다.
③ 영국의 빅토리아 시대에 기사로 보도된 불량 식품 중에는 홍차도 있었다.
④ 영국 위생 위원회가 창설되고 22년 후 식품첨가물법이 제정되었다.

13. 다음 글에 대한 이해로 가장 적절하지 않은 것은?

로빈슨은 아리스토텔레스가 신체로부터 독립되어 존재할 수 있는 비물질적 지성을 인정한다고 주장한다. 그에 따르면 아리스토텔레스 이전에 이러한 이론의 대표자는 플라톤이며, 근대에 들어서는 데카르트가 이를 재조명했다. 이 이론은 영혼과 신체가 같은 속성들을 공유하지 않는 실체들이며, 따라서 신체로부터 독립되어 정신만이 존재하는 것이 가능하다고 보는 입장이다. 로빈슨은 아리스토텔레스가 정신이 신체로부터 논리적으로만 분리되는 것이 아니라 실제로도 분리 가능한 것으로 본다고 여긴다.

아리스토텔레스의 심신론에 대해서 이와 다른 입장도 존재한다. 코드는 아리스토텔레스의 심신론이 몸과 마음을 이원론적으로 분리하는 것이 아니라고 본다. 살아 있는 생물 자체는 본질상 심신의 유기체이며, 코드에 따르면 물질적 신체와 비물질적 영혼을 구분하는 것은 근대적인 구분법이므로 아리스토텔레스는 그러한 생각을 할 수 없었다는 것이다.

① 로빈슨에 따르면, 아리스토텔레스는 지성이 물질적 속성을 지닌다고 본다.
② 로빈슨에 따르면, 아리스토텔레스는 정신이 실제로 분리 가능하다고 보았다.
③ 코드에 따르면, 로빈슨은 근대적 논리로 아리스토텔레스의 심신론을 해석한다.
④ 로빈슨에 따르면, 데카르트와 플라톤은 심신이 분리 가능한지에 대해 의견을 같이한다.

14. 다음 글에서 추론할 수 없는 것은?

전통적 마케팅은 기능상의 특징과 편익에 초점을 맞추며, 소비자들이 상품의 기능적 특징을 평가하여 최고의 효용을 가져다 줄 상품을 선택한다고 가정한다. 기능적 효용으로 설명되지 않는 소비자의 구매 행위는 전체 소비 행위의 비중에서 미미할 것으로 간주한다. 또한 전통적 마케팅에서는 인터뷰나 설문 조사와 같은 분석적이며 계량적인 도구를 사용하여 마케팅 전략을 수립한다. 하지만 소비 생활을 오랜 기간 지속해 온 고객들은 이제 제품의 기능적 효용에 더불어 그 이외의 것을 요구한다. 고객 체험에 중점을 두는 '체험 마케팅'의 시대가 도래한 것이다. 체험은 감각을 자극하는 계기가 되어 고객의 라이프 스타일을 브랜드로 연결시킨다. 이제 소비자들은 감성적이거나 감정적으로 영향을 받으며 창조적으로 도전받길 원한다. 체험 마케팅의 수단은 수많은 소비 패턴에 대해 맞춤 형태로 이루어질 수밖에 없다. 모든 소비자들에게 표준화된 동일한 형식을 제공하기보다는 목적이나 상황에 맞게 새로운 형식을 만드는 것이다.

① 체험 마케팅의 수단은 다양한 형태로 나타난다.
② 전통적 마케팅에서는 기능적 효용 외의 요인에 의한 소비 비중이 상대적으로 작다고 본다.
③ 체험 마케팅은 오늘날 소비자들이 상품의 기능적 효용보다 감성적 측면을 더 중시함을 반영한다.
④ 전통적 마케팅은 계량화된 분석을 토대로 기능적 효용을 중시하는 소비자를 대상으로 전략을 수립한다.

15. 다음 글에 대한 설명으로 적절하지 않은 것은?

협상은 상반된 이해관계를 지닌 주체들이 설득과 양보를 통해 상호 이익을 증진하려는 의사소통 행위이다. 협상 주체들에게는 문제 해결의 의지와 상호 협력적 태도가 필요하다. 협상이 잘 이루어지기 위해서는 참여자들이 경쟁적 협력 관계여야 하고, 참여자들 모두 협상을 필요로 하는 구체적 상황이 갖춰져야 하며, 합의 결과에 대한 이행 의무가 존재해야 한다.

적대 관계에 있는 A 회사와 B 회사는 현재 심각한 분쟁을 겪고 있다. 하지만 A 회사와 B 회사는 이번 분쟁으로 고통받는 것은 상대 회사라며 서로 협상에 나설 필요가 없다고 주장하고 있다. 이에 한 기업 관계 전문가는 '서로 합의가 이루어져도 합의 내용을 이행하지 않을 가능성이 높다'고 분석하였다.

① 두 회사가 서로를 배려하고 협력함으로써 더 이상 경쟁하지 않으려 한다면 협상이 잘 이루어지겠군.
② 두 회사는 적대적인 관계이기 때문에 서로 이익을 증진하려는 의지를 갖고 있지 않겠군.
③ 두 회사는 서로 자신의 회사가 양보해야 할 상황이 존재하지 않는다고 생각하겠군.
④ 두 회사 사이에서는 협상이 이루어지기 힘들겠군.

16. 다음 글에 대한 이해로 가장 적절하지 않은 것은?

1960년대까지 대부분의 사람들은 '성능 좋은 계산기'로 취급받던 컴퓨터가 이론과학의 도구가 되리라고 생각하지 못했다. 자연히 컴퓨터를 활용한 계량적인 기상 모델링은 서자 취급을 받으며 출발했다. 그러나 엄청난 속도로 계산을 수행할 수 있는 기계가 차츰 기상예보에 활용되기 시작했다. 세상 만물이 행성들처럼 법칙에 따른다는 뉴턴의 생각은 오직 컴퓨터만이 증명할 수 있었다. 결정론적인 계량적 예측은 우주선과 미사일의 정확한 궤도를 계산해 냈다. 그렇다면 바람과 구름에 대해서 그러지 못할 이유가 있는가? 기후는 훨씬 더 복잡한 현상이지만 역시 동일한 물리적 법칙들에 의해 지배된다. 다른 누구보다도 뉴턴에게 매료되었던 18세기의 수학자 라플라스가 상상한 최고의 지성은 어쩌면 충분한 용량과 계산 속도를 가진 컴퓨터일지도 모른다. 라플라스는 다음과 같이 말했다. "최고의 지성은 우주에서 가장 큰 물체와 가장 가벼운 원자의 운동을 한 공식으로 나타낼 것이다. 그의 눈에 불확실한 것은 하나도 없고, 과거도 미래도 현재처럼 보일 것이다."

① 컴퓨터를 활용한 기상 예측이 처음부터 호응을 받았던 것은 아니다.
② 기후 현상은 복잡하지만 우주선과 미사일의 움직임과 동일한 물리 법칙을 따른다.
③ 컴퓨터가 개발되지 않았다면 뉴턴식의 사고가 기상학에 실제로 적용되기 어려웠을 것이다.
④ 라플라스는 컴퓨터가 우주의 법칙과 물체의 운동을 밝혀내는 데 중요한 역할을 할 것으로 믿었다.

17. 다음 글에 대한 설명으로 가장 적절하지 않은 것은?

　복제인간은 체세포 제공자를 어느 정도나 닮게 될까? 일종의 '복제인간'이라 부를 수 있는 일란성 쌍둥이의 경우 생물학적 특징뿐 아니라 비생물학적 행동까지 유사하다. 그렇다면 아인슈타인을 복제하면 복제인간도 아인슈타인과 같은 천재가 될까? 아마 아닐 것이다. 복제인간과 체세포 제공자는 완전히 다른 환경에 놓이게 되므로, 복제인간은 환경의 영향을 매우 많이 받게 될 것이기 때문이다. 어쩌면 복제인간은 외모마저 체세포 제공자와 다를지도 모른다. 이는 미토콘드리아 유전자의 차이 때문이다. 유전자에는 핵 속의 DNA에 있는 것 말고도 미토콘드리아 DNA에 있는 것이 있고, 이 미토콘드리아 유전자가 전체 유전자의 약 1%를 차지한다. 이 유전자는 세포질 속에만 존재하는 것으로서 수정 과정에서 난자를 통해 어미로부터만 유전된다. 흔히 복제인간이 체세포 제공자와 100% 같은 유전정보를 갖는다고 하는데, 이는 엄밀히 말하면 잘못된 표현이다. 복제인간은 일란성 쌍둥이와 달리, 일반적으로 체세포 제공자와 다른 사람의 난자를 이용해 복제되기 때문이다.

① 유전자의 유사성만을 고려할 때, 일란성 쌍둥이와 복제인간은 같다.
② 복제인간은 난자 제공자로부터 미토콘드리아 유전자를 물려받게 된다.
③ 복제인간의 외모가 체세포 제공자와 다를 수 있는 이유는 미토콘드리아 유전자에 있다.
④ 복제인간이 환경의 영향으로 체세포 제공자와 여러 가지 면에서 다른 특성을 보이며 성장할 수 있다.

18. ㉠과 ㉡의 성격을 잘못 대비시킨 것은?

　대중문화의 문제점을 인정하면서도 대중문화가 갖고 있는 장점에 더 주목하는 사람들이 있다. 이들은 이념의 좌우를 막론하고 대중문화를 '㉠매스 컬쳐(mass culture)'가 아닌 '㉡포퓰러 컬쳐(popular culture)'로 이해하고자 했다. 우리말로는 둘 다 '대중문화'로 번역되지만, 그 숨은 뜻에는 큰 차이가 있다. '매스 컬쳐'에서 '매스'는 한 집단의 구성원이나 개인을 나타내기보다는 무차별한 집합체를 의미하는 것으로 경멸적인 성격을 띠고 있다. 그래서 '매스 컬쳐'엔 상업주의, 획일성, 지속성 등의 부정적 의미가 내포되어 있다. 그 반면에 '일반적으로 넓게 확산되어 있으며 동의되고 있는'이라고 정의될 수 있는 '포퓰러'라는 단어는 '인기가 있다'와 '민족적이다'라는 두 가지 뜻을 갖고 있다. 요컨대 '포퓰러 컬쳐'라는 단어엔 대중문화의 민주적 성격에 대한 기대와 희망이 담겨 있는 것이다.

	㉠	㉡
①	획일적 성격	민주적 성격
②	경멸의 대상	희망의 대상
③	인기가 없음	인기가 있음
④	부정적 인식	긍정적 인식

19. ㉠과 ㉡에 대한 설명으로 적절하지 않은 것은?

　고프먼은 공공장소를 중심으로 현대인의 대면적 상호 작용을 연구한 뒤, 그들이 타인의 자아 영토를 존중하는 것을 '성스러운 게임'이라 했다.
　성스러운 게임은 ㉠초점 없는 상호 작용에서 보다 잘 나타난다. 초점이란 상호 작용 과정에서 공동으로 주의를 기울일 대상이나 화제를 말하는데 도시 공공장소에서는 낯선 사람들 간에 동일한 초점을 가질 필요가 없다. '몸 관용구'는 이런 상황의 상호 작용을 매개하는 옷차림, 태도, 얼굴 표정 등을 의미한다. 공공장소에서는 자신의 몸 관용구를 개방하여 낯선 사람들이 자신을 관찰할 수 있게 한다. 그러나 고프먼은 그 이면에 낯선 타인과의 불필요한 만남을 피하려는 성향이 있다고 했다. 즉, 초점 없는 상호 작용에서의 성스러운 게임이 자아 영토에 대한 상호 접근 가능성을 최소화하려는 양상으로 나타난다는 것이다.
　한편 ㉡초점 있는 상호 작용에서 성스러운 게임은 이와 다른 양상으로 나타난다. 고프먼은 특정 화제에 대한 대화와 같은 대면적 상호 작용을 '조우'라 지칭하였다. 면식이 있는 사람 간에는 조우에 들어가기 위한 이유를 설명하지 않아도 되지만, 반대로 면식이 없는 사람 간에는 합당한 이유를 설명할 필요가 있다. 이러한 상호 작용에서 사람들은 타인에게 보여 주기를 원하는 긍정적인 사회적 자아 이미지인 '공안'을 지닌다. 두 경우 모두 일단 조우에 들어서면 도덕적 책임감을 바탕으로 서로의 공안을 보호할 의무를 다하며 사회 질서를 유지하는 성스러운 게임을 행한다.

① ㉠과 ㉡은 모두 낯선 타인과의 소통에 비개방적이다.
② ㉠과 달리 ㉡은 특정한 화제가 필요 없는 상호작용이다.
③ ㉡과 달리 ㉠은 비언어적 신호로 상호작용이 이루어진다.
④ ㉠의 '몸 관용구'는 상호 접근성을 최소화하려는 것이다.

20. ㉠~㉢을 비교한 내용으로 적절하지 않은 것은?

　근대 국가의 출현과 성격을 설명하는 유력한 이론으로는 세 가지가 있다. 첫째, ㉠자유주의자들은 정치권력의 부재로부터 야기될 수 있는 소유권이나 생명에 대한 분쟁의 해결을 위해, 계약에 의해 성립된 정치적 결사체, 즉 국가가 탄생했다고 설명한다. 이러한 논리는 시장과 국가가 별개라고 주장하는 자유주의의 일반적인 관념과는 달리 사회 혹은 시장에 대한 국가의 개입을 전제하고 있다. 국가가 사유 재산을 절대적으로 보장하든, 자원의 배분을 계획하고 통제하든, 사회적 약자를 보호하기 위해 복지 정책을 펴든, 국가는 어떤 형태로든 사회 혹은 시장에 개입하게 된다는 것이다.
　둘째, ㉡마르크스는 국가를 지배 계급의 도구라고 규정했는데, 이때 지배 계급은 정치·경제적으로 노동자나 농민을 억압하는 계급을 의미한다. 그는 역사의 발전 과정에 따라 계급이 철폐되고 궁극적으로는 국가가 소멸될 것이라고 주장하였다. 그러나 역사적으로 자본주의 국가는 자본에 대한 끊임없는 수정을 통해 자본주의를 재생산해 왔으며, 그 과정에서 국가는 자본에 종속된 것이 아니라 그것으로부터 상대적으로 자율적이라는 견해가 대두되었다.
　마지막으로 ㉢베버는 국가를 역사적으로 존재하는 하나의 제도로 파악했다. 그는 이념적인 측면보다 역사적인 측면에서 국가를 분석하고자 했으며, 국가는 그 자체로 다른 여러 수준의 제도를 초월하여 자율적으로 존재하는 제도라고 주장했다. 따라서 국가가 존재하기 위해 필요한 수단들로 인해 개인이나 집단이 상당한 수준으로 억압될 수밖에 없다고 지적했다.

① ㉢은 국가를 이념적 측면이 아닌 역사적 측면에서 접근하고자 하였다.
② ㉡과 ㉢은 모두 국가가 개인에 대한 억압적 속성을 가지고 있다고 생각하였다.
③ ㉠은 ㉢과 달리 개인의 삶에 국가의 개입이 불가능하다고 생각하였다.
④ ㉡은 국가를 특정 계급이 다른 계급을 통제하는 수단으로 인식하였다.

Pattern 06 내용 확인과 일반 추론(긍정)

> 지문 위에 있는 정보를 확인한다
> 정상의 시력 + 집중력 필요

→ 누군가 전달하고자 하는 이야기의 핵심을 이해한다
어휘력 + 문장 추론력 + 요약 능력 + 눈치 필요

출제자가 '내용 확인이나 일반 추론'을 출제했을 때에는, 많은 정보를 **빠르고 정확하게** 처리하는지 궁금해하는 것입니다. 요약하면서 버려지는 세부적이고 부수적인 정보까지 선지로 활용할 수 있죠. 그래서 주제를 도출하기 위해 '요약'하며 읽는 방식과는 전혀 다른 전략이 필요합니다.

'내용 확인/일반 추론의 긍정 발문'이란, 지문과 **'일치하는/부합하는/바르게 이해한/미루어 알 수 있는 것'**을 정답으로 하는 발문입니다. 정답을 제외한 나머지 3개의 선지는 당연히 지문에 의하면 옳지 않은 정보이거나 언급된 적이 없는 정보입니다. 따라서 선지를 먼저 보고 지문을 읽었다가는 오히려 오답 선지에 맞춰 지문을 합리화(오독-잘못 해석)할 가능성이 높습니다.

가장 좋은 방법은 지문을 처음부터 끝까지 완.벽.히 기억하는 것이겠지요? 하지만 지문을 한 번 읽고 세부적인 정보까지 모두 기억하는 것은 불가능합니다. 자세히 기억하자니 시간이 흐르고, 후다닥 읽자니 필요한 정보를 놓칠 것 같고……

이 패턴을 위한 알고리즘은 **'공통 키워드에 대한 정보 정리'**입니다.
선지에 반복해서 등장하는 '공통 키워드'는 백발백중 지문의 중심 화제입니다. 지문의 중심 화제를 따라다니며 정보를 정리해 나가다가, **기억의 한계선에서 욕심부리지 않고 정지!**
지문을 한 번 읽기 시작하면 끝까지 읽어야 한다는 편견을 버리세요. 주제 유형은 글의 흐름이 중요하지만, 이렇게 정보 처리가 목적인 패턴에서는 나눠 읽어도 됩니다.

똑똑한 알고리즘으로 승부하자

내용 확인/일반 추론(긍정 발문)을 위한 지문 펜터치

1. 선지에서 공통 키워드만 쏘옥 뽑아내기

   ↓

2. 지문에서 공통 키워드에는 동그라미, 공통 키워드의 정보에는 밑줄

   ↓

3. 최대한 읽고 기억의 한계에서 정지

   ↓

4. 선지 확인하고 처리할 수 있는 선지 처리하기

   ↓

5. 정답이 나왔습니까? ▶ no ▶ 남은 선지에서 변별 키워드를 잡고 3으로

   ↓ yes
   ↓

6. 이 문제는 종료, 다른 문항을 위해 나머지 부분 더 읽기

* **변별 키워드**: 지문에서 선지 정보를 찾을 때 사용할 만한 변별적이고 필수적인 단어.

내용 확인과 일반 추론(긍정)을 위한 트레이닝

1. 다음 글의 내용과 일치하는 것은?

회화식 지도는 실경(實景)을 바탕으로 한 산수화풍의 유행과 관련이 있는데, 특히 18세기 무렵의 지도들은 지역 정보 제공이라는 지도 본연의 목적을 달성하면서도 회화적 기법을 동원함으로써 예술적 아름다움을 겸비하였다. 지도의 회화적 특성으로 먼저 제시할 수 있는 것은 시점이다. 동양의 산수화는 고정된 위치에서 하나의 시점으로 대상을 묘사하는 단일 시점의 초점 투시보다 한 폭의 그림 속에도 여러 개의 초점을 가진 산점 투시를 활용한 경우가 많았다. 산점 투시란 화가가 고정된 시야의 제약에서 벗어나 서로 다른 위치에서 상이한 시야로 사물을 관찰해 대상의 상하좌우를 그릴 수 있는 표현법이다. 조선 시대 회화식 지도의 일부 요소에서 산점 투시가 확인된다. 특히 사면이 산으로 둘러싸인 고을을 나타낸 지도는 한 장의 지도라도 주변 산이 각기 다른 초점으로 표현되었기에 사방에서 자연스레 지도를 열람할 수 있었다. 이때 열람자의 시각적 편의를 고려해 관련 지명들이 다양한 방향으로 표기된 경우도 있었다.

① 동양의 산수화에서 화가는 주로 고정된 시점으로 대상을 묘사하였다.
② 조선의 회화식 지도에 여러 개의 초점을 가진 투시를 활용한 경우가 있다.
③ 18세기 지도들은 지역에 대한 정보 제공에 치중했다.
④ 사면이 산으로 둘러싸인 고을을 그린 조선의 회화식 지도는 여러 방향에서 보기에 적합하지 않다.

2. 다음 글의 내용과 일치하는 것은?

학습이란 경험이나 교육에 의해 능력이나 지식을 습득하는 과정이다. 일반적으로 척추동물을 학습시키기 위해서는 보상이나 처벌이 필수적이다. 만약 한 동물이 특별한 자극에 대하여 특정한 반응을 보였을 때 생존 가능성이 더욱 높아지는 보상을 경험했다면 이후 동일한 자극에 동일한 방식으로 반응할 가능성이 높아진다. 반대로 특정한 반응의 결과로 처벌을 경험했다면 이후 동일한 자극에 그런 방식으로 반응할 가능성이 낮아진다. 이를 학습과 관련지으면 쾌감을 주는 행동 반응이 강화되거나 불쾌감을 주는 행동 반응이 회피될 때 학습이 일어났다고 말한다.

기억은 이전에 학습된 지식이나 능력을 나중에 사용하기 위하여 저장하는 것으로, 기억의 지속 시간에 따라 단기 기억과 장기 기억으로 나뉜다. 예를 들어 전화번호부에서 새로 본 전화번호를 버튼을 누르는 동안만 떠올리는 것은 단기 기억 작용이며, 이전의 자기 집 전화번호를 장기간에 걸쳐 기억하고 있는 것은 장기 기억 작용이다. 단기 기억에는 용량의 한계가 있는데, 숫자나 문자, 단어의 경우 7개 정도가 그 한계라고 본다. 이러한 한계를 기억의 범위라고 한다. 반면 장기 기억은 저장 용량에 제한이 없다. 장기 기억의 경우 일시적으로 기억을 재생하는 데 실패할지라도 나중에 어떤 계기나 실마리를 통해 기억을 되살릴 수 있다. 장기 기억을 맡는 뇌의 부위는 해마와 편도를 포함하는 측두엽 내부인데, 편도는 감정과 밀접한 관계를 맺고 있어서 강한 감정과 관련된 기억을 아주 오랫동안 저장한다.

① 모든 척추동물의 학습에 있어 보상이나 처벌이 꼭 존재하여야 한다.
② 장기 기억의 경우 기억할 수 있는 단어의 용량은 7개이다.
③ 측두엽 내부에는 감정과 관련된 기관이 있어 단기 기억 시에 강하게 작용한다.
④ 학습은 행동 반응의 강화 혹은 회피가 일어날 때 일어난다.

3. 다음 글의 내용과 일치하는 것은?

미국의 사회학자 그라노베터는 구직과 취업 과정에서 사회적 연결망이 중요하다는 것을 발견하였다. 취업 과정에서 사회적 연결망은 정보를 유통시키고 주요 행위자에게 영향력을 행사하는 통로 구실을 한다. 구직자들은 연결망으로부터 직장에 대한 정보를 획득하고, 고용주들은 지원자에 대한 자세한 정보를 파악한다. 특히 그라노베터에 따르면, 취업 과정에서는 약한 연결이 더 효과적이다. 약한 연결은 친밀도가 낮고 지속 기간이 짧으며 호혜적 서비스가 적은 연결을, 강한 연결은 그 반대의 것을 의미하는데, 취업 과정에서는 약한 연결이 더 넓은 범위의 정보를 제공하기 때문에 취업자에게 더 큰 도움을 준다.

한국의 취업 과정에서는 사회적 연결망이 독특하게 작용한다. 한국에서는 전문 기술직, 관리직 취업자는 연결망을 통해 취업 정보를 얻는 비율이 낮으며, 아는 사람의 주선보다 시험을 통해 취업하는 비율이 높다. 반면 생산직 취업자는 공식적 경로보다 개인적 연고를 통해 취업하는 경우가 많고, 단순 사무직이나 노무직 취업자도 직접 접촉보다 연결망을 통해 취업하는 경우가 많다. 우리는 한국 사회에서는 취업자들이 선호하는 직장이 사회적으로 뚜렷하게 서열화되어 있고, 직장의 고용주가 선호하는 취업자의 출신 학교와 전공도 뚜렷하게 서열화되어 있다는 사실에서 그 이유를 찾을 수 있다. 즉 기업의 규모와 평판은 공개된 취업 정보이며, 출신 학교와 전공은 취업자의 여러 특성에 대한 표지 구실을 한다.

① 강한 연결은 다양한 정보와 자원을 제공하여 취업 및 고용 과정에서 연결망 구성원들에게 도움을 준다.
② 한국 사회에서는 전문직 취업과 관련하여 학교 및 기업에 대한 사회적 평판이 약한 연결을 대신한다.
③ 고용주가 연결망을 통해 비공식적으로 획득한 정보는 지원자를 효율적으로 선발하는 데 방해가 된다.
④ 미국 사회에서 전문 기술직 구직자들은 사회적 연결망을 통하기보다는 공식화된 경쟁적 채용 절차를 거쳐 취업한다.

4. 다음 글의 내용과 일치하는 것은?

음악을 이해하기 위해서는 음악가들이 음악에서 구사하는 어휘를 이해해야 한다. 건축의 경우도 마찬가지이다. 건물을 감상하기 위해 건축가를 불러 앉혀 놓고 무슨 생각으로 그런 건물을 설계하였는지 들어야 할 필요는 없다. 하지만 건축가들이 다루는 어휘를 이해하면 건축을 더 심도 있게 음미할 수 있을 것이라는 점은 틀림없다. 그 어휘들이 우리의 언어를 통해 모두 해설될 수는 없지만 해설을 통해서 이해될 수 있는 부분은 분명히 존재할 것이다. 또한 감상은 정확한 눈과 귀를 필요로 하며 판단 기준을 가지고 있어야 한다. 우리가 건물을 보고 좋다, 혹은 그렇지 않다고 이야기할 수 있기 위해서도 우리의 머릿속에 판단 기준이 들어 있어야 한다. 그 기준은 많은 건물을 주의 깊게 들여다보는 것을 통해 길러질 것이다.

거리에 나서면 우리는 많은 건물들과 마주친다. 우리 주위의 모든 건물들이 우리 주위에 존재한다는 이유만으로 음미할 만한 가치를 지녔다고 단언할 수는 없다. 오로지 건축사에 등장할 만한 건물들로만 이루어진 도시는 없다. 좋은 건물을 만드는 것은 분명 어려운 일이다. 그러나 좋은 건물을 적극적으로 찾아내려는 사람들이 바로 건축이라는 문화의 퇴적층을 이룬다. 그런 이들이 많아질수록 도시는 더욱 아름다운 건물들로 채워질 수 있다.

① 모든 건물들은 음미할 만한 가치를 지니고 있다.
② 건물을 감상하기 위해 건축가에게 설계 의도를 듣는 시간은 필수적이다.
③ 좋은 건물을 찾는 일은 건축가만 할 수 있는 일이다.
④ 건물을 감상하고 평가하기 위해서는 감상자 나름대로의 기준이 있어야 한다.

5. 다음 글의 내용에 가장 부합하는 것은?

인지주의 심리학에서는 소비자가 새로 얻게 된 지식을 통해 기존의 지식 구조에 첨가, 조율, 재구조화를 수행한다고 본다. 첨가란, 소비자가 제품과 서비스에 대한 정보를 처리하여 기존 지식 구조에 새 지식이나 신념을 덧붙이는 것이다. 가령 'A사의 운동화는 쿠션감이 좋다'는 지식을 얻게 되면, 기존에 A사에 대해 지닌 지식 구조에 이러한 새 지식을 덧붙이는 것이다. 첨가는 소비자의 지식 구조를 크게 변화시키는 것은 아니지만, 지식 구조를 강화한다는 면에서 의미를 지닌다. 조율이란, 소비자가 제품 지식을 축적함에 따라 본인의 지식 구조를 검토해 이를 일반화시키는 것이다. 조율 과정에서 소비자의 지식 구조 중 일부가 결합되어 일반화된다. 가령 B사의 여러 서비스를 두고 다양한 특성이 결합되어 'B사 서비스는 고품질이다'라는 일반화가 이루어질 수 있다. 마지막으로 재구조화란, 기존의 지식 구조와 다른 새 의미 구조를 생성하는 것을 말한다. 재구조화는 첨가나 조율과는 다르게 지식 구조의 위계를 전반적으로 새로 검토하는 광범위한 노력을 필요로 한다. 예를 들어 통신사인 C사가 기존 서비스를 연령대별로 세분화하면서 각기 고유한 브랜드를 만들었다면, 소비자는 C사에 대한 단일한 지식 구조가 아니라 C사 전체에 대한 지식과 더불어 각 하위 브랜드에 대한 지식 구조를 새로 형성해야 한다.

① 첨가는 기존 지식 구조의 광범위한 변화를 요구한다.
② 조율은 소비자가 지닌 기존의 지식 구조에 의해 영향받을 수 있다.
③ 첨가, 조율, 재구조화는 모두 지식 구조의 근본적 재검토를 요구한다.
④ 재구조화는 소비자가 기존에 지닌 지식 구조와 무관하다는 점에서 첨가나 조율과 차이를 보인다.

6. 다음 글에 대한 이해로 가장 적절한 것은?

아름다움은 형식적 조화를 지닌 하나의 전체로 재현 가능한 대상에서 쾌감을 얻는 것이다. 그런데 서양 미학은 아름다움이나 추함과는 별도로 '숭고'를 설정했다. 우리의 상상력 또는 실천력이 한계에 직면할 때, 우리는 아름다움에서 느끼는 만족감과 전혀 다른 불쾌감을 느낀다. 칸트는 이 감정을 숭고라고 했으며, 인식 능력과 관련된 경우 수학적 숭고, 실천 능력과 관련된 경우를 역학적 숭고라 불렀다.

그러나 숭고에는 쾌감이 동반된다. 숭고한 대상은 상상 가능한 범위 밖에 있으므로, 우리는 이를 통해 재현할 수 없는 어떤 것의 실체를 확인하게 된다. 바로 이 경험이 불쾌감에 수반되는 쾌감의 기원이다. 우리는 이를 통해 인간의 한계를 인정함과 동시에 한계 너머의 어떤 것과 만나 능력의 확장을 통한 고양된 만족감을 느낄 수 있다.

숭고는 20세기 서양 미학에서 각별한 의미를 가지게 된다. 두 차례 세계 대전의 비극을 경험한 오늘날의 예술가들은 인간 이성의 한계에 주목하게 되었고, 이를 강조하는 수단으로 숭고를 이용한다. 그들은 어떤 대상도 구체적으로 표현하지 않는 추상 미술을 주된 방법으로 채택하여 언어의 상상력을 넘어서 있는 것을 예술로 구현하고자 노력했다.

① 숭고는 대상을 하나의 전체로 재현할 수 있다는 점에서 쾌감을 준다.
② 칸트의 수학적 숭고는 인간의 실천 능력에 토대를 둔다.
③ 숭고가 주는 불쾌감은 전체의 형식적 조화가 깨졌다는 데서 기인한다.
④ 20세기 서양 미학은 재현할 수 없는 것을 예술 작품으로 창조하려는 시도를 숭고와 관련짓는다.

7. 다음 글의 내용으로 가장 적절한 것은?

　인권의 기본에는 시민적 권리가 있다. 시민적 권리는 세계 인권 선언 제3조에서 제21조에 해당하는 권리로서 신체의 자유와 사상의 자유로 구분된다. 이들 권리는 국가 권력의 부당한 인권 침해를 방지하고 국민 개개인의 자유를 증대시키기 위한 인류 투쟁의 산물이다. 이에 따라 국가 권력은 영장 없이 국민을 체포·구속·압수·수색할 수 없고, 어떠한 경우에도 고문을 할 수 없고, 불공정하게 인식 구속 절차나 재판 과정을 강제해서도 안 된다. 또한 국민은 선거를 통해 정치 과정에 참여할 수도 있으며, 공무 담임권에 기해 피선거권과 공직 취임권도 누릴 수 있다. 사상과 양심, 종교의 자유는 국가 권력이 간섭할 수 없는 절대적인 자유이자 권리이다. 누가 어떤 사상을 갖든 그것을 이유로 처벌되어서는 안 되며, 자신의 의사에 반해서 양심과 사상을 드러내도록 강요받아서도 안 된다. 자신의 사상이나 신념을 드러내고 표현하는 경우에도 명백하고도 현저하게 국가 안보나 공공의 질서를 파괴하는 것이 아닌 한 국가 권력은 이를 보호해야 한다. 이런 시민적 권리를 보통 '자유권'이라고 말하며, 통상 '국가로부터의 자유'라고 일컬어진다. 이 때문에 시민적 권리는 보통 대국가적 방어권 또는 소극적 권리로 분류된다.

① 자신이 어떤 사상이나 신념을 드러내든 사상과 양심의 자유에 의해 보호받는다.
② 시민적 권리는 국가 권력이 부당하게 시민의 인권을 침해하는 것을 막기 위한 권리이다.
③ 국가 권력이 국민을 체포·구속·압수·수색하는 것은 시민적 권리를 보호하기 위한 것이다.
④ 시민적 권리는 국가를 상대로 스스로를 방어할 권리이지, 국가에 의해 보호되는 권리가 아니다.

8. 다음 중 가장 나중에 일어난 사건은?

　15세기에는 민간 상인의 외국 무역이 완전히 금지되고 도시 상업도 시전(市廛) 상업에 한정되었으며, 농촌 상업에 있어서도 행상 활동만이 허용되었지만 그것마저 통제를 받고 있었다. 그러나 16세기에 접어들면서 사신 행차에 붙어 가는 불법적 방법이기는 하나 민간인의 대외 무역이 조금씩 풀려 갔고, 도시 상업계에서도 비(非) 시전계의 사상인층(私商人層)이 차차 성장했으며, 농촌 산업에 있어서도 정기 장시가 다시 발전하기 시작했다.
　이와 같은 16세기의 상업상의 변화는 17세기 이후에 본격화하여 외국 무역에 있어서는 후시(後市) 무역을 통하여 민간인의 활동이 활발해졌고, 농촌 사회에는 1천여 곳의 장시가 발전하여 그곳을 무대로 하는 사상인층에 의한 조직적인 도매 상업이 발달하였다. 이와 같은 일련의 상업 발전 현상을 통하여 상업 자본이 형성되어 갔다.
　한편 수공업 분야에서도 15세기의 체제는 16세기에 무너지고, 그것은 17세기로 연결되었다. 15세기에는 관장제(官匠制) 수공업 체제가 한층 강화되고, 이 때문에 도시의 사영(私營) 수공업과 농촌 수공업은 그것에 압도되어 있었다. 그러나 16세기에는 이 관장제 수공업도 차차 무너져 갔으며, 17세기에 이르러서는 무기 제조 분야 등 특수한 경우를 제외하고는 관장제 수공업의 대부분이 해체되고, 반면 도시의 민간 수공업과 농촌 수공업이 발전해갔던 것이다.

① 관장제 수공업의 강화
② 상업 자본의 형성
③ 민간 상인의 외국 무역 금지
④ 농촌에서 정기 장시의 재발전

9. 다음 글에서 알 수 있는 내용으로 가장 적절한 것은?

조선의 정치는 외교를 호국의 좋은 계책으로 삼았는데, 말기에는 그 정도가 대단히 심하여 나라의 성세가 거의 외국에 의해 결정되었다. 위정자의 정책은 오직 갑국(甲國)의 도움을 받아 을국(乙國)을 제압함에 불과하였고, 그 믿고 의지하는 습성이 일반 정치 사회에도 전염되었다. 일본이 조선에 대하여 강도 같은 침략을 관철함에도, 조국을 사랑한다는 이들은 고작 탄원서나 열국 공관에 투서하고 청원서를 일본 정부에 보내는 데 그쳐서, 국가 존망과 민족 사활의 문제를 외국인의 처분으로 결정하기만 기다렸다. 그래서 을사조약과 경술합방, 곧 조선이란 이름이 생긴 뒤 처음 당하는 치욕에 대한 분노의 표시가 겨우 하얼빈의 총, 종로의 칼이 되고 말았다. 그러고도 나라가 망한 이후 해외로 나가는 지사들의 사상이, 무엇보다도 외교가 제1장 제1조가 되며, 국내 인민의 독립운동을 선동하는 방법도 '미래의 일미전쟁의 기회' 같은 천편일률의 문장이었고, 국제연맹과 평화회의에 대한 선전은 도리어 이천만 민중이 용기 있게 힘써 전진할 의기를 없애는 매개가 될 뿐이었다.

① 조선 외교정책의 핵심은 인접한 여러 나라들 사이의 갈등을 조정하는 데 있었다.
② 탄원서나 청원서를 통해 우리 민족의 독립 문제에 대한 의미 있는 대답을 들을 수 있었다.
③ 많은 조선인들은 일미전쟁이 우리 민족의 독립운동에 있어 중요한 역할을 할 것이라고 보았다.
④ 국제연맹에 대한 선전과 같은 외교적 접근만으로는 일본의 침략에 효과적으로 저항하기 어려웠다.

10. 다음 글을 읽고 알 수 있는 내용으로 가장 적절한 것은?

인지적 정보 처리의 형태에는 체계적이고 세부 사항에 주의를 기울이는 정보 처리와, 어림법을 사용하는 정보 처리 등이 있다. 일반적으로 유쾌 정서는 어림법으로 정보 처리를 하게 만들고, 세부 사항에 대한 주의를 적게 기울이게 한다. 이는 인지적 능력 감소와 동기적 요인으로 설명되는데, 기분이 좋으면 유쾌한 의미를 가진 사고들이 많이 활성화되어 과제에 대한 주의를 방해하게 되고 체계적으로 정보를 처리할 능력이 감소된다는 것이다. 또한 기분이 좋은 상태에서는 현재 기분 상태를 그대로 유지하려는 동기가 작용하여 기분을 해칠지도 모르는 과제에는 별로 주의를 기울이지 않게 된다는 것이다.

반면에 불쾌 정서는 체계적, 분석적으로 정보를 처리하게 만들며, 과제의 세부 사항에 주의를 기울이게 만든다고 알려져 있다. 이와 같은 정보 처리의 형태는 주의의 방향과 기분 조절 동기 등으로 설명할 수 있다. 심리학자들에 따르면 기분이 나쁠 때, 기대와 현실의 괴리로 인한 불편한 느낌을 이해하기 위해 기분이 좋을 때와는 반대로 자기의 내부로 주의를 기울이게 된다. 그 결과 때로는 현재의 기분을 떨치기 위한 방법을 찾으려고 분석적인 처리 방식을 취하거나 의도적으로 주의를 기분 이외의 딴 것으로 돌리는 등 자신의 기분을 더 나아지게 만들기 위한 기분 회복 전략을 사용한다.

① 기분이 불쾌할 때 체계적으로 정보를 처리할 능력이 없어진다.
② 유쾌 정서는 정보 처리 시 세부 사항에 집중하게 한다.
③ 기분이 좋을 때는 자기의 내부보다는 외부에 주의를 기울이게 된다.
④ 인지적 정보 처리의 형태는 두 가지로 한정된다.

11. 다음 글의 내용으로 가장 적절한 것은?

> 요즘 보호주의 무역이 출현하고 통상 분쟁이 빈번히 발생하고 있다. 기업이 상품을 자국 시장에서 파는 것보다 낮은 가격으로 수출하는 것을 덤핑이라 하는데, 이는 수출을 통해 재고를 처분하려 하거나, 최소 이윤이 확보되는 수준으로 수출 가격을 책정함으로써 기업 이윤을 단기적으로 극대화하기 위한 것이다. 이 외에도 수입국 시장 내 경쟁자를 몰아내기 위해서나 수입국 시장에서 수출자의 지위를 확고히 하고자 덤핑이 이루어지는 경우도 있다.
>
> 각국은 자국 산업 보호를 위해 다양한 제도를 사용한다. 대표적인 것이 무역 구제 제도로, 그 목적은 공정한 무역을 보장하고 시장 개방의 피해에서 국내 산업을 구제하는 데 있다. 무역 구제 제도는 불공정 무역으로 인한 피해의 구제와 공정 무역 행위로 인한 피해의 구제로 구분된다. 그중 많이 사용되는 것이 불공정 무역 행위와 관련된 구제이다. 이는 수입품 중 덤핑, 정부 보조금 등의 방법으로 정상 가격보다 가격을 낮춘 물품들에 대해 정부가 반덤핑 또는 상계 관세를 부과하여 자국 산업을 보호하는 것이다.

① 기업은 덤핑을 통한 수출로 자국 시장 내의 지위를 확고히 할 수 있다.
② 공정 무역 행위는 불공정 무역 행위와 다르게 국내 산업에 피해를 발생시키지 않는다.
③ 덤핑이 적용되어 수입된 상품은 덤핑이 적용되지 않았을 때보다 저렴한 가격을 지닐 것이다.
④ 각국 정부는 반덤핑 관세를 부과함으로써 자국 기업들의 상품을 보다 저렴하게 만들 수 있다.

12. 다음 글의 '다다이즘'을 이해한 것으로 가장 적절한 것은?

> '다다이즘'은 20세기 초 일어난 반문명 예술 운동이다. 이성적이고 합리적인 가치관을 바탕에 둔 서구 문명이 야만적인 전쟁을 야기한 것에 분노하면서, 기성의 가치관을 부정하고 정신을 해방시켜 개인의 진정한 근원적 욕구에 충실하고자 한 것이다.
>
> 스위스 취리히에 모인 다다이스트들은 전쟁을 성토하는 시 낭송회를 열거나 급진적인 예술 행위를 벌여 전통과 인습을 파괴하고 새로운 세계상을 세우고자 하였다. 그들은 우연성을 극대화하기 위해 즉흥적인 해프닝을 즐겼다. 한스 아르프는 종이를 찢어 캔버스 바닥에 뿌린 뒤 떨어진 상태 그대로 풀로 붙였다. 아이의 장난과 같이 여겨지는 이런 행위들을 통해 즉흥성이나 우연성이 창작의 원천임을 보여 준 것이다.

① 이성적·합리적 가치관을 부정하는 예술 운동이다.
② 서구 문명의 지배를 받는 민족을 해방시키려 했다.
③ 시 낭송회를 통해 즉흥성과 우연성을 보여 주었다.
④ 즉흥적인 해프닝 기법은 관객과의 소통을 중시했다.

13. 다음 글에서 알 수 있는 것은?

점조직은 구성원의 수가 적은 기초적인 네트워크이며, 정교한 네트워크로는 행위자들이 하나의 행위자에 개별적으로 연결되어 있는 '허브'나 모든 행위자들이 서로 연결되어 있는 '모든 채널'이 있다. 네트워크가 복잡해질수록 이를 유지하는 비용이 커지지만, 정부를 비롯한 외부 세력이 이를 와해시키기도 어려워진다.

인터넷과 통신 기술의 발달은 정교한 네트워크에 대한 유지 비용을 크게 감소시켰다. 이 때문에 세계의 수많은 시민 단체, 범죄 조직, 테러 단체들이 상상할 수 없었던 힘을 발휘하게 되었다. 이렇듯 네트워크를 활용하는 비국가 행위자들의 영향력이 확대되면서 국가가 사회에서 차지하는 역할의 비중이 축소되었다.

이러한 변화로 인해, 인권과 평화의 확산을 위해 애쓰는 시민 단체들은 기존의 국가 조직이 손대지 못한 영역에서 긍정적 변화를 이끌어 낼 것이다. 반면 테러 및 범죄 조직 역시 네트워크를 통해 국가의 추적을 피해가며 전 세계로 그 활동 범위를 넓혀 나갈 것이다.

① 기술의 발달로 인한 네트워크의 확산은 순기능과 역기능을 동시에 가진다.
② 외부 공격에 버티는 힘은 조직의 복잡성과 무관하다.
③ 기초적인 네트워크는 구성원의 수가 적어질수록 정교한 네트워크로 발전할 가능성이 크다.
④ 네트워크 유지 비용이 커지면 국가가 사회에서 차지하는 역할의 비중이 확대된다.

14. 다음 글을 읽고 추론한 것으로 적절한 것은?

아리스토텔레스는 하나의 실체 속에 형상과 질료가 공존한다는 관점을 주장했다. 예를 들어 설탕이라는 실체는 달고 희다는 특성을 가진다. 이러한 특성은 본질에 해당하며 설탕의 형상을 구성한다. 이러한 특성을 담고 있는 그릇이 질료이다. 질료는 공간을 차지하는 것 이외에는 아무런 특성을 갖지 않는 동시에 형상을 담는 실체의 부분이다. 개념적으로 형상과 질료는 확연히 구분된다. 하지만 현실 세계 속에서 둘은 실체를 이루기 위해 늘 함께한다.

아리스토텔레스는 변화를 설명하기 위해 잠재성과 실재성이라는 개념을 든다. 변화라는 것은 있는 것이 없어지고 없는 것이 생기는 것이다. 따라서 존재는 비존재가 되고 비존재가 존재가 되는 것이다. 하지만 이는 논리적으로 가능하지 않다. 그렇지만 어떤 식으로든 변화를 설명해야 할 필요가 있으므로 아리스토텔레스는 실상에서 발생하는 온갖 변화를 잠재성이 실재화되는 과정이라 보았다. 예를 들어 씨앗이 자라 식물이 되는 과정에서 씨앗은 식물의 잠재태, 식물은 씨앗의 실재태이다. 변화는 결국 잠재태가 본성에 따라 실재태로 바뀌는 과정이다. 자연은 본성에 따라 자신의 본연의 모습을 찾으려는 목적에 따라 움직이는 것이다.

① 아리스토텔레스는 하나의 사물을 구분할 수 없는 일체라고 보았다.
② 아리스토텔레스의 논의에 따르면 청년은 실재태이고, 노년은 잠재태이다.
③ 아리스토텔레스는 실상에서의 모든 변화는 목적이 있다고 판단할 것이다.
④ 아리스토텔레스가 생각하는 자연은 질서가 없는 무작위성을 가진 세계이다.

15. '콰인'이 주장한 내용으로 가장 적절한 것은?

> 콰인은 가설만을 통해서는 예측을 도출할 수 없다고 주장한다. 예측은 가설, 기존 지식, 기타 여러 조건들을 합쳐야만 논리적으로 도출되는 것이다. 그러므로 예측이 거짓으로 밝혀진다면 이 중 무엇 때문에 예측에 실패했는지 알기 어렵다는 것이다. 이로부터 콰인은 개별 가설뿐 아니라, 기존 지식들과 여러 조건들을 포함하는 전체 지식이 경험을 통해 이루어지는 시험의 대상이 된다는 총체주의를 제안하였다.
>
> 콰인은 전체 지식을 경험과 직접 충돌하지 않는 중심부 지식, 그리고 경험과 직접 충돌하는 주변부 지식으로 구분한다. 경험과 직접 충돌해 참과 거짓이 쉽게 변화하는 주변부 지식과 달리, 주변부 지식의 토대인 중심부 지식은 상대적으로 견고하다. 만일 주변부 지식이 경험과 충돌해 거짓으로 밝혀진다면, 전체 지식의 어떤 부분을 수정해야 할지 고민에 빠지게 된다. 주변부 지식을 수정한다면 전체 지식이 크게 변하지 않으나, 중심부 지식을 수정하면 이와 관련된 다른 지식이 많아서 전체 지식도 크게 변화하게 되기 때문이다. 그래서 대부분은 주변부 지식을 수정하겠지만, 때로는 중심부 지식을 수정해야 하는 때도 있다. 이처럼 콰인은 중심부 지식과 주변부 지식이 모두 수정의 대상이 될 수 있다고 보았다.

① 경험을 통한 시험의 대상이 되는 것은 가설뿐이다.
② 주변부 지식은 중심부 지식보다 연관된 지식이 많다.
③ 예측이 거짓으로 밝혀졌다고 해서, 반드시 가설이 거짓으로 판명되는 것은 아니다.
④ 주변부 지식과 달리, 중심부 지식은 경험과 충돌하지 않으므로 수정의 대상이 되지도 않는다.

16. 다음 글의 내용에 가장 부합하는 것은?

> 공유 자원은 다수의 사람이 공동으로 소유하고 소비하는 자원이다. 가령, 이름 모를 꽃, 바다에 있는 수많은 물고기들 역시도 공유 자원이다. 이러한 공유 자원은 과도하게 소비되기 때문에, 공유 자원의 비극이라는 말로 표현된다. 소유권이 없는 자원은 남용되기 쉬워 쉽게 고갈될 수 있다는 것이다. 한 사례로, 북유럽의 한 도시는 자전거 몇만 대를 시내 곳곳에 두고 시민들이 자유롭게 사용할 수 있도록 했다. 하지만 모두가 함께 공유하던 자전거들이 대부분 도난당하거나, 고장 나서 더 이상 쓸 수 없게 되었다.
>
> 공유 자원의 비극은 공산주의 국가에서 많이 발생한다. 공산주의 국가는 모든 국민이 재산을 공유하기 때문이다. 개인의 소유권이 없으므로 공유 자원을 보호하고자 하는 사람도 없다. 공산주의 국가의 주민들은 자원의 소유권 개념이 없으므로 함께 써야 할 자원을 개인이 집으로 가져와 사용하더라도 도덕적인 문제가 없다고 생각한다. 물론 사유재에 대해 개인의 소유권을 보장하는 시장 경제에서도 수산 자원이나 야생 동물 등은 소유권이 없는 공유 자원이기 때문에 공유 자원의 비극이 발생하는 것은 마찬가지다.

① 자연에서 나는 동식물들은 공유 자원이 아니다.
② 모든 사람이 모든 재산을 공유한다면 공유 자원의 비극이 발생하지 않는다.
③ 사유재에 대해 개인의 소유권을 보장하는 국가에서도 공유 자원의 비극이 발생할 수 있다.
④ 공산주의 국가의 국민들은 공유 자원을 집으로 가져와 사용하는 것이 비도덕적임을 인지하고 있다.

17. 다음 글에서 알 수 있는 것은?

경제학자들은 환경오염을 유발하는 상품에 대해 환경세를 부과할 것을 제안했다. 이들은 해당 상품에 환경세를 부과하면 그 상품의 가격이 상승하여 소비가 감소할 뿐만 아니라, 환경세 세수만큼 근로소득세를 경감함으로써 환경 보존과 경제성장의 조화를 이룰 수 있다고 보았다.

환경세는 세금이 부과된 상품 가격을 인상시켜 가계의 실질소득을 감소시키는 측면이 있지만, 환경세 세수만큼 근로소득세를 경감하면 근로자의 실질소득이 증대되며 그 증대 효과는 상품 가격 상승이 유발하는 효과보다 크다. 근로자의 실질소득 증대는 사실상 근로자의 실질임금을 높이는 효과를 지니고, 이것은 대체로 근로자의 노동 공급을 증가시킨다.

또한, 근로소득세 경감은 기업의 입장에서 노동이 저렴해지는 것이기도 하다. 환경세는 노동 자원보다 환경 자원의 가격을 인상시켜 상대적으로 노동을 저렴하게 만들기 때문에 기업의 노동 수요가 증가한다. 결국 환경세 세수를 통한 근로소득세 경감은 노동의 수요와 공급을 모두 늘리며, 이것은 고용의 증대를 낳고 결국 경제 활성화를 가져온다.

① 근로소득세를 경감하지 않으면 환경세의 기대 효과는 얻을 수 없다.
② 환경세를 부과하더라도 그 세수만큼 근로소득세를 경감할 경우, 근로자의 실질소득은 증가한다.
③ 환경세를 부과할 경우, 근로소득세 경감이 고용 증대에 미치는 효과가 상쇄된다.
④ 환경세로 인한 상품 가격 상승이 실질소득에 미치는 효과는 근로소득세 경감으로 인한 효과보다 크다.

18. 다음 글을 읽고 추론한 내용으로 가장 적절한 것은?

우리는 근사적으로라도 '-4'의 제곱근을 시각적으로 나타낼 방법이 전혀 없다. 그런데도 음수의 제곱근을 나타내는 허수라는 개념이 물리학이나 공학에서 아주 유용하게 쓰이고 있다는 사실이 참 놀라운 일이다. 허수가 존재하는 것이 불가능해 보이고 일반적인 수의 규칙에서 벗어나 있는 듯 보일지라도, 허수는 명백하게 존재하는 숫자이다.

실수와 허수를 모두 포함하는 복소수는 많은 자연과학 영역에서 활용된다. 전기회로에서 전위차는 보통 실수로 표현되지만, 복소수를 사용함으로써 그 위상을 나타낼 수도 있다. 유리의 굴절률 역시 일반적으로 실수지만, 복소수의 굴절률을 통해 유리 재질이 얼마만큼의 빛 에너지를 흡수하는지를 나타낼 수 있다. 또 상대성 이론에서 4차원의 벡터는 허수를 이용하면 아주 깔끔하게 표현할 수 있다.

① 수학이 발전하기 위해서는 자연과학에 수학을 적극적으로 접목하려는 노력이 필요하다.
② 수학적 개념의 자연과학적 응용은 그것의 시각적인 표현 가능성에 의존하지 않는다.
③ 수학의 진리 탐구를 위해서는 때로 자연과학적 사고가 필요하다.
④ 같은 현상에 대하여 수학과 자연과학이 서로 다른 해석을 제공할 때가 있다.

19. 다음 글의 내용에서 추론할 수 있는 것은?

어떤 행위가 범죄인지 판단하려면 범죄의 성립 요건을 분석해야 한다. 형법상 범죄가 성립하려면 특정 행위가 구성 요건 해당성, 위법성, 책임성을 지녀야 한다. 먼저 구성 요건이란 형법상 요구되거나 금지되는 행위를 기술한 것으로서, 특정 행위가 구성 요건에 해당되면 그 행위는 구성 요건 해당성을 지닌다. 가령 형법에 따라 타인에 대한 폭력 행위는 폭행죄의 구성 요건에 해당한다. 다음으로 위법성은 법질서에 위배되는 성질로, 특정 행위가 객관적 법질서의 관점에서 부정적인 것으로 판단되는지를 말한다. 이를 판단하기 위해서는 특정한 행위가 사회 상규에 어긋나는지를 고려해야 하는데, 공동 사회의 질서를 침해할 경우 위법한 것으로 본다. 일반적으로는 구성 요건에 해당되면 위법성이 있다고 추정한다. 마지막으로 책임성은 행위에 대한 비난의 가능성을 말한다. 비난 가능성은 행위자가 적법하게 행동할 것이라는 기대를 전제한다. 가령 행위자가 심신 상실 상태이거나 어린이인 경우, 그가 적법하게 행동할 것이라고 기대하기는 어렵기에 그의 행위에는 책임성이 없다. 이러한 세 가지 성질 중 하나라도 충족되지 못한다면 범죄가 성립하지 않고, 따라서 처벌받지도 않는다.

① 타인에 대한 폭력 행위가 있었다면 반드시 폭행죄로 처벌받게 된다.
② 어떠한 행위에 위법성이 있다면 책임성이 없어도 범죄가 성립할 수 있다.
③ 특정한 행위가 사회 상규에 어긋난다면 구성 요건에 해당되지 않더라도 범죄가 된다.
④ 심신 상실 상태인 사람이 저지른 위법한 행위는 구성 요건에 해당되더라도 처벌하지 않는다.

20. 다음 글의 두 학자가 공통적으로 동의하는 것은?

콜린 렌프류는 서유럽에서 새롭게 발굴된 신석기 시대의 여러 거석 무덤에 근거하여 이주설이나 전파설 대신 자생설을 주장하였다. 그에 따르면 인구 증가에 따라 자원과 토지가 부족해졌으며, 부족한 토지를 둘러싸고 공동체 간 경쟁이 발생하는 과정에서 거석 무덤이 등장하였다고 한다. 또한 평등한 친족 관계에 기반한 공동체의 취락은 산재한 형태로 분포했으며, 거석 무덤은 그 공동체의 구심 역할을 하면서 영역 표시의 기능을 했다고 한다.

한편 크리스 틸리는 연장자나 남성 중 일부 개인들이 친족 공동체에서 그들의 주도적 역할과 그 안에 존재하는 불평등을 정당화하는 수단으로 거석 무덤 및 그와 관련된 의례를 이용하였다고 말한다. 그에 의하면, 공동체 구성원들의 유골 중 다시 갈비뼈와 같은 특정 부분만을 모아서 무덤 안에 섞어 놓아, 실제 존재한 경제력에 따른 권력 및 지위의 차이를 은폐하였다는 것이다. 거석 무덤은 당시 사회의 두 가지 사회 편성 원칙, 즉 친족 관계 내에서의 평등과 정치적 관계에서의 실제적 불평등 사이에 존재하는 모순을 은폐하는 역할을 하였다고 한다.

① 거석 무덤의 출현 배경으로 경제적 변화가 중요하다.
② 거석 무덤이 공동체 의식을 공유하는 데 기여했다.
③ 거석 무덤에서의 제의를 통해 공동체 구성원의 평등이 강조되었다.
④ 거석 무덤의 출현은 이주설이나 전파설이 유력하다.

Pattern 07 어휘 추론과 문맥 추론

문맥을 통해 찾는 어휘의 의미

'사전적 의미'란 일반적으로 그 어휘가 갖는 기본적 의미로서 사전에 실려 있는 의미를 말하고, '문맥적 의미'란 특정한 글의 맥락에서 그 어휘가 의미하는 것을 뜻합니다.
'문맥적 의미가 가장 유사한 것'을 찾는 유형은 다의어나 동음이의어를 이용하여 출제되고, '대체 가능한 어휘'를 찾는 문제는 동의어나 유의어를 이용하여 출제됩니다.

1 다의어와 동음이의어

다의어(多義語): 기본적인 의미를 중심으로, 연상되는 주변적인 의미들을 가진 말
동음이의어(同音異義語): 단어의 소리가 우연히 같을 뿐, 의미의 유사성은 없는 말

㉮ 그는 머리가 작다. (목 위의 머리)
㉯ 그는 머리를 잘랐다. (머리카락)
㉰ 그는 머리가 뛰어나다. (지능)
　↳ ㉮의 '머리'가 가장 기본적인 의미이고 ㉯, ㉰의 '머리'는 주변적 의미이다.

㉮ 사람의 다리　㉯ 책상의 다리　㉰ 한강의 다리
　↳ ㉮는 '사람이나 동물의 몸통 아래 붙어 있는 신체의 부분'을 의미하고, ㉯는 '물체의 아래쪽에 붙어서 그 물체를 받치거나 직접 땅에 닿지 아니하게 하거나 높이 있도록 버티어 놓은 부분'을 의미하므로 다의적 관계이다. 그러나 ㉰는 아무런 의미의 유사점이 없다. 따라서 나머지 '다리'와 동음이의 관계이다.

2 동의어와 유의어

동의어(同義語): 서로 소리는 다르나 의미는 같은 단어
유의어(類義語): 의미가 비슷한 단어

동의어와 달리 유의어는 문맥에 따라 대체가 되지 않는 경우도 있습니다. 이 점을 이용하여 '대체가 가능한 단어'를 고르게 하는 문제를 출제할 수 있습니다.

똑똑한 알고리즘으로 승부하자

3 문맥적 의미가 가장 유사한 문장을 찾는 알고리즘

1. 문맥을 유지하면서 밑줄 친 단어와 대체해서 쓸 수 있는 유의어나 상위어를 떠올려 본다.
   ⬇
2. 유의어나 상위어를 공유할 수 있는 예문 중
   밑줄 친 단어가 서술어일 경우, 문장의 필수 구조와 필수 성분의 의미가 가장 유사한 것이 답
   밑줄 친 단어가 명사일 경우, 수식어 구조나 수식어의 의미, 그리고 그 명사의 서술어가 유사한 것이 답

문맥을 통해 찾는 문장의 의미

문맥 추론 유형은 주제에서 벗어나지 않을 것을 전제로, 지문 속 특정 문장과 관련된 정보를 찾아 묻는 말에 답하는 것입니다. 이때 묻는 말은 해당 문장의 의미나 전제, 또는 결론 등이 될 수 있습니다.

전체 주제를 파악하며 지문을 모두 읽은 뒤, **다시 밑줄 주변의 정보를 초점화**하여 **조건을 샅샅이 찾는 것**이 중요합니다. 그리고 미리 구한 조건을 가장 완벽히 충족한 선지를 답안으로 골라야 합니다.

4 문맥 추론 알고리즘

1. 지문을 읽으며 주제 파악 및 표지(접속어와 지시어) 등의 힌트 확인
   ⬇
2. 문맥적 의미를 해석해야 하는 밑줄 부분의 주변 범위에서 조건 더 찾기
   ⬇
3. 가답안 형성
   ⬇
4. 가답안과 가장 유사한 선지 찾기

어휘 추론과 문맥 추론을 위한 트레이닝

정답 및 해설 P. 25

1. 밑줄 친 어휘와 가장 유사한 의미로 쓰인 것은?

> 완성 시기를 당기려고 과욕을 부려서 그런 결과를 맞은 것이다.

① 자신이 순리에 맞는 인생을 살아온 것인지 알 수 없었다.
② 인생의 황혼기를 맞다.
③ 그것은 부모님의 기대와 맞지 않았음은 물론이다.
④ 유학 생활은 나에게 맞지 않는 옷과 같은 것이었다.

2. 문맥상 의미가 ⊙과 가장 가까운 것은?

> '밥을 하다'라고 말하지만 '밥을 ⊙짓다'가 제격이다.

① 아침을 지어 먹었다.
② 죄를 짓고 살기 싫다.
③ 그는 소설을 짓고 있다.
④ 종일 미소를 짓고 있다.

3. 〈보기〉의 밑줄 친 부분과 가장 의미가 비슷한 것은?

> ─ 보기 ─
> 그 일에는 공이 많이 들 거야.

① 반에서 5등 안에 들었다.
② 이 요리에는 시간이 좀 든다.
③ 노후 생활을 준비하기 위해 적금을 들기로 했다.
④ 하반기에 들자 경기가 서서히 회복되기 시작했다.

4. 밑줄 친 조사의 의미와 기능이 가장 유사한 것은?

> 자정을 기준으로 시간을 정하다.

① 그는 우리 반에서 으뜸을 달린다.
② 이 일을 시작으로 함께 뭉치자.
③ 네가 먹고 싶은 대로 맘껏을 마셔라.
④ 세 번을 그를 찾아갔는데도 만나지 못했다.

5. 단어의 의미를 탐구한 것이 적절하지 않은 것은?

> ⊙ 저 사람은 너와 어떻게 되는 사이니?
> ⓒ 그는 제대로 된 사람이다.
> ⓒ 딸이 시집갈 나이가 다 되었다.
> ⓔ 말은 안 했지만 무척 걱정이 되었다.

① ⊙은 어떤 사람과 어떤 관계를 맺고 있다는 의미이다.
② ⓒ은 사람으로서의 품격과 덕을 갖추었다는 의미이다.
③ ⓒ은 다른 것으로 바뀌거나 변하였다는 의미이다.
④ ⓔ은 어떠한 심리적 상태에 놓였다는 의미이다.

6. ⊙의 문맥적 의미와 가장 유사한 것은?

> 그는 학교를 졸업하고 ⊙곧바로 회사에 취직하였다.

① 미술관 옆에 곧바로 매점이 있다.
② 형사들은 그를 잡자마자 곧바로 수갑을 채웠다.
③ 그곳에는 시내로 곧바로 내뻗은 길이 있다.
④ 공터를 곧바로 가로질러 가면 공원이 나올 것이다.

7. 문맥상 의미가 ⊙과 가장 가까운 것은?

> 냉엄한 현실 ⊙앞에서 그들도 어쩔 수가 없었다.

① 근저당권이 박 씨 앞으로 설정되어 있다.
② 우리는 앞으로 다가올 미래가 걱정이다.
③ 그 절박한 필요성 앞에 주저나 망설임이 있을 수 없었다.
④ 우리는 앞에 간 사람들보다 먼저 도착하였다.

8. 문맥상 ⊙과 바꿔 쓸 수 있는 말로 가장 적절한 것은?

> 여성의 노동력은 자본가의 필요에 따라서 이용되거나 버려지기 쉬운, 불안정한 고용 상태에 놓여 있다. 임금 역시 대체로 남성에 비해 적다. 그렇지만 이처럼 불안정한 고용과 낮은 임금 속에서도 일하지 않을 수 없는 대다수의 저소득층 여성들로서는 자본을 위해 값싼 노동력의 ⊙저수지 역할을 그만둘 수 없다.

① 공급원
② 제조원
③ 대체재
④ 양성소

9. 다음 중 ⊙ : ⓒ의 관계와 가장 유사한 것은?

> ⊙과도적인 문화 속에는 한국 사회에 적합성을 가지지 못하는 차용된 외래문화가 많다. 그와 같은 ⓒ차용문화는 사회 구조의 변화에 따른 전통문화의 해체에 의해서 일어나는 문화적 공백을 메우기 위해 도입된 외래문화이기 때문에 충분히 선택적으로, 비판적으로, 주체적으로 수용되었다기보다는 모방과 도입에만 급급하면서 받아들인 문화이다. 그러므로 어느 정도의 모방과 도입기를 거쳐 외래적인 행위 양식이 상당히 널리 확산되는 단계에 이르면 외래문화는 문화적 전통의 정체(正體)를 위협하게 된다.

① 자동차 : 핸들
② 시 : 소설
③ 음주 운전 : 교통사고
④ 처녀 : 총각

10. ⊙의 구체적 의미로 적절하지 않은 것은?

> 유럽 국가들을 시간 관리, 스케줄, 최종 기한의 필요성을 강조하는 나라와 시간의 통제가 인위적이고 불필요한 것처럼 간주되는 나라로 나눌 수 있다. 첫 번째 범주에 속하는 것은 독일, 스위스 같은 '시간관념이 강한 문화'의 경우이다. 두 번째 범주는 스페인, 포르투갈 같은 '시간관념이 약한 문화'의 경우이다.
> 사람들이 삶을 살아가는 속도는 두 유형의 사회가 크게 다르다. 시간관념이 강한 사회에 속하는 나라에서는 ⊙시간이 액면 이상의 의미가 있다. 시간을 낭비하지 않고 시간을 유익하게 사용하려는 사람들에게는 시간이 강력한 자극제가 된다. 시간관념이 약한 사회에서는 시간을 그렇게 경제적인 것으로 보지 않으며, 스케줄과 최종 기한 안에 모든 것을 억지로 끼워놓은 채 서두르며 인생을 살 필요가 없다고 여긴다. 이러한 비교는 삶의 속도를 연구하는 비교 문화 연구의 일환으로 밝혀졌다.

① 시간의 낭비가 그다지 많지 않다.
② 시간 사용의 효율성을 제고하고 있다.
③ 동일한 시간에 더 많은 일을 할 수 있게 된다.
④ 시간관념이 약한 사람에게도 호의적 태도를 보인다.

11. ㉠의 내용을 추측한 것으로 가장 적절한 것은?

> 한 스포츠 브랜드가 최근 광고에 인터넷에서 인기 있는 그림을 사용해 물의를 빚었다. 원작자는 "명백한 무단 사용일뿐더러 지적 재산권 침해"라고 했다.
>
> 이에 해당 업체는 "해당 그림이 워낙 유명하고, 인용했다는 사실을 언급해서 광고에 노출되는 것이 문제될 줄 몰랐다. ㉠신중히 고려하지 못한 점을 인정하고 문제된 부분을 광고에서 즉시 지우겠다."라고 하며 해당 그림을 삭제했다.
>
> 원작자는 지속적으로 해당 그림의 저작권 위반 사례를 모아 법적 대응하겠다고 밝혔다. A 변호사는 "아무리 공표된 저작물이라도 모두 저작권을 가지고 있다."라고 하며 저작권자의 승인 없이 저작물을 활용하는 것은 엄연한 저작권 침해라고 설명하였다.

① 지적 재산을 활용할 때는 해당 부분을 명확하게 표기하고 활용 목적을 명시해야 한다는 것
② 지적 재산을 활용할 때는 그 지적 재산을 과장하지 않고 정확하게 활용해야 한다는 것
③ 지적 재산을 활용할 때는 저작권자의 승인을 받아야 한다는 것
④ 지적 재산을 활용할 때는 그 지적 재산이 사회·문화적으로 인정되는 것인지 확인해야 한다는 것

12. 밑줄 친 부분이 강조하는 것으로 가장 알맞은 것은?

> 소리란 물리학적으로는 단순한 진동일 뿐이나 심리학적으로는 두뇌가 주변 환경에서 이끌어 내는 일종의 경험이다. 물리학자는 소리가 모두에게 동일하다고 말할지 모르나 심리학자는 그것이 서로 다른 동물에게 주는 감흥이 엄청나게 다르다고 말할 것이다.
>
> 금붕어에게는 왈츠를 연주해 줘도 아무 일도 일어나지 않는다. 그것은 춤을 추고 싶도록 만드는 것이 왈츠의 음이 아니라 음들의 관계이기 때문이다. 금붕어는 음들의 관계를 알지 못한다. 만질 수도 없고, 볼 수도 없고, 기술하거나 분류하기도 어려운 이런 관계들이 바로 음악이다.
>
> <u>우리는 어떤 이를 가리켜 음악에 대한 좋은 귀를 가진 사람이라 말하지만 사실 그런 사람은 음악을 잘 들을 수 있는 훌륭한 마음을 가진 사람이라고 말해야 옳을 것이다.</u> 동시에 발생하는 멜로디, 리듬, 하모니까지 들을 수 있는 마음 말이다. 개별적 소리들을 인식하는 데 필요한 가장 기본적 메커니즘은 우리 신경계에 이미 내장되어 있다. 그러나 그 밖의 다른 면들은 부분적으로 또는 모두 학습에 의해 다듬어진다. 그래서 마음의 훈련이 덜 되면 음들의, 보다 단순한 관계만 들을 수 있는 것이다.

① 마음이 착한 사람이 음악을 잘 이해할 수 있다.
② 인격 수양을 많이 할수록 음악을 잘 이해할 수 있다.
③ 천성이 훌륭한 사람이 음악적 감흥을 잘 느낄 수 있다.
④ 음악에 대한 조예는 음악에 대한 마음의 훈련을 쌓을 때 깊어진다.

13. ㉠과 ㉡의 의미를 바르게 나열한 것은?

> 독서할 때, 어려운 것을 들추어내고 더 생각하지 않는 사람과는 함께 학문을 할 수가 없다.
> ㉠<u>성현의 언어</u>를 볼 때는 ㉡<u>고인</u>을 참고하고 이미 이루어졌던 자취를 더듬어 그것을 내 자신에게 돌이켜 적당한 변통책을 강구해야 한다. 그리고 마음속으로 깊이 느끼는 것이 바늘로 몸을 찌르는 것 같아야 한다. 고인의 독서는 이러한 본령이 있었으니 이와 같이 아니하면 모두 거짓 학문이 되고 만다.

	㉠	㉡
①	독서의 대상	독서의 도구
②	독서의 방법	독서의 대상
③	독서의 주체	독서의 목표
④	독서의 목표	독서의 주체

14. 다음 글의 맥락을 고려할 때 밑줄 친 부분의 상황으로 가장 적절한 것은?

> 고려 후기 이인로에 의해 무릉도원 유형의 이상향이 최초로 등장한 이래로, 조선 시대 전반에 걸쳐 이러한 이상향의 모습이 꾸준히 그려진다. 작품 속에 그려진 이상향은 모두 현실 세계가 갖추지 못한 모습을 가지고 있었기에, 현실 도피의 공간이자 현실 비판의 공간이기도 했다. <u>조선 후기</u>에 등장한 작품 중 무릉도원 유형의 이상향을 그려낸 작품들은 공통적으로 전란이 없어 평화로운 상황 및 위정자들의 충직한 헌신으로 인해 부국강병을 이뤄낸 조선의 모습이 그려졌다.

① 전란이 없어 평화롭고 위정자들의 헌신으로 부국강병을 이뤄낸 상황
② 부패가 만연하고 전쟁 등으로 혼란스러워 백성들이 살기 어려운 상황
③ 자연재해가 끊이질 않아 백성들이 큰 고통을 입고 있는 상황
④ 전란을 극복하는 과정에서 백성들 사이의 우애가 더욱 깊어지고 있는 상황

15. 다음 글에 이어질 말로 가장 적절한 것은?

> 아리스토텔레스는 감정과 욕망이 이성의 명령에 따르는 능력에 있어서의 탁월함을 '품성의 덕'이라고 한다. 그에 따르면, 품성의 덕은 부단한 실천으로 길러진다. 따라서 인간은 욕망과 감정, 그리고 행위에 있어서 이성의 명령에 따라 좋은 것을 선택하려 노력해야 한다. 아리스토텔레스는 이런 비유를 들었다.

① 건축가가 설계도를 바탕으로 집을 짓듯이, 감정과 욕망을 바탕으로 이성을 형성해야 한다.
② 물을 끌어올리기 위해 마중물이 필요하듯, 감정과 욕망이 존재하기 위해서는 이성이 먼저 존재해야 한다.
③ 아들이 아버지의 명령에 귀 기울이고 순종해야 하듯이, 감정과 욕망은 이성의 명령에 따라야 한다.
④ 기름과 물이 섞이지 않은 채로 있듯이, 비이성적인 부분과 이성은 서로 독립적으로 있어야 한다.

Pattern 08 빈칸 추론과 사례 추론

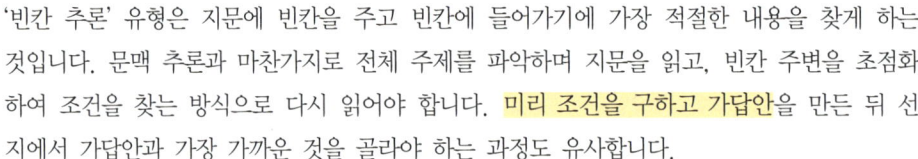
빈칸이 원하는 것

'빈칸 추론' 유형은 지문에 빈칸을 주고 빈칸에 들어가기에 가장 적절한 내용을 찾게 하는 것입니다. 문맥 추론과 마찬가지로 전체 주제를 파악하며 지문을 읽고, 빈칸 주변을 초점화하여 조건을 찾는 방식으로 다시 읽어야 합니다. 미리 조건을 구하고 가답안을 만든 뒤 선지에서 가답안과 가장 가까운 것을 골라야 하는 과정도 유사합니다.

빈칸 추론 유형 중 가장 출제 빈도가 높은 것은 두괄식이나 미괄식으로 제시된 결론을 찾는 유형입니다. 하지만 맨 앞이나 맨 뒤에 빈칸이 놓였다고 해서 늘 결론이 들어가는 것은 아닙니다. 맨 앞 빈칸에는 논증의 전제가 들어가는 경우도 있고, 맨 뒤 빈칸에는 바로 앞 문장의 부연(보충 설명)이나 상술(재진술 및 정리)이 들어가는 경우도 있습니다. 빈칸의 앞이나 뒤에, 혹은 선지에 접속어가 있는 경우에는 접속어의 역할도 고려하여 가답안을 내야 합니다.

1 빈칸 추론 알고리즘

1. 지문을 전체적으로 읽으며 주제 파악
    ↓
2. 빈칸이 포함된 문장만 초점화
    ↓
3. 초점화된 문장의 표지(이/그/저, 접속어)를 통한 확장
    ↓
4. 확장된 범위에서 조건 찾기
    ↓
5. 조건을 모두 충족한 선지 선택

빈칸이 문장의 일부이거나 빈칸 앞뒤에 접속어가 있는 경우,
주변 정보를 먼저 읽어 조건을 찾은 뒤 전체적 주제를 파악하며 추가 조건을 찾는 것이 더 빠릅니다.

똑똑한 알고리즘으로 승부하자

사례 추론의 조건 찾기

긍정 발문인지 부정 발문인지에 따라서 조건들을 활용하는 방식이 달라집니다.

> **지문**: 정답 조건 1, 정답 조건 2, 정답 조건 3 + 오답 조건

- **긍정 발문이면, '가장 적절한 것'을 골라야 하므로**
  : 조건 1~3을 모두 충족하면서 오답 조건을 가지지 않은 것이 답

- **부정 발문이면, '적절하지 않은 것'을 골라야 하므로**
  : 나머지 선지가 조건 1~3을 모두 충족했을 때에는, 하나라도 누락한 것이 답
  나머지 선지가 조건 1~3 중 적어도 하나 이상 충족했을 때, 조건을 하나도 충족하지 못한 것이 답 / 오답 조건을 가지면 정답 조건을 충족했더라도 답

사례 추론을 이해하는 논리 게임

A가 성립되기 위한 조건: a, b, c, d   B가 성립되기 위한 조건: e, f, g
A가 성립될 수 없는 조건: h, i   B가 성립될 수 없는 조건: j, k

Q. 긍정 발문〉 다음 중 A의 사례로 가장 적절한 것은?
　① a+b+c　② a+b+e+f　③ e+f+g+h　④ j+k　⑤ a+b+c+d+h

A. 정답 ① ▶ A가 성립되기 위한 조건이 부족해도 오답 조건을 가진 선지보다 우월한 선지이다.

Q. 부정 발문〉 다음 중 A의 사례로 볼 수 없는 것은?
　① a+b+c+d　② a+b+e+f　③ e+f+g　④ j+k　⑤ a+b+c+d+h

A. 정답은 ⑤ ▶ A가 성립되기 위한 조건이 충족되었으나, A가 성립될 수 없는 조건 h를 가지고 있음.
　① a+b+c+d ▶ A라는 것이 보장됨.
　② a+b+e+f ▶ A조건과 B조건의 일부를 가지고 있으나 A가 될 수 없는 조건이나 B가 될 수 없는 조건을 가지지 않았으므로, A일지, B일지, 아니면 다른 것일지 알 수 없음.
　③ e+f+g ▶ B라는 것이 보장되지만, 문제의 정보 중에 A와 B가 동시에 성립될 수 없다는 말이 없으므로, ③번이 A가 아니라는 것은 증명되지 않음.
　④ j+k ▶ B가 아니라는 것은 확실하지만, B가 아니면 A라는 것이 보장되는 것도 아님.

Pattern 08 빈칸 추론과 사례 추론　157

빈칸 추론과 사례 추론을 위한 트레이닝

정답 및 해설 P. 28

1. 괄호 안에 들어갈 말로 가장 적절한 것은?

> 어머니가 생존하여 계시는 동안 우리는 고요히 웃는 마음의 고향을 가지는 것입니다. 우리는 결코 외로울 수 없으며, 우리는 결코 어두움 속에 살 수 없습니다. 참으로 어머니는 저 하늘에 빛나는 맑은 별과 같이도 순수합니다. 그것이 무에 이상할 것이 있겠습니까? 아무것도 이상할 것이 없습니다. 왜 그러냐 하면, 우리는 어머니 피로부터, 어머니 정신으로부터, 어머니의 진통으로부터 나온 까닭이올시다. 어머니는 (   )
> 어린아이는 어머니에게 말하는 것을 배웁니다. 우리가 자기 나라말을 가리켜 모어(母語)라 부르는 것은, 이 점에 있어서 결코 우연한 일이 아닙니다. 아이는 어머니에게서 도덕과 지식 일반의 최초 개념, 재미있는 옛날이야기, 지극히도 자극적인 노래와 유희를 처음 배우는 것입니다.

① 우리의 뿌리인 것입니다.
② 우리의 기둥인 것입니다.
③ 우리의 거울인 것입니다.
④ 우리의 쉼터인 것입니다.

2. 괄호 안에 들어갈 문장으로 가장 적절한 것은?

> 인간은 기본적인 언어 습득 장치를 지닌 최초 상태에서, 자유롭게 특정 언어의 문법에 맞는 문장을 구사하는 안정 상태로 나아간다. 그런데 세상에 존재하는 다양한 언어들이 공통적으로 지니는 보편적 특성도 있지만, 개별 언어만의 특수성도 존재한다. 모든 인간이 보편적인 언어 습득 장치를 지니고 있다면 어떻게 이처럼 각기 다른 특징을 지닌 언어를 사용할 수 있는 것일까? 그 이유는 최초의 언어 상태가 고정적 보편 요소뿐 아니라 다양한 선택의 가능성을 포함하기 때문이다. 이러한 선택의 가능성을 매개 변인이라 부르는데, 최초 상태가 안정 상태로 발전하려면 매개 변인의 조정 과정이 필요하다. 아동이 특정 언어의 문법을 접하게 되면 그 언어의 구조에 맞게 매개 변인이 조정됨으로써 아동의 언어 지식이 개별 언어의 문법에 맞게 변화하게 된다. 다시 말해, 인간의 언어 습득 과정은 (   ) 과정이다.

① 무(無)에서 새로운 학습을 시도하는
② 보편 문법으로부터 개별 문법으로 나아가는
③ 언어의 서로 다른 특징을 종합하여 학습하는
④ 특정 언어를 기반으로 하여 다른 언어로 확장하는

3. 괄호 안에 들어갈 문장으로 가장 적절한 것은?

　음악은 소리가 시간 진행 속에 구체화된 것이다. 한슬리크는 음악의 독자적 아름다움은 음들이 움직이는 형식에서 비롯된다고 보았다. 여기서 말하는 형식이란 음악을 구성하는 재료들이 움직이며 만들어 내는 형식 그 자체를 뜻한다. 따라서 한슬리크는 음악의 가치가 음악이 환기하는 기쁨이나 슬픔 같은 감정이 아니라, 형식에서 온다고 보았다. 음악에는 리듬, 화성, 음색 등의 여러 음악적 요소들이 사용된다. 작곡가는 이러한 수많은 음악적 요소들을 활용해 음악 작품을 만들어 낸다. 어떤 음악 작품에서 많이 반복되거나 변형되며 등장하는 음악적 흐름을 그 음악 작품의 주제라 하는데, 작곡가는 음악적 아이디어를 주제로 구현하고, 여러 음악적 요소들을 활용해서 음악 작품을 완성한다. 예컨대 오늘날 대부분의 서양 음악에서는 정해진 박자 안에서 질서를 갖고 반복적으로 움직이는 리듬이 음표 또는 쉼표의 진행으로 나타나며, 긴장과 이완을 유발하는 화성의 진행을 통해 주제가 반복되며 변화한다. 이처럼 음악은 (　　　　　　　　　　)

① 음악적 재료들이 창출해 내는 감정의 흐름이다.
② 수많은 악기가 만드는 식별 가능한 소리의 특색이다.
③ 다양한 음악적 요소들이 유기적으로 결합하여 만드는 소리의 예술이다.
④ 하나의 고정된 주제를 표현하기 위해 여러 음악적 요소들이 함께 협력하는 과정이다.

4. ㉠에 들어갈 말로 가장 적절한 것은?

　1900년대 초반까지만 하더라도 오리는 자기 어미를 쫓아다니는 유전인자를 타고나는 것으로 보았다. 그런데 콘라트 로렌츠는 실험을 통해 이런 생각을 바꾸어 놓는 새로운 주장을 했다. 새끼 오리가 자기 어미를 쫓아가도록 학습경험을 주면 그것을 학습하는 반면, 그 경험이 제공되지 않으면 그렇게 하지 못한다는 것이다. 로렌츠는 새끼 오리가 자기 어미를 쫓아가는 것을 부화 후 12시간에서 13시간 사이에 학습하게 된다는 것을 밝혀냈다. 그렇다면 오리가 어미를 쫓아가도록 만드는 학습 기제는 어떤 것일까? 오리들은 부화해서 12시간 또는 13시간 사이에 첫 번째로 보이는 움직이는 물체에 각인된다. 즉, 오리들은 부화 후 12시간 또는 13시간 사이에 제일 먼저 보게 되는 움직이는 물체를 따라다니는 행동을 학습하게 되어 있는 것이다. 로렌츠는 오리들을 부화시킨 후 어미 오리를 격리하고, 대신 자신이 새끼 오리들 주위를 어슬렁거렸다. 그랬더니 나중에 오리들은 자기 어미가 아닌 로렌츠를 쫓아다녔다. 결국 (　　　　　㉠　　　　　)

① 오리의 행동은 인간에 의해 결정된다.
② 새끼 오리의 행동은 어미에 영향을 받는다.
③ 오리의 행동 특성은 항상 동일하게 발현된다.
④ 오리의 행동은 유전에 의해서만 결정되지 않는다.

5. 괄호 안에 들어갈 문장으로 가장 적절한 것은?

　가상 현실 기술이 넘어야 할 난관은 체험자가 경험하는 생리적 반응이다. 가장 흔한 부작용이 멀미이다. 이는 눈으로 들어온 시각 정보와 귓속의 전정 기관으로 느껴진 감각 정보가 불일치할 때 발생한다. 전정 기관은 평형 감각을 담당하는 이석과 회전을 감지하는 반고리관으로 구성되며, 외부 세계를 인지하는 역할을 한다. 가상 현실 영상의 배경에 특정한 움직임이 있다면, 사람은 자신이 스스로 움직인다는 착각을 경험한다. 사람은 시각을 통해 움직임을 인지하므로, 가상 현실에서 자신이 직접 움직인다고 착각하는 것이다. 하지만 우리가 가상 현실을 볼 때는 가만히 있는 경우가 대부분이다. 이처럼 눈을 통해 움직인다는 정보가 들어왔지만, 귀에 있는 전정 기관은 아무것도 인지하지 못하므로 두뇌는 심각한 혼란을 겪게 된다. 즉, 가상 현실을 체험하는 사람이 겪는 멀미나 두통 등의 증상은 (　　　)인 셈이다.

① 가상 현실을 즐기기 위한 전제 조건
② 정보 충돌에 대한 우리 뇌의 경고 신호
③ 여러 정보를 지혜롭게 조화하려는 시도
④ 평형 감각에 발생한 문제가 유발한 결과

6. 괄호 안에 들어갈 말로 가장 적절한 것은?

　인권은 인간이 누리는 기본적인 권리를 가리킨다. 즉 박탈할 수도, 양도할 수도 없는, 인간이 인간답게 생존할 수 있는 기본적인 권리를 뜻한다. 모든 인간에게는 태어나면서부터 당연히 부여되는 권리가 있으며, 이러한 권리는 국가 권력에 우선하는 것이므로 국가 권력이 함부로 할 수 없다고 생각된다. 프랑스 법학자 카렐 바작은 인권의 내용을 세 개의 범주로 나누어 설명하였다. 전통적으로 인권은 시민적·정치적 권리와 경제·사회·문화적 권리로 구분되어 왔다. 시민적·정치적 권리란 국가가 부당하게 국민 개개인의 자유를 침해할 수 없도록 방어하는 권리이며, 경제·사회·문화적 권리란 국가에 특정한 개입을 요구할 수 있는 권리이다. 경제·사회·문화적 권리는 국가에 대한 소극적인 방어를 넘어 국가에 적극적으로 무언가를 요구하는 권리이므로, 시민적·정치적 권리보다 더 발전한 개념이다. 그런데 최근에는 연대와 단결의 권리가 새로운 범주로 주목받고 있다. 이는 현대 사회에서 개인을 중심으로 한 인권이 집단 중심으로 옮겨오고 구조적인 문제로 중심축이 변해 가는 것을 보여 준다. 다른 두 권리 범주들은 이미 국제 사회에서 세계 인권 선언을 통해 확립된 반면, 연대와 단결의 권리는 제도적으로 확립되지 않았으며 아직 생성 단계에 있는 권리이다. 이로부터 알 수 있듯, 인권은 (　　　　　) 개념이다.

① 국제 사회에서 확정적 권리로 정의된
② 반대되는 권리들을 하나로 조화시켜 정리한
③ 새로운 권리들이 확립되어 지속적으로 확장되는
④ 국가를 통해 사회의 구조적인 문제들을 개선하는

7. ㉠에 들어갈 내용으로 가장 적절한 것은?

　신문화사는 민중들의 문화도 역사를 이끌어온 힘이었다고 보고, 그 사료적 가치를 인정하였다. 기존 역사학의 시각에서는 '개인에게 벌어진 일회적 사건의 기록이 어떻게 그가 속한 사회를 대표할 수 있겠는가'라는 의문을 품을 수 있다. 이 의문은 '정상적 예외'란 개념으로 해소할 수 있다. 예를 들어, 지배층에 의해 이단으로 규정된 예외적 사람은 지배층에 대항하는 피지배층의 문화를 반영하기 때문에 그에 대한 기록이 정상적 역사 사료로 가치가 있다. 또한 지배층은 자신들의 권위를 정당화하기 위해 피지배층의 현실을 왜곡하기 때문에 피지배층에 대한 삶의 기록은 예외적이고 양이 많다. 하지만 이들 기록은 피지배층의 삶과 생각에 대해 많은 것을 전해주므로 사료로 가치가 있다. 이와 같이 신문화사는 (　　㉠　　)

① 인류의 역사는 계층 간 갈등과 그것을 해소시키려는 노력의 역사라는 것을 꿰뚫어 보았다는 의의가 있다.
② 역사학은 개별적 사실의 변화를 다룬다는 관점에서 벗어나, 구조를 부각시켰다는 점에 의의가 있다.
③ 역사를 움직이는 원동력을 일상에 내포된 정치로 보고 이를 거시적 역사학의 기초로 삼았다.
④ 평범한 인물들의 역사를 복원하고, 그 삶을 새로운 시각으로 연구하여 역사학의 새 지평을 연 데 의의가 있다.

8. ㉠에 들어갈 말로 가장 적절한 것은?

　선진국으로의 이민자 유입이 현지인의 임금을 감소시키는지에 대해 논쟁이 있다. 이에 2021년 데이비드 카드 등이 쿠바인들의 미국으로의 대규모 이민에 대해 수행한 연구에 따르면, 이민자 유입이 현지인의 평균적인 임금에 미치는 영향은 전반적으로 상당히 작았다. 이 결과가 나타난 원인은 세 가지로 볼 수 있다. 첫째, 이민자 유입 지역에서 노동 공급뿐만 아니라 인구와 소비도 늘면서 노동 수요 역시 증가하였다. 둘째, 이민자가 유입되면 대체로 저임금의 노동이 증가하는데, 이 경우 노동을 대체하는 기계 도입이 지연되어 노동 수요가 안정적으로 증가할 가능성이 있다. 셋째, 의사소통이 원활하지 못한 이민자의 노동 공급이 증가하면서 일부 현지인이 관리직으로 승진하며 현지인의 임금 수준이 오히려 상승할 수 있다. 이러한 점들로 미루어 볼 때, 노동 시장에서 이민자와 현지인 간의 관계는 (　㉠　)

① 일부 노동이 완벽히 대체되는 관계이다.
② 대체 관계가 아닌 보완 관계가 될 수 있다.
③ 현지 주민들에게 일방적으로 불리한 관계이다.
④ 이민자 착취를 통해 현지인이 이익을 보는 관계이다.

9. ㉠에 들어갈 말로 가장 적절한 것은?

> 최근 중소기업을 육성하기 위한 정부 정책의 일환으로 '기업 보육기'라는 것을 설치하여 새로운 산업을 도입하려는 시도가 있는데, 이는 작은 사업체에 경영 및 기술 상담과 재정 지원을 하여 하나의 성공적인 중소기업으로 키우려는 의욕적 제도라고 할 수 있다. 이 제도와 관련한 조사에 의하면 미국에는 현재 약 600개의 기업 보육기 시스템이 있는데, 자료를 보면 성공률은 대략 10% 내외라고 한다. 흥미 있는 사실은 고도 기술을 가진 분야가 아니라 기술적으로 뒤떨어진 산업이 성공했다는 것이다. 이는 (㉠   )

① 기술 분야에 대한 투자 비중이 높은 회사의 성공률이 높다는 것을 입증한다.
② 대기업보다는 중소기업이 기업 의욕을 제고시키기에 적합하다는 것을 입증한다.
③ 결국 기술보다는 기업 의욕이 높은 쪽이 성공률이 오히려 높다는 것을 입증한다.
④ 기업 보육기 시스템의 지원을 받은 회사의 생존율이 그렇지 않은 회사의 그것보다 높다는 것을 입증한다.

10. 괄호 안에 들어가기에 가장 적절한 것은?

> 개인이 입신출세하여 부귀공명을 누리기 위해 학문을 한다고 하여 잘못이라 할 수는 없을 것이다. 훌륭한 정치가, 실업가가 되기 위하여, 또는 취직을 위하여 학문을 한다고 하여 학문의 목적에 배치(背馳)될 것도 없다. 법과나 상과 또는 이공 계통 학과의 경쟁률이 높아지는 것도 무리가 아니다. 국가로서도 과학 기술의 진흥을 위한 정책을 꾀하고 있지 않은가?
> 그러나 (   ) 장차 어떤 결과가 예상되기 때문이기보다 학문하는 것 자체가 재미있어서, 또는 즐거워서 하는 경우도 없지 않을 것이다. 어린이가 칭찬을 받기 위하여 열심히 공부한다면, 그것도 대견한 일이지만, 그저 공부하는 것이 재미가 나서 하는 어린이가 있다면, 그것이야말로 참으로 기특한 일이다. 학문은 오히려 이런 경지에 이르렀을 때 순수해진다.

① 모든 사람이 이렇듯 잘못된 생각을 하는 것은 아니다.
② 모든 사람이 대학을 출세의 수단으로 이용하는 것은 아니다.
③ 학문의 목적을 이렇듯 개인적 차원으로만 국한시킬 수는 없다.
④ 학문하는 사람이 항상 이러한 실용성만을 목적으로 하는 것은 아니다.

11. 밑줄 친 내용의 사례로 적절하지 않은 것은?

> 상징(symbol)이라는 용어는 철학, 기호학 그리고 예술 등 다양한 영역에서 사용되고 있다. 그런데 상징이라는 단어가 포괄하는 내용은 생각보다 다양하다. 많은 경우에 상징은 기호(sign)와 구별 없이 포괄적인 개념으로 사용되기도 하지만, 특히 '이념 또는 감정'과 '사물'을 결합하여 그중 하나가 다른 하나를 대신하는 경우에 사용되기도 한다. 이 경우, 상징이라는 용어는 기호 중에서도 인간의 개념을 매개로 추상적인 대상을 나타내는 특수한 경우에 한정된다. 즉, 우리 일상생활 속의 사물로 이념 또는 감정을 대신하여 표현하는 것이다. 이러한 사례에서는 모두 감각적이고 구체적인 것으로 정신적이고 추상적인 의미를 나타낸다는 공통점을 발견할 수 있다.

① 비둘기를 보고 평화를 떠올리는 경우
② 온도계를 보고 현재의 온도를 떠올리는 경우
③ 결혼반지를 보고 영원한 사랑을 떠올리는 경우
④ 이순신 장군 동상을 보고 애국심을 떠올리는 경우

12. ㉠에 대한 '토크빌'의 기대를 실현시킬 수 있는 중간 집단으로 보기 어려운 것은?

> 19세기 동안 프랑스는 정치적 혼란의 위협에 시달렸다. 중간 집단의 부재를 그 주요 원인으로 들었던 '토크빌'이 지적했듯이, 민주주의는 혁명을 통해 절대왕정을 무너뜨렸지만 동시에 중앙집권화에 기반한 거대 권력에 의존함으로써 '이성'과 '덕성'이 약화되어 전제정으로 귀결되었다. 민주주의자이면서 동시에 귀족정에 대한 미련을 가지고 있었던 토크빌은 귀족정 시대 중간 집단의 역할에 다시 주목하였다. 혁명과 함께 그것들이 사라지면서 개인들은 시민적 덕성을 함양할 기회를 잃었고, 국가는 그 권력을 제어할 견제 세력을 잃어버렸다는 것이다. 그러한 의미에서 토크빌은 ㉠민주주의 시대 중간 집단이 정치적 자유가 실현될 공간을 제공함으로써 시민적 덕성을 함양하고 권력에 대한 견제 역할을 할 것으로 기대했다.

① 교육 정책에 대한 비판과 대안 제시를 통해 교육의 질 향상을 도모하는 학부모 단체
② 현대 사회의 문제에 대한 의미 있는 견해들을 수렴하고 정부에 압력을 행사하는 시민 사회단체
③ 노동자 정당과의 연계 속에서 조합원들의 이익 옹호와 국가 권력에 대한 견제 역할을 수행하는 노동조합
④ 경제 현안의 해결과 사회 갈등 해소를 위해 담당 공무원과 관련 전문가로 구성된 경제 문제 대책 위원회

13. ㉠과 접근 방식이 유사한 것은?

> 최근 초분자 화학이 많은 관심을 끌게 된 이유 중의 하나는 나노 미터 크기의 물질 및 소자를 제작하려는 나노 기술과의 직접적인 관련성이다. 예를 들어, 지금까지 반도체 기술은 단위 면적당 집적할 수 있는 트랜지스터의 수를 18개월 만에 두 배씩 증가시켜 왔다. 이와 같은 기술적 발전은 회로의 선폭을 계속 줄여 올 수 있었기 때문에 가능했다. 그러나 이처럼 크기를 줄여 가는 하향식(top-down) 접근 방식은 앞으로 약 10년 후면 한계에 도달한다. 따라서, 최근에는 이 하향식 접근 방법의 한계를 극복하기 위해 원자 또는 분자로부터 출발해 소자 또는 장치를 제작하려는 ㉠상향식(bottom-up) 접근 방식이 관심을 끌고 있다. 그런데 분자 수준의 소자를 만들려면 분자 수준에서 정보를 '쓰고 읽어 낼' 수 있어야 하는데, 초분자 화학을 응용하여 이러한 분자를 합성하고 분자 소자를 만들어 낼 수 있는 것이다.

① 아이들이 장난감 블록(block)을 조립하여 이런저런 모양을 만든다.
② 화가가 그림을 그릴 때 여러 가지 물감을 섞어 자신이 원하는 색을 만든다.
③ 기술자가 고장난 텔레비전을 수리하기 위해 조립되어 있는 부품들을 모두 해체한다.
④ 사서가 도서관에 있는 책을 인문, 사회, 예술, 과학 등 주제별로 나누어서 정리한다.

14. 지문을 뒷받침하기 위한 사례로 적절하지 않은 것은?

> 다윈 의학에서는 기침이나 발열과 같은 일상생활에서 느끼는 증상을 질병이라기보다는 적응에 의해 진화된 우리 몸의 방어 체계로 여긴다. 인간은 폐의 이물질을 제거하려고 기침을 한다고 보기 때문에 아픔을 느끼는 능력도 몸에 이롭다고 여긴다. 기침이나 통증을 질병이라고 여기기보다, 우리 몸의 손상을 막기 위한 노력에서 비롯된 적응으로 보는 것이다.

① 선진국일수록 위생 상태가 좋아 면역계가 할 일이 없다. 그러다 보니 면역계가 사소한 외부 자극에도 과도하게 반응하게 되는데 이것이 알레르기 증상이다.
② 열이 나는 것은 신체가 침입균에 대해 유리한 상황을 만들기 위한 과정이다. 따라서 미열이 난다고 해서 억지로 열을 낮출 필요는 없다.
③ 산모의 입덧 시기는 태아의 조직 분화가 일어나는 때이다. 입덧이 심하면 산모가 해로운 음식을 먹을 기회가 줄어 태아를 독소로부터 보호할 수 있게 된다.
④ 만성 결핵 환자의 혈액 속 철분 농도가 낮은 이유는 몸이 결핵균에 철분 공급을 차단하려고 일시적으로 철분 농도를 낮추기 때문이다.

15. 다음 글에서 ㉠에 해당하지 않는 것은?

물화(物化)된 현대 자본주의 사회에서 인간의 존재는 두 가지로 나뉜다. 먼저 인간은 하나의 상품이 되었으면서도 인간이라는 것을 기억하는, 따라서 현실에서 소외당한 자신을 회복하려는 노력을 해야 하는 존재이다. 자신이 인간이라는 점을 모른다면 그에게 구원은 구원이 아닐 것이므로, 인간이라는 본질을 계속 기억하는 일은 그에게 구원의 첫째 조건이 된다.

반면 ㉠<u>망각의 전략</u>을 선택하는 자는 자신이 인간이었다는 기억 자체를 포기하는 인간이다. 그는 구원을 위해 기억에 매달리지 않는다. 그는 이 사회의 변화를 받아들이고, 그에 맞는 새로운 언어를 얻기 위해 망각의 정치학을 개발한다. 망각의 정치학에서는 인간이 지닌 고유의 본질을 믿는 것 자체가 무의미해지며, 물화된 자본주의 사회에서 우리가 상품이 아닌 인간이었음을 잊게 된다.

① 물화된 세계를 비판 없이 받아들인다.
② 고유의 본질을 버리고 변화를 선택한다.
③ 왜곡된 현실을 자기 합리화하여 수용한다.
④ 자신의 정체성이 분열되었음을 직시한다.

16. '의사 사건'에 해당하는 사례로 볼 수 없는 것은?

'의사 사건(擬似事件)'이란, 어떤 사건이나 사람을 대중들에게 널리 알릴 목적으로 의도적으로 조작한 사건 또는 뉴스를 말하며, 우리말로는 조작 사건 또는 사이비 사건이라고 한다. 주로 광고주나 광고 대행사가 만들어 내며 언론을 통해 효과를 극대화한다.

한 호텔의 공동 소유주들이 홍보 전문가와 상담을 한다고 해 보자. 호텔 소유주들은 홍보 전문가에게 호텔의 명성을 높이고 수익을 올릴 수 있는 방안을 찾아 달라고 했다. 그는 호텔 측에 개장 30주년 기념식을 열 것을 제안했다. 이에 그 호텔은 그 지역 은행장, 사교계 거물, 유명 변호사 등으로 준비 위원회를 구성했고, 사실 어떠한 기여도 하지 않았지만, 호텔이 그 지역 사회를 위해 봉사하고 있다는 사실을 알리기 위한 연회 형식의 이벤트를 기획하였다. 기념 연회가 열리는 동안 카메라 플래시가 터졌고, 이 행사가 언론에 널리 보도되었으며, 호텔은 소기의 목적을 달성하였다. 행사 개최에 머문 것이 아니라, 언론 보도를 통해 기념행사를 알려 호텔에 명성을 부여한 것이다. 이처럼 홍보 전문가들은 20세기 의사 사건의 창조자이며, 그들은 뉴스의 가치를 알고 그들 자신이 뉴스를 만들 수도 있다.

① 정치인들은 선거 유세 기간이 되면, 신문 및 방송사 기자들을 초청하여 의례적으로 고아원이나 양로원, 절이나 교회를 방문한다.
② 뮤직비디오 제작사는 자극적이고 폭력적인 장면을 활용하고 있으나, 노래 가사와 동떨어진 내용이 많아 시청자들의 비난을 사고 있다.
③ 영화 '왝더독'에서 대통령은 TV 광고를 이용하여 국민들에게 전쟁에 대한 두려움을 거짓으로 심어 줌으로써 압도적인 지지율로 재선에 성공한다.
④ 대통령의 생일에 고가의 코냑을 선물한 사건이 연일 보도되자 코냑의 판매량은 급격히 증가하였다. 이는 새로운 시장을 개척하려는 코냑 회사의 전략이었다.

Pattern 09 화법

1 토론과 토의의 차이

- **토론**은 찬반 양쪽이 나뉜 상태에서 상대편이 우리 쪽 의견을 받아들이도록 설득하는 '경쟁적인 의사소통'이다. 그러므로 토론자들은 찬성과 반대로 나뉘어 서로 대립하고, 상대방 주장에서 잘못된 점이나 약점을 찾아내려고 하는 비판적인 태도를 보인다. 반면 **토의**는 여러 의견을 견주어 보고 가장 좋은 해결책을 찾아 가는 '협동적인 의사소통'이다. 즉, 상대방을 헐뜯기보다는 더 좋은 제안이나 의견이 나왔을 때 받아들이려고 하는 태도를 보인다는 차이가 있다.
- 토의와 토론은 둘 이상의 화자가 모여 협의 또는 논쟁을 통해 문제의 해결을 모색하는 말하기라는 입장에서 공통된 성격의 발화로 볼 수도 있다.

2 대화의 격률 – 협력의 원리

- **양**의 격률: 주고받는 대화의 목적에 필요한 만큼만 정보를 제공하고 필요 이상의 정보를 제공하지 말라.
- **질**의 격률: 진실한 정보만을 제공하도록 노력하고 증거가 불충분한 것은 말하지 말라.
- **관련성**의 격률: 대화의 목적이나 주제와 관련된 것을 말하라.
- **태도**의 격률: 모호하거나 중의적인 표현을 피하고, 간결하고 조리 있게 말하되 언어 예절에 맞게 말하라.

3 대화의 격률 – 공손성의 원리

- **요령**의 격률: 〈상대방에게〉 부담이 되는 표현은 최소화하고, / 상대방의 이익을 극대화하는 표현을 최대화하라.
- **관용**의 격률: 〈화자 자신에게〉 혜택을 주는 표현은 최소화하고, / 부담을 주는 표현을 최대화하라.
- **찬동**의 격률: 〈다른 사람에 대한〉 비방은 최소화하고, 칭찬을 극대화하라.
- **겸양**의 격률: 〈자신에 대한〉 칭찬은 최소화하고, 비방을 극대화하라.
- **동의**의 격률: 다른 사람과의 의견 차이를 최소화하고, 일치점을 극대화하라.

4 공감적 듣기

'공감적 듣기'는 감정을 이입하여 상대방의 감정을 이해하려는 데 그 목적을 두는 '너 중심 듣기'라 할 수 있다. 공감적 듣기를 위해서는 무엇보다 비판하거나 윤리적으로 판단하지 않는 수용적 분위기를 조성하고, 상대방의 말을 집중해서 들어줘야 한다.
공감적 듣기의 시작인 '들어주기'에는 '소극적 들어주기'와 '적극적 들어주기'가 있다.
- 소극적 들어주기: 상대방에게 관심을 표명하면서 화자가 계속 이야기를 이어갈 수 있도록 화맥을 조절해 주는 격려하기 기술
- 적극적 들어주기: 청자가 객관적인 관점에서 문제에 접근할 수 있도록 화자의 말을 요약, 정리해 주고 반영해 주는 역할을 통해서 화자 스스로 문제를 해결할 수 있도록 도와주는 것

5 분석적 듣기

상대의 말을 분석하고 검토함으로써 내용을 이해하는 방법이다. 강의나 선거 유세 연설, 뉴스, 광고 등 비판적 판단을 요하는 듣기에 유용하다. 분석적 듣기의 목적은 단순히 정보를 이해하는 것이 아니라 상대방의 견해에 대해 지적 검토를 거쳐 비판적 검증을 하는 것이다.

6 대화적 듣기

두 사람이 협력해서 함께 의미를 만들어 가기에 적합한 방법이다. 대화적 듣기를 방해하는 주된 장애 요인은 대개 자기 자신이다. 자신의 입장이 더 중요하고, 자신의 생각만 옳다고 생각하면, 상대방과 바람직한 인간관계를 유지하면서 협력적으로 의미를 만들어 나가기 어렵다.

7 협상 전략

1. **협력 전략(Win-Win)**
   - 합의에 이르기 위해 협상 당사자들이 서로 협력하는 것
   - 협상 당사자들은 자신들의 목적이나 우선순위에 대한 정보를 서로 교환하고 이를 통합하여 문제를 해결하고자 노력
   - 자신이 가지고 있는 것 가운데서 우선순위가 낮은 것은 양보
   - 신뢰에 기반을 둔 협력

2. **유화 전략(Lose-Win)**
   - 양보 전략, 순응 전략, 화해 전략, 수용 전략, 굴복 전략
   - 상대방이 제시하는 것을 일방적으로 수용하여 협상의 가능성을 높임.
   - 협상으로 돌아올 결과보다는 상대방과 관계 유지 선호, 상대방과 충돌을 피하고자 함.
   - 단기적으로 이익은 없지만 오히려 장기적 관점에서 상호 의존성과 인간관계의 우호적인 면을 강화하여 이익이 될 수 있음.

3. **회피 전략(Lose-Lose)**
   - 무행동 전략, 협상으로부터 철수하는 전략
   - 얻게 되는 결과, 인간관계 모두에 관심이 없을 때 협상을 거절하는 것
   - 협상의 가치가 낮거나 협상을 중단하고자 하는 등 상대방에게 심리적 압박감을 주어 필요한 정보를 얻어 내고자 할 때 또는 쟁점 해결을 위한 협상 외의 대안이 존재할 때 사용
   - 협상 상황이 자신에게 불리하게 전개되고 있을 때 협상 국면을 전환하기 위해 사용
   - 회피, 무시, 무반응, 협상 안건을 타인에게 넘겨주기, 협상으로부터 철수 등

4. **강압 전략 = 힘의 전략(Win-Lose)**
   - 자신이 상대방보다 힘에서 우위를 점유하고 있을 때 자신의 이익을 극대화하기 위한 전략
   - 강압적 설득, 처벌, 무력시위 등을 이용하여 상대방을 굴복시키거나 순응시킴.
   - 일방적인 의사소통, 일방적인 양보
   - 합의 도출이 어려움.

8 비언어적 표현·준언어적 표현

비언어적 표현은 언어적 표현이 아닌 외적인 요소로 몸짓이나 표정 등을 통해 생각이나 느낌을 나타내는 것이고, **준언어적 표현**은 언어적 표현에 포함되어 있어 목소리의 크기, 고저, 말투 등으로 말의 느낌을 효과적으로 만들어 주는 것이다.

화법을 위한 트레이닝

정답 및 해설 P. 31

1. 다음 중 토론의 주제로 적절하지 않은 것은?

① 졸업식의 기획과 운영 주체는 누가 되어야 하는가?
② 저출산 문제의 해결을 위해 출산 수당을 늘려야 하는가?
③ 잘못된 법도 지켜야 하는가?
④ 타교 동아리도 참여하도록 축제를 개방해야 한다.

2. 다음에서 설명한 '겸양의 격률'을 사용한 대화는?

> '겸양의 격률'은 찬동의 격률을 화자의 관점에서 말한 것으로 자기 자신에 대한 칭찬은 최소화하고 자신에 대한 비방을 극대화하는 것이다.

① 가: 꼼꼼하게 수리해 주셔서 감사합니다.
　나: 천만에요. 손이 좀 더뎌서 오래 걸렸네요.
② 가: 혹시 시간 날 때 마트에 잠시 다녀와 줄 수 있나요?
　나: 그럴게요. 필요한 거 있으면 알려 주세요.
③ 가: 제가 눈이 잘 안 보여서요. 조금 크게 써 주세요.
　나: 네, 알겠습니다.
④ 가: 우리 점심 때 냉면 먹으러 나가요!
　나: 저도 냉면 좋아하는데 시간이 없어서 못 나가요.

3. 다음 대화에서 '나'가 '찬동의 격률'을 사용한 것은?

> '찬동의 격률'이란 다른 사람에 대한 비방을 최소화하고 칭찬을 극대화하라는 것이다.

① 가: 자네가 고생이 많아.
　나: 아닙니다. 제가 당연히 해야 할 일입니다.
② 가: 너 정말 많이 예뻐졌구나.
　나: 오늘 화장해서 그래요.
③ 가: 이번 과제는 수월하게 진행됐네.
　나: 이게 다 선배님 덕분입니다.
④ 가: 그 부분은 사실과 다른 것 같네요.
　나: 네. 사실과 다른 부분은 보완하겠습니다.

4. 〈보기〉의 담화에 대한 설명으로 가장 적절한 것은?

> ───── 보기 ─────
> 안 부장: 유 대리, ㉠이번 사업 계획서 제출 마감이 목요일까지네.
> 유 대리: 예, 알고 있습니다. ㉡수요일까지 완성하여 부장님께서 검토하실 수 있도록 준비하겠습니다.
> 안 부장: 역시 유 대리는 걱정할 것이 없다니까.

① ㉠은 ㉡과 달리 발화 의도와 문장의 유형이 일치한다.
② ㉠, ㉡을 통해 안 부장과 유 대리는 대등한 관계를 맺고 있음을 알 수 있다.
③ ㉡은 간접 발화를 통해 자신의 의사를 전달하고 있다.
④ 유 대리는 ㉠을 바탕으로 ㉡과 같은 말을 하고 있다.

5. 다음 대화에 대한 이해로 적절하지 않은 것은?

팀원 1: 시상식에서 토론 대회 우승 소감을 말해야 해. 팀 구성과 역할에 대해 말한 뒤, 상대 팀과 심사 위원께 감사를 전하고, '봉사 활동이 인성 교육에 효과적인가?'라는 주제와 관련된 내 개인적 경험으로 마무리하면 어떨까?

팀원 2: 그보다 토론 전에 논의했던 이야기를 정리해 주는 게 좋을 것 같아. 그리고 상대 팀과 심사 위원에 대한 감사를 제일 먼저 해야 해.

팀원 1: 그래, 그게 낫겠다. 감사 인사를 제일 먼저 하자는 것도 좋은 의견이야.

팀원 2: 전문가의 말을 인용해서 토론 활동의 효과에 대해 언급한 뒤 마무리하는 건 어떨까?

① '팀원 1'은 수상 소감의 내용에 대해 구체적으로 제안하고 있다.
② '팀원 2'는 개인적인 경험을 제시하는 것에 대해 반대하고 있다.
③ '팀원 1'은 감사의 말을 제일 먼저 전하자는 의견에 동의하고 있다.
④ '팀원 2'는 봉사 활동의 효과에 대해 언급하면서 마무리하자고 제안하고 있다.

6. ⊙~⊜의 말하기 방식으로 적절하지 않은 것은?

은영: ⊙애들아, 이리 와서 다문화 행사를 소개하는 발표문 초고를 함께 검토해 보자.
철수: 제목에 중심 소재가 빠져서 행사의 의미가 드러나지 않아. 비유적 표현을 활용하는 건 어때?
은영: ⓒ비유적 표현을 쓰면 어렵지 않을까? 제목은 쉽게 작성하는 게 좋을 것 같아.
이준: 또 지역 주민과 함께한다는 정보를 넣는 게 좋을 것 같아. 본문에 지역 주민과 함께한다는 의의를 드러내려고 했는데, 어때?
철수: 그 부분은 잘 드러나는 것 같아. 그런데 우리 지역의 자랑거리와 인구도 소개하는 게 어때?
이준: 넣을까 했는데 주제에서 벗어나는 것 같아.
은영: ⓒ이번 행사와 관련이 없으면 넣지 않는 게 나을 것 같아. 철수야, 다시 생각해 보는 게 어때?
철수: 다시 생각해 보니 우리 지역의 자랑거리와 인구는 발표 주제와 직접적 연관이 없는 것 같아.
은영: ⓔ그런데 본문의 마지막 부분에 사회 통합의 의미를 드러내는 내용을 담아 이번 행사의 의미를 강조하기로 하지 않았어?
이준: 아, 맞다. 잊고 있었네.

① ⊙: 주제를 제시하여 참여자들의 주목을 끌고 있다.
② ⓒ: 상대와 다른 의견을 낸 후 절충안을 제시하고 있다.
③ ⓒ: 자신의 생각을 밝히면서 참여자의 의견을 조율하고 있다.
④ ⓔ: 예전 대화 내용을 언급하여 글에서 누락된 내용을 상기시키고 있다.

7. 면접 상황에서 밑줄 친 질문의 목적으로 가장 적절한 것은?

> 면접관: 조금 전 학생이 공급과 수요에 의해 시장 기구에서 가격이 결정되는 것이 사회적으로 효율성을 극대화시킨다고 했습니다. 그런데 지금은 정부가 시장 기구에 개입하여 기초 학문의 연구에 보조금을 지원하는 것이 사회 전체의 효율성을 증가시킨다고 했으니 모순이 아닌가요?
>
> 학 생: 저는 제 말이 모순이라고 생각하지 않습니다. 보조금을 지원하는 것이 경우에 따라서는 오히려 사회 전체의 효용을 높일 수 있기 때문입니다.
>
> 면접관: <u>보조금을 지원하는 것이 어떤 과정을 통해 사회 전체 효용을 높일 수 있는지 설명해 줄 수 있나요?</u>
>
> 학 생: 기초 학문은 학자가 어떤 성과를 냈더라도 현실적으로 그에 맞는 대가가 주어지지 않는 경우가 많습니다. 그래서 학자들이 구태여 열심히 연구를 하려고 하지 않고, 이렇게 되면 사회 전체로 볼 때에 효율적이지 않은 상태가 됩니다. 그런데 만약 보조금을 지원한다면 학자들이 열심히 연구를 할 것이고, 이 연구를 바탕으로 여러 주체들은 더 큰 이익을 창출할 수 있을 것입니다. 따라서 보조금을 지원함으로써 사회 전체 효용이 증가하게 되는 것입니다.

① 좀 더 구체적인 정보를 원하여 추가하는 보충 질문
② 답변자가 답변을 회피하거나 모호하게 하는 경우에 정확한 답변을 원하는 보충 질문
③ 광범위하게 생각하고 진술하도록 하는 개방형 질문
④ 확인하고자 하는 사항에 대해 특정한 답변을 요구하는 폐쇄형 질문

8. 회의를 참관한 학생이 예측한 내용으로 가장 적절한 것은?

> 총학생회장: 올해도 어린이날에 어린이들이 체험할 수 있는 무료 프로그램을 다양하게 준비할 것입니다. 관련 안건을 총무부장이 설명해드리겠습니다.
>
> 총무부장: 어린이 구호 단체인 A 재단에서 구호 활동과 기부 권유 내용을 담은 소책자를 방문자들에게 배부하는 대신, 행사 참여 어린이들에게 미아 방지용 팔찌를 무료로 나눠 주겠다고 합니다. 돈벌이 수단으로 전락할 것이라는 의견도 있겠지만, 행사 당일에 행사장과 인근 지역에서는 기부금을 받지 않겠다고 약속했습니다.
>
> 총학생회장: 이 안에 대해 의견 있으신 분 계십니까?
>
> 사회대 학생회장: 공익 단체라고는 하지만 홍보를 통해 나중에라도 기부금이 늘어날 수 있으므로 A 재단에 분명히 이익이 돌아가는 것 아닙니까? 그리고 행사를 즐기러 왔다가 예상치 못한 홍보를 듣는 것이 싫은 사람들도 많을 것입니다.
>
> 총무부장: 장기적으로 볼 때 A 재단에 이익이 돌아갈 수 있겠지만, 홍보를 길게 말로 하는 것이 아니라 팔찌를 나눠 주는 것만으로 방문자들이 불쾌해할 일은 거의 없을 것으로 생각됩니다.
>
> 총학생회장: 그러면 안에 대한 의견을 충분히 나눈 것으로 보고 표결에 들어가도 되겠습니까? (참석자들 "예"라고 대답한다.) 그럼 표결하겠습니다. 출석 인원 17명 중 찬성 13, 반대 4로 가결되었습니다.

① 행사에 간 사람들은 당일에 행사장에서 재단에 기부금을 낼 수 있겠군.
② 행사에 간 사람들은 재단의 구호 활동에 대한 설명을 들을 수 있겠군.
③ 행사에 간 어린이들은 미아 방지용 팔찌를 무료로 받을 수 있겠군.
④ 행사에 간 어린이들은 다양한 프로그램을 체험하기 위해 돈을 내야겠군.

9. 발표를 위한 사전 계획 중 발표에서 확인할 수 없는 것은?

> 제가 발표할 주제는 'SNS 시대에 알아 두어야 할 저작권'입니다. 제가 이 탐구를 하게 된 동기는 SNS 콘텐츠를 만들 때 저도 모르는 사이에 저작권법을 어기는 경우가 있었기 때문입니다. 그래서 저는 여러분에게 SNS와 관련된 저작권에 대해 기본적으로 숙지해야 할 몇 가지 사항에 대해 알려 드리고자 합니다.
> 저작권은 자신의 저작물을 배타적·독점적으로 이용할 권리이며, 다른 사람이 허락 없이 이용하는 것을 금지할 권리입니다. SNS 이용자가 다른 사람의 저작물을 SNS를 통해 제공하는 것은 저작권 침해 행위입니다. 그럼 우리가 저작권을 침해하지 않기 위해 필요한 몇 가지 사항을 제시해 보겠습니다. 첫째, CCL(Creative Commons License)에 대해 숙지할 필요가 있습니다. CCL은 저작자와 출처 등을 표시하면 저작물의 변경을 포함해 자유롭게 이용할 수 있다는 뜻입니다. 단, 영리적 이용은 안 됩니다. 둘째, 타인이 촬영한 사진과 영상을 무단으로 공유하면 안 됩니다. 특히 임의로 장면을 캡처한 저작물은 법에 저촉되는 상황을 유발할 수 있습니다. 마지막으로 타인의 글을 스크랩해 블로그에 게시하는 것도 저작권자의 허락이 없다면 저작권 침해가 될 수 있습니다.
> 그렇다면 우리는 왜 저작권에 대해 알아야 할까요? SNS를 하다가 자기도 모르는 사이에 저작권법을 어겨 처벌을 받을 수 있기 때문입니다. 우리 모두 저작권을 보호하며 양질의 콘텐츠를 향유하도록 합시다.

① 청중에게 SNS와 관련된 저작권에 대하여 기본적으로 알아 두어야 할 사항을 소개한다.
② 청중에게 질문을 던지고 대답을 유도하며 청중이 발표를 잘 이해하고 있는지 점검한다.
③ 발표 주제에 관심을 갖게 된 동기를 제시하여 청중의 관심을 유도한다.
④ 청중에게 발표 화제가 실생활에서 마주칠 수 있는 문제임을 설명한다.

10. 다음 발표에 사용된 전략으로 가장 적절한 것은?

> 저는 소비자의 심리적 특성에 대해 발표하려 합니다. 제가 발표할 내용은 여러분이 합리적인 소비자가 되는 것에 많은 도움이 될 것입니다. 잘 들어 주세요.
> 여러분, 소비 심리학은 소비자의 행동을 어떻게 설명할까요? 소비자는 필요한 상품을 최소 비용으로 소비하려 하는 것이 일반적이지만, 소비 심리학은 꼭 그렇게만 생각하지 않습니다. 사례를 보겠습니다.
> 한 카페에서 개인 텀블러를 가져오는 손님들에게 할인해 주는 방침을 없애고 일회용 컵으로 주문하면 추가 요금을 내게 했습니다. 그 결과, 텀블러를 가져오는 손님이 늘었습니다. 소비 심리학은 인간이 이익보다 손실에 더 민감해서 이런 현상이 발생한다고 합니다. 이러한 심리를 손실 회피 성향이라고 합니다.
> 기업은 판매 전략을 세울 때 소비자의 심리적 특성을 적극적으로 고려합니다. 따라서 소비자는 심리적 특성으로 비합리적인 소비를 하고 있지는 않은지 늘 되돌아보아야 하겠죠? 이상으로 발표를 마칩니다.

① 자료의 출처를 밝혀 발표의 신뢰성을 높인다.
② 청중의 기억을 환기하기 위한 질문을 활용한다.
③ 보조 자료를 활용하여 발표에 대한 이해를 돕는다.
④ 발표 내용이 유용한 이유를 설명해 경청을 유도한다.

11. 다음 글에 대한 설명으로 적절하지 않은 것은?

> 회장: 1학기 학급 야영 직후에 실시한 설문 조사 결과를 살펴보니 만족도가 생각보다 낮았습니다. 그래서 1학기 야영이 호응을 얻지 못한 이유와 개선 방안에 대해 토의하겠습니다. 이 토의 결과를 토대로 2학기 야영 계획을 세워 보겠습니다. 먼저 민주의 의견부터 듣고 싶습니다.
> 민주: 야영 행사 프로그램의 순서 배치에 실패한 것이 가장 큰 원인이라고 생각합니다. 친구들이 제일 좋아하는 장기 자랑과 공포 체험이 모두 뒤쪽에 배치되어, 충분히 즐기지 못한 채 서둘러 끝났습니다.
> 선현: 친구들이 저녁 식사 준비에 스트레스를 받은 것도 원인으로 보입니다. 조별로 저녁 식사를 준비하다 보니 자신의 조가 다른 조와 비교되지 않습니까? 야영에 어울리지 않은 음식을 준비하여 눈살을 찌푸리게 한 조도 있었습니다.
> 회장: 프로그램의 완성도 부족과 조별로 큰 차이가 나는 저녁 식사 준비가 원인으로 지적되었습니다. 다들 동의하십니까?
> 민주: 사회자님, 프로그램 완성도가 아니라 프로그램 배치에 관해 말씀드린 것입니다.
> 회장: 아, 죄송합니다. 그럼 프로그램의 배치와 저녁 식사 준비가 문제의 원인이라는 점에는 동의하시는 거죠? (민주와 선현이 고개를 끄덕인다.)

① '회장'은 야영 만족도가 예상보다 낮은 원인과 그 개선 방안을 토의의 안건으로 제시하고 있다.
② '민주'는 사회자의 요청으로 발언하며 문제의 원인이 야영 프로그램 배치에 있었음을 주장하고 있다.
③ '선현'은 앞 발화자와 다른 측면에서 접근하여 저녁 식사 준비에 과도한 시간이 소모되었음을 문제의 원인으로 주장하고 있다.
④ '회장'이 토의 결과를 잘못 정리하자 토의 참여자가 이를 지적하고 있다.

12. ㉠~㉣에 대한 평가로 가장 적절한 것은?

> 지헌: 어디쯤 왔어? 지금 차에 탄 건 아니지?
> 민주: ㉠<u>여기 너희 동네야.</u> (숨을 헐떡이며) 진짜 미안해. 주말이라서 그런지 차가 엄청 막히더라. (의자를 가리키며) 나 여기 앉아도 되지?
> 지헌: (고개를 끄덕이며) 자료는 가져왔어?
> 민주: ㉡<u>이거 찾느라 도서관까지 갔다가 오느라 늦었어.</u> (사진을 내밀며) 이거 좀 봐.
> 지헌: 응? 펭귄 사진이랑 수학 과제가 상관이 있어?
> 민주: ㉢<u>이건 황제펭귄 부부 사진인데, 너는 어느 쪽이 암컷이고 어느 쪽이 수컷인지 알겠어?</u>
> 지헌: 똑같이 생긴 것 같은데?
> 민주: 90퍼센트 확률로 왼쪽이 암컷이고 오른쪽이 수컷이야. 이 사진이 실린 기사에 펭귄의 겉모습을 보고 성별을 구별할 때 활용하는 공식이 소개되었어. 신뢰도가 90퍼센트 정도래.
> 지헌: 90퍼센트? 그 정도면 공식이 어렵겠지?
> 민주: ㉣<u>소수점 셋째 자리까지 활용하니까 복잡하게 보이긴 하지만 곱하기 두 번에 더하기 한 번, 빼기 한 번이라 초등학생 수준으로 쉬워.</u> 그리고 기사에 황제펭귄 수컷이 암컷보다 부리가 길고 두껍다는 것도 쓰여 있었어.
> 지헌: 뭐야, 열심히 공식 소개를 하더니만. (사진을 보며) 오른쪽 펭귄 부리가 좀 더 길고 두껍네.

① ㉠: 상대의 질문과 달리 '너희 동네'라는 장소 정보를 제공하여 의사소통이 원활하게 진행되지 않도록 만든다.
② ㉡: 상대의 질문에 대해 '도서관'에 다녀왔다는 정보를 제공하여 청자가 함축된 의미를 추론하는 것을 방해한다.
③ ㉢: 상대의 질문과 달리 '황제펭귄 부부' 사진이라는 정보를 제공하여 표면적으로는 대화의 협력 원리에 어긋나 보인다.
④ ㉣: 상대의 질문에 대해 '초등학생 수준'이라는 정보를 제공하고 필요한 정보를 드러내지 않음으로써 함축된 의미를 추론하도록 이끈다.

Pattern 10 작문

1 글쓰기 계획과 자료 활용, 그리고 개요

1 글쓰기 계획 단계

예상 독자 및 글의 목적에 맞는 주제를 선정한 뒤, 예상 독자의 관심사나 배경지식의 수준에 맞는 글감을 수집해야 합니다.

2 자료 활용

글감으로 활용되는 자료가 여러 개 제시되더라도 반드시 선지를 읽기 전에 처리해 두어야 합니다. 선지를 읽은 뒤 자료를 확인하면 오답의 논리에 빠지기 쉽습니다.
- 줄글로 이루어진 자료는 펜터치를 활용하여 중심 내용을 요약한다.
- 그래프로 제시된 자료는 X축과 Y축을 기반으로 통시적 그래프인지 공시적 그래프인지, 항목 수가 몇 개인지, 각 항목의 최댓값이나 최솟값의 이치, 기울기의 변화 등을 파악한다.

3 개요

개요를 점검할 때는 제시된 순서대로 읽는 것이 아니라, 개요를 작성할 때 작성자가 작성했을 순서대로 읽으며 잘못된 점을 파악한다.

> **예시** 다음 개요는 이렇게 읽는다.
> - Ⅳ 결론에서 주제 확인 → Ⅰ 서론의 적합성 파악
> - Ⅱ, Ⅲ 문제의 원인과 해결에 대한 글이라는 것을 파악했으면 원인에 적합한 해결이 제시되었는지 확인하며 읽는다.
>   - Ⅱ-1 가, 나 → Ⅲ에서 해결 방안이 있는지 확인
>   - Ⅱ-2 가, 나 → Ⅲ에서 해결 방안이 있는지 확인

Ⅰ. **서론:** 다양한 분야의 청소년 문화 활동 실태와 문제점

Ⅱ. **문제의 원인 분석**
  1. 내부 요인: 청소년 자체 요인
     가. 공연 관람에 치중된 문화 예술 활동
     나. 청소년 문화에 대한 낮은 사회적 관심도
  2. 외부 요인: 학교, 사회, 제도 측면
     가. 형식적인 학교의 청소년 문화 예술 교육
     나. 청소년 문화 육성을 위한 학교, 지방 자치 단체의 행·재정적 지원의 부족

Ⅲ. **문제의 해결 방안**
  1. 다양한 방과 후 교육 프로그램의 실시
  2. 청소년을 위한 문화 공간의 확보를 위한 재정적 지원
  3. 청소년 문화에 대한 인식 제고를 위한 홍보 확대

Ⅳ. **결론:** 문화 예술 활동의 육성을 위한 청소년, 학교, 사회의 노력 필요

2 조건 표현

1. 조건을 형식 조건과 내용 조건으로 나누고
   ⬇
2. 형식 조건을 충족하지 못한 선지부터 소거
   ⬇
3. 남은 선지에서 내용 조건을 가장 잘 표현한 것이 정답(긍정 발문)
   남은 선지에서 내용 조건을 표현하지 못한 것이 정답(부정 발문)

3 고쳐쓰기

고쳐쓰기 과정에서 검토해야 하는 사항은 다음과 같습니다.

- 어휘 차원: 문맥에 맞는 어휘인지, 한글 맞춤법이나 표준어 규정 등의 어문규정에 맞는지
- 문장 차원: 문장 성분 사이의 호응이 맞는지, 문법적 단위가 자연스럽게 연결되는지, 중의적 의미가 발생하지는 않는지, 시제나 피동·사동 표현이 적절히 활용되었는지, 높임 표현이 적절히 활용되었는지
- 문단 차원: 통일성을 지켰는지(하나의 주제를 드러내기에 적절한 정보들로 이루어졌는지)
  유기성이 높은지(지시어나 접속 부사의 활용, 문장의 순서 등)
  완결성이 갖춰졌는지(일반화 진술의 내용에서 누락된 정보는 없는지)

만약 독해 요소 위주로 '고쳐쓰기'가 출제되면, 문단 차원의 점검 요소들을 잘 따져서 전체 내용에 맞지 않는 어색한 부분을 찾아내야 합니다. 이 유형에서 '가장 적절한' 경우는 '적절하지 않은 내용을 적절하게 수정한 경우'뿐입니다.

이미 적절한 내용을 다른 방식으로 변형하는 것(그 역시 적절하다고 하더라도 불필요한 수정 행위), 적절한 내용을 오히려 부적절한 방향으로 수정하는 것, 적절하지 않은 내용을 또 적절하지 않게 수정하는 것은 모두 함정입니다. 따라서 '전체 흐름과 맞지 않는 한 곳을 찾아 수정'하라고 했을 때는, 애초 지문에서 전체 내용에 적절한 부분에 대해서는 선지를 확인할 필요도 없습니다.

그러니 지문을 읽으면서 어색한 부분을 찾는 데 집중해야 합니다. 어색하다고 판단한 부분을 찾으면 그 부분에 해당하는 선지를 찾아 읽고 수정이 적절한지를 판단하면 됩니다. 이 방식이 일일이 선지와 비교하며 읽어 나가는 것보다 시간을 절약하며 함정에 빠질 확률을 줄이는 방식입니다.

내용의 적절성 판단법

- 급하게 지문을 읽느라 기호 제시 부분의 앞뒤 문맥만 확인하는 경우가 많다. 하지만 문단의 주제에 어긋나서 고쳐야 하는 경우도 있고, 앞 문장에서 지시어의 의미를 끌어와야 하는 경우도 많으니 지문의 내용은 제시된 순서대로 정독하자.
- 기호 범위의 주어와 앞에 제시된 내용의 주어가 같은지 확인하고, 그 주어에 맞는 서술어와 수식어가 쓰였는지 확인해야 한다.
- 기호 범위가 이어진 문장이거나 이어진 문장의 일부라면, 연결 어미의 적절성도 확인해야 한다.
- 조건절은 전건과 후건의 긍부정에 모순이 없는지 확인해야 한다.
- 전달하려는 의미를 왜곡하는 어휘가 쓰이지 않았는지 확인해야 한다.

작문을 위한 트레이닝

정답 및 해설 P. 33

1. '사막화'를 소재로 글을 쓰기 위한 계획 중 글의 내용이 적절하지 않은 것은?

- 주제: 사막화의 심각성과 사막화 방지를 위한 노력
- 목적: 사막화 문제 해결에 대한 관심을 촉구하기 위한 정보 전달과 설득
- 글의 내용
  ① 사막화의 의미와 유형을 제시한다.
  ② 사막화 진행 실태를 구체적 수치로 제시한다.
  ③ 사막화의 장단점에 대해 제시한다.
  ④ 사막화 방지를 위한 노력을 사례를 들어 제시한다.

2. '전통문화의 현대적 계승'이라는 주제로 글을 쓰고자 한다. 다음 중, 글쓰기의 계획 단계에서 고려할 사항으로 가장 거리가 먼 것은?

- ㉠ 현재의 우리 문화가 전통과 어느 정도 연계되어 있는지 조사해 본다.
- ㉡ 전통문화를 바라보는 현대인들의 의식에 문제점이 없는지 비판해 본다.
- ㉢ 전통이 현대를 살아가는 우리들에게 어떤 의미를 지니는 것인지를 생각해 본다.
- ㉣ 훼손된 문화재의 복원과 관련된 국민들의 찬반 의견을 조사하여 당위성을 검증해 본다.

① ㉠ ② ㉡
③ ㉢ ④ ㉣

3. '지방대생 취업 할당제의 필요성'이라는 주제로 글을 쓰기 위한 계획이다. 자료의 활용이 적절하지 않은 것은?

- ㄱ. 수도권 대학과 지방 대학의 평균 취업률 격차는 31.8%로 수도권 대학에 비해 지방 대학이 현저히 낮다.
- ㄴ. 청년층의 높은 실업률과 비정규직 취업으로 인한 고용 불안정으로 사회 불안이 가중되고 있다.
- ㄷ. 지방대생 취업 할당제를 입법화하여 시행한다.
- ㄹ. 고용의 불균형이 해소될 때까지 지방대 졸업생에 대한 배려는 불가피하다.
- ㅁ. 취업의 기회에 대한 균등 제공 및 고용 평등이라는 측면에 있어서 위헌의 소지가 있다.
- ㅂ. 지방대생 취업 할당제에 대한 법규를 마련하여 기업이 이를 준수하도록 정부의 감독 기능을 강화한다.
- ㅅ. 고용 시 지방대 출신에게 일정 비율을 할당하는 것은 취업 희망생들 전체에 대한 역차별이다.

〈자료 활용 계획〉
① 제1부 지방대생 취업에 대한 문제 제기 ············ ㄱ
② 제2부 지방대생 취업 할당제 필요성 ············ ㄴ, ㄹ
③ 제3부 제도 시행 시 예상되는 문제점 ·········· ㅁ, ㅅ
④ 제4부 구체적 대책 마련 방안 ····················· ㄷ, ㅂ

4. 다음 〈개요〉의 수정 방안으로 적절하지 않은 것은?

```
Ⅰ. 전력 수급 위기에 대한 논의의 필요성
   가. 전력 수급 위기와 블랙아웃의 발생
   나. 전력 생산 설비의 종류와 발전 능력
Ⅱ. 우리나라의 전력 수급 상황과 문제점
   가. 우리나라와 외국의 전력 사용량 비교 ……… ㉠
   나. 전력 수급 위기로 초래되는 문제점
   다. 전력 부족이 경제에 미치는 영향 ………… ㉡
Ⅲ. 전력 수급 위기의 원인
   가. 전력 공급과 관련한 원인
   나. 전력 소비 주체와 관련한 원인 ………… ㉢
Ⅳ. 전력 수급 위기의 대응 방안 ………………… ㉣
   가. 정부 차원의 전력 공급 대응 방안
   나. 민간 차원의 전력 공급 대응 방안
Ⅴ. 전력 수급 위기 극복을 위한 노력 촉구
```

① ㉠은 상위 항목을 고려하여 '최근 우리나라의 전력 수급 동향'으로 대체한다.
② ㉡은 다른 요소와 내용이 중첩되므로 'Ⅱ-나'에 통합하여 제시한다.
③ ㉢은 'Ⅲ-가'를 고려하여 '전력 수요와 관련한 원인'으로 수정한다.
④ ㉣은 하위 내용이 다소 미흡하므로 'Ⅳ-다'로 '정부 전력 소비 방안'을 추가한다.

5. 〈개요〉를 검토하여 수정한 내용으로 적절하지 않은 것은?

```
Ⅰ. 서론: 자전거 이용 현황과 실태
   - 다른 나라보다 저조한 자전거 이용률 현황
Ⅱ. 본론
   1. 자전거 이용이 저조한 원인
      가. 자동차 이용이 편리하다는 인식
      나. 자전거 전용도로 이용을 기피함 ……… ㉠
   2. 자전거 이용의 활성화 방안 ……………… ㉡
      가. 시설적 측면: 자전거 전용 도로의 확충
      나. 제도적 측면: ☐☐☐☐☐☐☐☐ … ㉢
   3. 자전거 이용 활성화의 필요성 ……………… ㉣
      가. 경제적 측면: 에너지 절약
      나. 환경적 측면: 무공해 교통수단
Ⅲ. 결론: '에너지 절약, 환경 보호, 개인 건강' 등 여러
          이점이 있으므로 자전거 이용을 활성화하자.
```

① ㉠: Ⅱ-2-가를 고려하여 '전용 도로에서 자전거 타기가 위험하다는 오해'로 고친다.
② ㉡: 본론 2와 본론 3의 순서를 바꾼다.
③ ㉢: '자전거를 이용한 출·퇴근과 등·하교 장려 정책 추진'을 추가한다.
④ ㉣: Ⅲ의 '개인 건강'을 고려하여 Ⅱ-3에 '건강적 측면: 개인 건강에 유익함'을 추가한다.

6. 〈보기〉를 참고하여 글을 쓴 것으로 가장 적절한 것은?

> ● 보기 ●
>
> 글의 용도: 서문
> 집필 의도: 규칙을 잘 지키자고 설득
> 집필 내용: 당위보다는 규칙을 지킬 때 어떤 긍정적 결과가 있는지
> 서술 특징: 구체적이고 다양한 결과를 모두 지적할 수는 없으니, 비유를 사용하여 표현

① 학급의 규칙은 구성원들의 약속입니다. 스스로 책임감을 가지고 규칙을 지킬 때, 우리의 자유는 더욱 확대됩니다.
② 우리가 만든 규칙입니다. 우리 모두가 조화롭게 생활하기 위한 기본이 되는 것입니다. 규칙은 만드는 것보다 지키는 것이 더 어려운 일임을 깨달아야 합니다.
③ 신뢰와 존중, 배려가 보석처럼 빛나는 학급을 원하십니까? 그 보석의 주인이 되기 위해서 우리가 함께 정한 규칙을 말뿐 아니라 행동으로 옮겨야 합니다.
④ 한 나라에는 법이 있습니다. 우리 학급에는 우리 모두가 지켜야 할 규칙이 있습니다. 약속이 지켜지는 사회, 나의 실천에서 시작됩니다.

7. 다음은 서울 둘레길을 다녀와서 쓴 글 중 일부이다. 〈조건〉을 반영한 문장으로 가장 적절한 것은?

> **서울 둘레길을 다녀와서**
>
> 걷기는 최고의 운동이다. 자연과 함께 숨 쉬며 자신을 돌아보고 새 힘을 얻을 수 있기 때문이다. 제주에 있는 올레길처럼 서울에도 둘레길이 정비되어 있다.
>
> [중략]
>
> 서울 둘레길을 하루 만에 모두 다녀오는 것은 불가능하다. 또 굳이 그럴 필요도 없다. 코스별로 일주일이나 이주일 간격을 두고 걷는 것도 재미가 있다. 어디서 시작하든 아무도 뭐라 하지 않는다.

> ● 조건 ●
>
> • 비유적 표현을 쓸 것.
> • 의문문의 형식을 사용하고 권유하며 마무리할 것.

① 인생처럼 긴 여행길, 떠나자.
② 한번 멈추면 다시 전진하기 어려운 것처럼 둘레길도 쉬면서 정복하긴 어렵다.
③ 다른 사람을 의식하지 말고 자신을 위해 떠나는 건 어떨까?
④ 시작이 반이라는 말처럼 둘레길로 떠나는 건 어떨까?

8. 초고를 다음과 같이 고쳐 쓸 때 고려한 사항이 아닌 것은?

• 초고

글꼴 파일은 창작자에 의한 창작물이므로 주의할 점이 많다. 이와 달리 공공 저작물은 정부나 공공 기관이 작성하거나 생산한 저작물로 보고서, 사진, 동영상 등을 포함한다. 따라서 공공 저작물에 해당하는 글꼴을 사용하면 편리하다. 공공 저작물로 보급되는 글꼴 파일을 구하려면 인터넷에서 '나눔글꼴'을 방문하면 된다.

• 고쳐쓰기 후

글꼴 파일은 창작자에 의한 창작물이므로 이를 이용할 때는 합법적 절차를 준수해야 한다. 유료 글꼴 파일은 합법적으로 구매해야 하며, 이용약관에서 제시한 용도나 목적 등을 준수해야 한다. 한편 공공 저작물을 이용하면 저작권 침해 없이 다양한 글꼴 파일을 사용할 수 있다. 이는 정부나 공공 기관이 저작 재산권의 전부 또는 일부를 보유하여 국민들이 자유롭게 이용할 수 있도록 개방한 경우이다. '나눔글꼴' 사이트에서 회원 가입을 하면 누구나 공공 저작물을 구할 수 있다. 원래 저작물 보유 기관에 개별 허락을 받아야 하지만 이 사이트를 활용하면 별도 절차 없이 즉시 이용이 가능하기 때문에 편리하다.

① 글꼴 파일 사용의 주의 사항을 구체적으로 설명한다.
② 공공 저작물 운영의 목적이 포함되도록 서술한다.
③ 사용자 범위의 변화가 포함되도록 서술한다.
④ 나눔글꼴의 구체적인 이용 방법에 대해 설명한다.

9. 다음 글을 고쳐 쓰기 위한 계획으로 옳지 않은 것은?

다윈 의학은 인체가 질병에 취약한 이유와 환경이 병균의 독성에 영향을 미치는 요인을 찾아내 문제에 접근한다. 진화 생물학을 의학에 ㉠접합해 진화론의 창시자인 다윈의 이름을 따서 다윈 의학이라 부른다.

진화 생물학의 중심 개념은 선택과 적응이다. 환경에 적응한 개체가 그들의 형질을 집단 속으로 퍼뜨리고 그렇지 못한 개체는 도태된다. 따라서 다른 개체보다 자신의 자손을 더 많이 ㉡살아남기 위해서는 환경에 적응하는 능력을 갖지 않으면 안 된다. 적응은 생물의 기능 중에서 생존에 효과적인 부분만을 자연 선택하여 ㉢진화되어진 것을 의미하는데, 사람의 손은 적응의 좋은 예시이다. 침팬지의 근육이 발달하지 못하였다. ㉣그러므로 양손을 도구로 쓰는 인간은 달랐다. 인간의 엄지는 고도로 발달하였다.

① ㉠은 문맥에 적절하지 않으니 '접속'으로 수정한다.
② ㉡은 호응을 고려하여 '살아남게 하기'로 수정한다.
③ ㉢은 불필요하게 피동을 두 번 사용한 형태이므로 '진화된'으로 수정한다.
④ ㉣은 역접 상황에서 사용하는 접속어가 들어가야 하므로 '그러나'로 수정한다.

10. '독거노인 돌봄 활동'에 동참할 것을 권유하는 글이다. 이를 고쳐 쓰기 위한 의견으로 적절하지 않은 것은?

> 저는 중학교 때부터 독거노인을 위한 자원봉사 프로그램에 참여하고 있습니다. ㉠복지관에는 독거노인 돌봄 활동뿐만 아니라 저소득층 아이 돌보미 활동, 우리 동네 지키미 활동 등 다양한 경험을 할 수 있는 자원봉사 프로그램이 있어 누구나 참여할 수 있습니다. 처음에는 별다른 생각 없이 시작한 것인데 큰 기쁨과 보람을 느껴 지속적으로 참여하게 되었습니다.
>
> 독거노인 돌봄 활동은 일주일에 한 번씩 중·고등학생 네다섯 명이 우리 동네 독거노인의 집을 직접 방문하여 그분들과 함께 시간을 보내는 활동입니다. ㉡요즘엔 봉사 활동 시간이 아니어도, 또 누가 시키지 않아도 지나다니며 간간이 찾아뵙기도 하고 맛있는 것을 나누기도 하면서 그분들과 정을 쌓아 가고 있습니다. 처음에는 저도 무엇을 할지 몰라 난감했지만 이제는 밀린 집안일을 척척 찾아서 도와드리고 노래도 불러 드리면서 즐거운 시간을 보냅니다. (㉢)
>
> 그분들과 만나면서 돌아가신 할아버지, 할머니의 품을 느낄 수 있었습니다. 또한 ㉣그분들께 지혜로움과 사랑을 느끼면서 저도 성장해 나가는 것 같습니다. ㉤그리고 거동이 가능한 분은 모시고 가까운 곳을 함께 산책하고, 거동이 불편한 분은 집에서 함께 시간을 보내며 말벗을 해 드립니다.
>
> 여러분도 가까운 복지관을 통해 독거노인 방문을 자원해 보세요. 시작이 어려울 뿐, 상상하지 못했던 따뜻한 정, 큰 보람과 기쁨을 누릴 수 있을 것입니다.

① ㉠은 글의 목적을 고려하여 보다 상세한 활동을 추가적으로 소개하는 것이 좋을 것 같아.
② ㉡은 내용의 흐름상 문단 끝에 두는 것이 좋겠어.
③ ㉣은 문장 성분의 호응을 고려하여 '그분들께 지혜로움을 배우고 사랑을 느끼면서'로 바꿔야겠어.
④ ㉤은 문맥을 고려하여 ㉢으로 옮기는 것이 낫겠어.

11. 다음 글을 고쳐 쓰는 방법으로 적절하지 않은 것은?

> 거북선은 고려 말부터 ㉠계발되었다. 이순신 장군은 거북선을 활용할 수 있는 전술을 고안한 사람이었다. 기존 거북선 위에 철판을 더해 많은 대포를 장착할 수 있게 발전시킨 것이다. ㉡이순신 장군이 타고 다녔던 거북선은 장군의 막료였던 한 군관이 설계했다는 이야기가 있다.
>
> 임진왜란 때 주력 전투함은 거북선이 아닌 판옥선이었다. 판옥선은 갑판이 2층 구조였다. 덕분에 노군들은 안전하게 노를 젓고 군사들은 2층으로 올라가 적과 싸울 수 있었다. 배를 탈 수 있는 인원도 ㉢몇백 명 정도여서 왜선보다 훨씬 컸다.
>
> ㉣거북선은 판옥선의 2층 갑판 윗부분에 둥근 덮개를 덮고 철갑을 씌운 것이다. 거북선은 승선 인원 전원을 보호하면서 쉽게 적선에 접근할 수 있었다. 그러나 승선 인원 전원이 개판 밑에 있어 전투 효과가 떨어진다는 단점도 있었다.

① ㉠: 어휘가 적절하지 않으므로 '개발'로 수정한다.
② ㉡: 정보의 신뢰성을 높이기 위해 출처를 밝힌다.
③ ㉢: 정확한 탑승 인원을 알 수 있게 수정한다.
④ ㉣: 통일성을 고려해 문단의 끝으로 위치를 바꾼다.

이유진 국어
똑똑한 알고리즘으로 승부하자

이유진 국어
똑똑한 알고리즘으로 승부하자

독해 알고리즘 스키마
기초 트레이닝

정답 및 해설

2025 9·7급 공무원 시험 대비

정답 및 해설

PART 2 기초 트레이닝

Pattern 01	중심 화제와 주제	4
Pattern 02	정보 관계와 접속어	7
Pattern 03	서술 전개 방식	10
Pattern 04	배치와 배열	13
Pattern 05	내용 확인과 일반 추론(부정)	18
Pattern 06	내용 확인과 일반 추론(긍정)	22
Pattern 07	어휘 추론과 문맥 추론	25
Pattern 08	빈칸 추론과 사례 추론	28
Pattern 09	화법	31
Pattern 10	작문	33

01 중심 화제와 주제

중심 화제와 주제를 위한 트레이닝

본문 P. 78

1 ②

정답해설 마지막 부분에서 '이런 점에서 지금 돈을 만들어 써서 사람이 지거나 말에 싣는 고통을 면해 주어야 할 것'이라고 한다. 따라서 현재와 같이 쌀을 화폐로 쓰는 것에 어려움이 있으니 화폐를 주조해서 써야 할 필요가 있다는 것이 지문의 중심 화제이다.

오답해설
① '쌀 운반의 어려움'은 화폐 주조의 필요성을 주장하기 위해 제시된 하위 화제이다.
③ 바람직한 화폐의 조건은 지문에 제시되지 않았다.
④ 쌀을 화폐로 사용해야 하는 이유는 지문에 제시되지 않았다.

2 ①

정답해설 과학은 자연 현상을 객관적 연구 대상으로 삼아 거기서 동일성과 보편적 질서를 찾아내지만, 예술은 대상에 자신을 몰입시켜 총체적 본질을 표현한다는 내용으로 요약할 수 있는 글이다. 이렇게 볼 때 지문은 '과학과 예술의 차이'를 대비적으로 설명하고 있다 볼 수 있다.

오답해설
② 예술가의 임무는 지문에서 언급되지 않은 내용이다.
③ 지문은 과학적 창조 활동과 예술적 창조 활동의 차이를 통해 과학과 예술의 차이를 밝히는 글이므로, 이 글의 중심 내용으로 적절하지 않다.
④ 과학적 창조 활동과 예술적 창조 활동의 차이를 설명하기 위한 전제이다.

3 ③

정답해설 지문에는 '앵포르멜'의 이름의 유래와 개념, 의미가 제시되어 있다. 또한 '타시슴'이라고 불리기도 하는 이유를 함께 제시하며 앵포르멜이 어떤 것인지 소개하는 내용을 담고 있다. 따라서 지문의 중심 화제로 가장 적절한 것은 '앵포르멜의 개념과 의미'이다.

오답해설
① 지문은 미술 양식 중 하나인 '앵포르멜'에 대해 설명하고 있을 뿐, 지문에서 서구 미술이 지닌 사상의 흐름은 제시되지 않았다. '서구의 미술 사조'는 지문을 확대 해석한 것이다.
② 지문에 '앵포르멜'이 등장하게 된 배경은 제시되지 않았다.
④ 지문의 마지막 부분을 통해 '앵포르멜'의 작품이 물감을 주로 사용한다고 추론할 수는 있으나, 부재료는 제시되지 않았다. 또한 제시된 부분은 앵포르멜이 '타시슴'으로 불리는 이유를 설명한 것으로, 이는 중심 화제를 설명하기 위한 하위 화제에 해당한다.

4 ②

정답해설 지문에서 '비를 동반한 강한 바람'이라고 태풍의 개념을 설명하고 있으며, 그 이후에는 태풍이 발생하게 되는 과정을 시간 순서에 따라 서술하고 있다.

오답해설
① 지문에서 태풍의 정의를 제시하였지만, 이는 중심 화제를 설명하기 위한 하위 화제이다. 또한 지문에서 태풍의 이동 방향은 제시되지 않았다.
③ 태풍의 어원적 유래가 타이푼이라는 언급이 있으나, 이는 중심 화제를 설명하기 위한 하위 화제이다. 또한 태풍과 비슷한 표현은 제시되지 않았다.
④ 지문은 태풍이 발생하는 과정을 시간에 따라 나열하였을 뿐, 태풍의 특징을 제시하지 않았다. 또한 태풍의 어원인 타이푼이 필리핀 제도 부근에서 발생하여 불어오는 강한 열대성 저기압이라는 내용은 설명하고 있지만, 필리핀의 지형적 특성은 제시하지 않았다.

5 ③

정답해설 지문은 사회 집단에 참여함으로써 사회적 자본을 얻으며, 이를 바탕으로 민주주의가 발전한다는 내용과 더불어 미국의 사례를 들어 사회 집단 참여가 감소하는 것이 곧 민주주의의 위기와 공동체 상실로 이어진다는 내용을 설명한다. 따라서 지문은 사회적 자본과 민주주의가 가지는 상관성을 설명하고 있는 것이다.

오답해설
① 지문에 따르면, 사회적 자본은 민주주의 발전의 조건 중 하나이다. 민주주의의 발전 과정은 지문에 제시되지 않았다.
② 퍼트넘은 사회 집단에 참여함으로써 '다른 사람과 협력하는 능력, 신뢰감 및 소속감 같은 사회적 자본을 얻'는 효과를 얻을 수 있다고 한다. 하지만 이를 사회 집단에 참여하는 이유로 보기는 어려우며, 이는 중심 화제를 설명하기 위한 하위 화제에 해당한다.
④ 미국의 시민적 참여가 줄어들고 투표율이 떨어졌다는 내용이 제시되어 있으나 그 원인은 지문에 제시되지 않았다.

6 ③

정답해설 행복한 삶을 설계하기 위해, 자아실현과 원만한 인간관계와 같은 내면적 가치가 중요하다는 것이 지문의 주제이다.

오답해설
① 내면적 가치의 종류는 지문에서 제시되지 않았다.
② '자기가 속해 있는 공동체를 위해서 필요한 존재라는 것을 인정할 수 있어야 한다.'라는 부분에서 자기 효능감이 행복에 영향을 미친다고 볼 수 있으나, 이는 지문을 대표할 수 없는 부분적인 정보이다.
④ 지문에서 인간관계와 자아실현의 관계는 제시되지 않았다.

7 ③

정답해설 지문은 최근 저소득층의 상황 악화에 대해 언급하면서, 이는 저임금 일자리가 확산되기 때문이라고 한다. 또한 저임금 일자리가 확산됨에 따라, 취업을 유지한 상태에서도 빈곤할 가능성이 높아지는 현상을 다루고 있다. 따라서 '저임금 일자리 확대로 인한 저소득층 빈곤 심화'가 글의 중심 내용이라 할 수 있다.

오답해설
① 공업화와 탈공업화가 곧바로 이어지지는 않았다. 빈곤이 심화된 것은 사실이나, 탈공업화의 역사적 배경을 다루지는 않았다.
② 지문은 '제조업에서 방출되어 생계형 서비스업으로 유입된 노동력이 광범위한 저임금 근로자 그룹을 형성' 이후의 현상을 중점적으로

로 다루고 있다. 즉 저임금 서비스업 종사자들의 빈곤에 대해 다루고 있는 것이지, 저기술 제조업 노동자들의 상황 악화에 초점을 맞추고 있는 것이 아니다.
④ 지문에서 산업구조의 변화에 따른 빈곤을 다루고 있으나, 국가 간 소득 격차는 지문의 내용과는 거리가 멀다.

8 ②

정답해설 첫째 문단에서는 '공공성 결핍 현상' 해소를 위한 공동체와 사회의 역할에 주목하는 공공성 담론을, 이어지는 각 문단에서 공공성의 개념을 설명한다. 따라서 지문의 중심 화제는 '공공성의 개념'이 가장 적절하다.

오답해설
① 첫째 문단에서 공공성 결핍의 문제점을 제시하였지만, 이는 중심 화제인 '공공성'을 설명하기 위한 하위 화제이다.
③ 셋째 문단에서 공익의 개념을 광의, 협의로 나누어 설명하였지만, 이는 공공성의 하위 개념 중 하나를 설명하기 위한 하위 화제이다.
④ 마지막 문단에서 알 권리의 보장에 관한 내용이 제시되었지만, 이는 공공성의 하위 개념 중 '접근성'을 설명하기 위한 하위 화제이다.

9 ②

정답해설 지문에 따르면, 카시러는 인간이 가진 상징체계를 바탕으로 문화를 이해하고 있다. 인간은 동물과 달리 세계를 인식하는 우회로로 상징체계를 활용하며, 이것은 바로 현실 세계의 대상을 자기 안에 그려 낸 문화이다. 따라서 글의 중심 화제를 담고 있어야 하는 강연의 제목으로는 '카시러의 문화론 – 상징체계를 중심으로'가 적절함을 알 수 있다.

오답해설
① 첫째 문단에 카시러가 인간을 상징적 동물로 규정하는 데에 윅스킬의 영향이 크게 작용하였다는 내용이 있다. 즉, 윅스킬의 이론은 카시러의 이론에 기반이 된 내용이지 비교 대상이 아니다.
③ 인간과 동물의 인지 방식의 차이는 지문에 드러나 있으나, 이는 인간만이 가진 상징체계인 '문화'를 이야기하는 글의 중심 내용에 대한 보조적인 내용일 뿐이다.
④ 카시러의 상징체계는 문화 형식 자체를 그 근본에서부터 설명하는 개념이라고 하였다. 따라서 상징체계가 문화의 전제 개념이므로 '상징체계가 문화에 미치는 영향'이라는 서술은 적절하지 않다.

10 ④

정답해설 지문은 뉴턴과 관련된 과학적 신화는 비과학이며, 이러한 신화는 전문적인 과학과 대중을 매개하는 교량 역할을 하지만 과학적 발견이 이루어지기 위해 얼마나 많은 노력이 필요한지를 보여 주는 데 적합하지 않다고 설명한다. 이러한 내용을 가장 잘 반영한 것이 '과학 속의 비과학 – 과학 신화의 진실을 파헤친다'이다.

오답해설
① 첫째 문단에 따르면 뉴턴의 사과 이야기는 뉴턴 자신이 거짓으로 실험을 하여 허구적인 신화를 만들어 낸 것이 아닌, 그를 알던 지인이 신화를 만들어 낸 것이다.
② 지문에서 과학자의 실험 자세는 제시되지 않았다.
③ 지문에서는 과학과 신화는 관련이 없다고 한다. 또한 과학자들의 신화적 상상력은 제시되지 않았다.

11 ④

정답해설 지문은 '아는 것'에 대해 다루고 있다. 인간은 무지에서부터 시작하여 사고와 탐구를 통해 부분적인 지식을 쌓는다. 그 과정에서 부분적으로 무언가를 잘못 알게 될 수도 있지만, 자신의 지식이 불완전함을 지각함으로써 바른 지식으로 나아갈 수 있다고 한다. 그러면서 바른 지식으로 나아가려면 먼저 내가 어디에 있는지 아는 것이 중요하다고 한다. 따라서 '바른 지식을 위해서는 내 위치를 먼저 파악해야 한다'는 것이 지문의 중심 내용이다.

오답해설
① 단순히 '다양하고 넓은' 분야의 지식을 가져야 한다는 것을 지문의 중심 내용이라 보는 것은 적절하지 않다.
② 지문은 '자신의 지식이 불완전함을 지각함으로써' 바른 지식을 향해 나아갈 수 있다고 설명하고 있을 뿐, 불완전한 지식도 도움이 된다고 설명하지 않았다.
③ 지문은 지식을 쌓는 과정에서 논리적 결함이 생겨 무언가를 잘못 알게 될 수도 있지만, 자신의 지식이 불완전함을 지각함으로써 바른 지식으로 나아갈 수 있다고 말한다. 따라서 논리적 결함이 필수 불가결하다는 말은 적절하지 않다.

12 ①

정답해설 지문은 공상 과학 영화에 등장하는 미래의 여러 모습을 설명한 후, 공상 과학 영화가 갖는 진정한 의의에 대해 고찰하고 있다. 지문은 공상 과학 영화가 미래의 사회상에 대한 진지한 성찰의 기회를 주는 동시에 과학과 인간의 존재에 관한 근원적인 질문을 던지고 이에 대한 해답을 찾아 나가는 데 그 의의가 있음을 설명한다.

오답해설
② 지문에서는 공상 과학 영화 속 미래는 여러 모습이 공존한다고 제시하였지만, 미래 사회를 낙관적으로 전망하는 견해에 많은 사람이 관심을 기울인다는 내용은 제시하지 않았다.
③ 둘째 문단의 '공상 과학 영화의 역할이 꼭 미래의 첨단 과학 기술을 예측하는 데에만 한정된 것은 아니다'라는 내용을 통해 공상 과학 영화가 미래의 첨단 기술을 예측하는 역할을 한다고 볼 수 있다. 하지만 미래 사회는 과학 기술을 다루는 인간의 손에 따라 달라진다. 따라서 공상 과학 영화가 미래의 첨단 기술을 정확하게 예측하는 역할을 한다고 볼 수는 없다.
④ 지문은 공상 과학물이 과학 기술의 잘못된 이용에 대한 경고를 내리는 것은 좋지만 이것이 과학 기술 발전 자체에 대한 막연한 공포나 거부감으로 이어져서는 안 된다고 지적한다. 지문은 공상 과학 영화의 진정한 의의에 대해 설명하고 있으므로, 공상 과학 작가들이 과학 기술의 잘못된 이용을 예리하게 비판해야 한다는 내용은 글쓴이가 말하고자 하는 바가 아니다.

13 ④

정답해설 지문은 한국이 체벌보다 심벌을 중심으로 벌을 주는 사례를 제시하며 우세 문화를 설명한다. 이러한 우세 문화는 심통(마음의 통증)이 체통(신체의 통증)보다 더 아프다는 한국인의 집단의식이 작용했기 때문이라는 내용을 중심으로 설명하고 있으므로 '우세 문화는 신체적 고통보다 심적 고통이 더 크다는 집단 의식에 의해 만들어졌다'가 주제로 적절하다.

오답해설
① 한국은 심통이 체통보다 더 아프다는 한국인의 집단의식이 작용하여 우세가 벌의 중심이 된다. 이는 우셋거리로 만들어 잘못을 자제시

키는 우세 문화의 하나로, 한국에 우세 문화가 있다는 것을 알 수는 있지만 우세 문화가 한국 문화에만 있는 고유한 것임은 지문을 통해 알 수 없으므로 주제로 적절하지 않다.
② 한국인들은 많은 사람들이 비웃게 하여 창피를 주는 '우세'라는 심통이 체통보다 아프다는 집단의식을 가지고 있다. 이는 한국인들이 가진 집단의식에 대한 설명일 뿐, 보편적으로 우세가 신체적인 체벌보다 아프다는 내용은 제시되지 않았으므로 주제로 적절하지 않다.
③ 지문에 따르면, 한국과 다르게 서양의 학교에서는 육체의 고통을 주는 체벌의 전통은 오래되었지만 심벌의 전통이 없다. 이는 글의 핵심 내용을 설명하는 부분 정보이므로 주제로 적절하지 않다.

14 ②

정답해설 지문은 다원주의 사회에서의 가치관 충돌을 해결할 수 있는 방법에 대해 다루고 있다. 지문에 따르면 가치관 갈등은 절차적 방식으로 해결하기 어려우며, 사회 내 소수 집단들은 자신들도 하나의 문화 공동체를 형성하고 있는 구성원이라는 사실을 인정하라고 요구한다고 한다. 따라서 지문의 주장은 '다원주의 사회에서 집단 간 가치관 갈등을 해결하기 위해서는 서로 다른 문화적 정체성을 인정해야 한다.'가 된다.

오답해설
① 다원주의 사회에서의 가치관 갈등은 시민 간의 합의 등 절차적 방식으로 해결하기 어렵다.
③ 다원주의 사회에서의 가치관 갈등은 절차적 방식으로 해결하기 어렵다. 따라서 가치관 갈등을 해결하는 핵심은 서로 다른 가치관을 이해하고 인정하는 데 있지, 제도적 장치에 있는 것이 아니다.
④ 국가가 가치관 갈등에서 중립적인 입장을 취해야 한다는 언급은 없다.

15 ④

정답해설 지문은 생명체로서의 인간을 다루는 생물학과 구별되는 인문학의 목표에 대해 설명하고 있다. 생존과 번식이라는 생물학적 개념만으로는 인간에 대해 완벽히 설명할 수 없으며, 인문학의 관심 대상은 이런 차원 위에 만들어진 독특한 세계라고 한다. 따라서 글쓴이의 주장은 '인간에게 있어 생물학을 넘어서는 차원을 연구하는 것이 인문학의 목표이다.'가 된다.

오답해설
① 인문학은 인간의 삶에서 사회·정치·윤리의 차원을 고려하고자 하는 학문이다. 인문학이 이와 구별된다는 것은 오히려 글의 내용과 반대된다.
② 인간 삶에 대한 모든 탐구가 생명체의 차원에서 이루어질 수 있다는 것은, 인문학이 생명체로서의 차원 이상을 연구해야 한다고 보는 글쓴이의 주장과 대비된다.
③ 마지막 문장에 따르면 인간이 사회 원칙과 이상에 대해 고찰할 수 있는 것은 맞으나, 인간이 이러한 유일한 생명체인지에 대한 언급은 없으며 이것이 글의 핵심적인 주장이라 보기도 어렵다.

16 ④

정답해설 지문은 서양의 학문이 기술과 같은 '비인간'을 논의의 대상에서 제외한 것을 비판하며, 기술이 우리 사회에서 수행하는 능동적인 역할에 주목할 것을 주장하고 있다.

오답해설
① 과학이 자연을 탐구하려면 기술이 바탕이 되는 실험 기기에 의존해야 한다는 언급이 있다. 하지만 기술이 과학 발전에 중요한 역할을 수행한다는 것이 글의 핵심 주장이라 보는 것은 적절하지 않다.
② 마지막 문장에 자연-사회의 이분법을 극복해야 한다는 언급이 있으나, 이를 잇는 가교 역할을 하는 것이 기술이 되어야 한다는 주장은 언급되지 않았다.
③ 철학자들이 인간을 주체와 객체로 나눈 것은 사실이나, 글의 핵심 소재인 '기술'에 관한 언급이 없기에 핵심 주장이라 보는 것은 적절하지 않다.

17 ③

정답해설 바로크 시대 음악은 감정 표현에 치중했다. 이에 대해 한슬리크는 음악의 아름다움은 아무런 목적을 갖지 않아야 한다고 주장했으며 감정이 결코 본질적인 것이 될 수 없다고 보았다. 따라서 '음악적 아름다움의 성립에서 감정은 본질이 아니다.'가 주제로 가장 적절하다.

오답해설
① 한슬리크는 감정과 감각이 구분됨을 설명했다. 이를 통해 감정은 음악의 본질이 될 수 없다는 것을 궁극적으로 말하고자 하였다.
② 바로크 시대의 음악은 감정 표현에 치중했다. 그러나 한슬리크는 이에 대한 비판을 전개했으므로 주제로 적절하지 않다.
④ 한슬리크는 음악적 아름다움은 감정이 아닌 감각과 만나는 것이라고 했다. 그러나 한슬리크는 감각이 중요하다는 것을 주장하는 것이 아닌, 감정이 음악적 본질이 아니라는 것을 말하고자 했다.

18 ①

정답해설 이 이야기의 핵심은 나무 혼령의 말이다. 목수는 자신의 경험을 바탕으로 하여 거대한 나무가 쓸모없는 것이라고 판단하고 있지만, 나무 혼령은 자신이 쓸모없다고 생각하는 목수와 같은 사람들로 인해 천 년 동안이나 살아올 수 있었으며, 그로 인해 이로운 일을 행할 수 있었음을 말하고 있다. 이를 통해 우리는 '어떤 것의 단점이 도리어 이점으로 작용할 수도 있다.'는 것, 그리고 '재주가 없어 보이는 것도 어떤 한 가지 재주는 있을 수 있다.'는 교훈을 얻을 수 있는데, 이와 통하는 것이 바로 '아무리 못난 사람도 한 가지 재주는 있다.'는 것임을 헤아릴 수 있다.

19 ③

정답해설 첫째 문단에서는 질병의 발생이 사회적 요인과 관련될 수 있음을 설명하고, 둘째 문단에서는 질병의 대처에 있어서 사회적 요인을 고려해야 함을 설명하고 있다. 따라서 '질병의 성격을 파악하고 질병에 대처하기 위해서는 사회적인 측면을 고려해야 한다'는 것이 논지로 가장 적절하다.

오답해설
① 질병의 책임을 질병에 걸린 사람에게만 물어서는 안 된다는 것은 질병의 개인적 요인뿐만 아니라 사회적 요인도 고려해야 함을 의미한다. 이는 첫째 문단만의 내용으로서 논지가 될 수 없다.
② 둘째 문단은 질병에 걸린 사람에 대한 사회적 편견이 질병으로 인한 고통과 치료 부담보다 더 심각한 문제일 수 있다고 말하고 있다. 그러나 이에 대한 대책이 필요함을 논하지는 않는다.
④ 둘째 문단에서는 질병 대처 시 사회적 요인을 반드시 고려해야 한다고 한다. 그러나 개인적 차원 '보다' 중요하다고 말하지는 않았다.

20 ③

정답해설 지문의 사례는 각 개인이 다른 사람에게 비용을 유발하는 행위를 함으로써 결과적으로 모든 개인이 손해를 보는 내용을 나타내고 있다. 만약 다른 사람에게 비용을 유발하는 개인의 행동을 규제한다면, 각 개인이 10초 동안의 구경을 포기하는 대신 10분을 절약하게 될 것이므로 결과적으로 이득을 보게 된다. 따라서 지문에서 이끌어 낼 수 있는 주장은 '전체의 효율을 위해 다른 사람에게 비용을 유발하는 개인의 행동에 대한 강제력 있는 규제가 필요하다.'이다.

오답해설
① 지문의 사례는 각 개인이 주관적인 선택을 하여 사회적으로는 효율의 감소가 발생한 경우이다. 따라서 지문과는 반대되는 주장이다.
② 지문의 사례에서 개인이 10초 동안의 구경을 포기하면 모두에게 10분의 절약이라는 이익이 발생한다. 따라서 지문에 제시된 상황에서는 남에게는 도움이 되는 행위가 자신에게도 이득이 된다.
④ 지문의 사례에서 개인이 호기심을 충족하기 위해 10분의 비용을 지불하고 있는 것은 맞지만, 조직화된 집합체의 개인들은 10분의 비용을 지불하지 않고 10분을 절약한다. 따라서 모든 사람이 호기심을 충족하기 위해 비용을 아끼지 않는 것은 아니다.

Pattern 02 정보 관계와 접속어

정보 관계와 접속어를 위한 트레이닝

본문 P. 91

1 ④

정답해설 접속 표현은 발화와 발화를 연결해 주는 표현이다. 때로는 접속 표현을 통해 접속 표현의 앞에 위치하는 문장에 대한 화자의 숨겨진 인식을 알아낼 수 있다.
ⓒ에서는 '그러나'를 사용하여 미연이의 경우는 앞 문장에 함축된 내용과 뜻밖이라는 인식을 드러내고 있다고 할 수 있다. 하지만 ㉠과 ㉢에서는 '그래서'를 사용하여 미연이의 업무 능력이 앞 문장에 함축된 내용과 일치한다는 인식을 드러냈다.

오답해설
① ㉠은 '미연이는 ○○학원의 직원이다. ○○학원의 직원은 일을 잘한다. 그래서 미연이는 일을 잘한다.'라는 내용으로 해석할 수 있다.
② ⓒ은 '미연이는 ○○학원의 직원이다. ○○학원의 직원은 일을 못한다. 그러나 미연이는 일을 잘한다.'라는 내용으로 해석할 수 있다.
③ ㉠의 '그래서'를 '따라서'로 바꾸어도 '○○학원의 직원은 일을 잘한다.'가 내포되고, ㉢의 '그래서'를 '따라서'로 바꾸어도 '○○학원의 직원은 일을 못한다.'가 내포되어 '그래서'일 때와 각각의 함축 내용은 동일하다.

2 ③

정답해설 ㉠의 앞부분은 뇌사 상태에 빠진 사람이 장기를 기증하는 것은 죽음을 가치 있게 해 준다는 내용이, ㉠의 뒷부분은 뇌사 상태를 죽음으로 인정하는 것이 잘못된 생명관이라고 지적하는 내용이 제시되고 있다. ㉠의 앞부분과 ㉠의 뒷부분은 대비되는 내용이므로 역접의 상황에서 사용하는 접속어인 '그러나'가 들어가는 것이 적절하다. → 선지 ②, ④ 탈락
ⓒ의 앞부분은 뇌사 상태에 빠졌다가 다시 살아나는 경우가 드물다는 내용이, ⓒ의 뒷부분은 뇌사 상태를 죽음의 선고라고 자신 있게 말할 수 없다는 내용이 제시되고 있다. 이는 뇌사 상태에서 소생하는 경우가 드물지만 뇌사 상태를 죽음으로 볼 수 없다는 의미이므로, 전환의 상황에서 사용하는 접속어인 '하지만'이 들어가는 것이 적절하다. → 선지 ①, ④ 탈락
따라서 빈칸에 들어갈 접속어의 조건을 모두 충족시키는 선지는 ③이다.

3 ③

정답해설 첫째 괄호의 앞부분은 책이 검증된 지식과 정보의 원천이며 정보와 지식이 문화 전쟁의 시대에서 매우 중요하다는 내용이, 첫째 괄호의 뒷부분은 책을 읽지 않는 국민에게 미래가 없다는 내용이 제시되어 있다. 괄호의 앞부분은 뒷부분의 이유가 되므로 인과의 상황에서 뒷부분이 결론일 때 사용하는 접속어인 '그러므로'가 들어가는 것이 적절하다. 첫째 괄호는 앞뒤 내용이 서로 이어지기는 하지만 서로 등가의 내용이 아니라 앞 내용을 원인으로 하여 뒤의 결과가 나타나는 것이기 때문에 앞의 내용을 상술하거나 정리할 때 사용하는 접속어인 '즉'은 적절하지 않다. → 선지 ②, ④ 탈락

둘째 괄호의 앞부분은 책을 읽지 않는 국민에게 미래는 없다는 주장이, 둘째 괄호의 뒷부분은 정부가 독서를 진흥할 방안을 적극적으로 마련해야 한다는 입장이 제시되어 있다. 괄호를 기준으로 앞뒤의 내용은 책을 읽지 않는 국민에게 미래는 없기 때문에 정부가 독서 진흥 방안을 마련해야 한다는 인과 관계에 해당한다. 따라서 인과의 상황에서 뒷부분이 결론일 때 사용하는 접속어인 '따라서'가 들어가는 것이 적절하다. → 선지 ①, ②, ④ 탈락
따라서 괄호에 들어갈 접속어의 조건을 모두 충족시키는 선지는 ③이다.

4 ①

정답해설 ㉠의 앞에는 방송이 과거와 달리 현재는 경쟁 체제를 형성하고 있다는 내용이, ㉠의 뒤에는 방송을 산업으로 보는 시각이 보편화되었다는 내용이 제시되어 있다. 앞의 내용이 뒤의 내용의 원인이 되므로, ㉠에는 인과의 상황에서 앞의 내용이 원인일 때 사용하는 접속어인 '따라서'가 들어가야 한다. → 선지 ③, ④ 탈락
㉡의 앞에는 방송사 간의 경쟁으로 인해 방송 프로그램의 시장 규모가 커지고 있다는 내용이, ㉡의 뒤에는 방송 프로그램의 수가 증가하고 있다는 내용이 제시되어 있다. 뒤의 내용이 앞의 내용을 상술하고 있으므로, ㉡에는 상술의 상황에서 사용하는 접속어인 '다시 말해'가 들어가야 한다. → 선지 ②, ④ 탈락
따라서 빈칸에 들어갈 접속어의 조건을 모두 충족시키는 선지는 ①이다.

5 ①

정답해설 첫째 빈칸의 앞에는 절차적 민주주의가 민주주의의 이상을 실현하기 위한 조건을 잘 제시하고 있다는 내용이, 첫째 빈칸의 뒤에는 그것이 선거나 의회와 관련된 절차의 문제에만 한정된다는 내용이 제시되어 있다. 절차적 민주주의의 장점에서 한계로 내용이 바뀌었으므로, 전환의 상황에서 사용하는 접속어인 '그러나'가 들어가는 것이 적절하다. → 선지 ②, ④ 탈락
둘째 빈칸의 앞에는 절차적 민주주의가 자본주의 사회에서 제대로 실천되기 어려울 수 있다는 내용이, 둘째 빈칸의 뒤에는 절차적 민주주의의 여러 가지 한계가 제시되어 있다. 절차적 민주주의의 한계에 대하여 병렬적으로 나열하고 있으므로, 순접(병렬)의 상황에서 사용하는 접속어인 '또한'이 들어가는 것이 적절하다. → 선지 ②, ③ 탈락
따라서 빈칸에 들어갈 접속어의 조건을 모두 충족시키는 선지는 ①이다.

6 ③

정답해설 ㉠의 앞에는 냉전이 자유주의의 승리로 끝나면서 자본주의적 세계화가 진행됐다는 내용이, ㉠의 뒤에는 정보 통신 기술이 발달하고 다국적 기업이 늘어나 세계 자원의 이동과 교류가 빈번해졌다는 내용이 제시되어 있다. 뒤의 내용이 앞의 내용에 첨가하는 내용을 제시하고 있으므로, ㉠에는 첨가의 상황에서 사용하는 '더욱이'가 들어가야 한다. → 선지 ①, ④ 탈락
㉡의 앞에는 정보 통신 기술이 발달하고 다국적 기업이 늘어나 세계 자원의 이동과 교류가 빈번해졌다는 내용이, ㉡의 뒤에는 국가 간의 경계가 느슨해지고 자본주의적 세계화가 가속화되었다는 내용이 제시되어 있다. 앞의 내용이 뒤의 내용의 원인이 되므로, ㉡에는 인과의 상황에서 앞의 내용이 원인일 때 사용하는 접속어인 '따라서'가 들어가야 한다. → 선지 ①, ② 탈락
㉢의 앞에는 자본주의적 세계화가 가속화되었다는 내용이, ㉢의 뒤에는 자본주의적 세계화가 국가 간 불평등을 야기해 저항에 직면했다는 내용이 제시되어 있다. 앞의 내용이 뒤의 내용과 대립되는 내용이므로, ㉢에는 대립(역접)의 상황에서 사용하는 접속어인 '하지만'이 들어가야 한다. → 선지 ②, ④ 탈락
따라서 빈칸에 들어갈 접속어의 조건을 모두 충족시키는 선지는 ③이다.

7 ③

정답해설 ㉠의 앞에는 형질들과 환경 사이의 상호작용과 관련된 것이라면 무엇이든지 생물학에 포함된다는 내용이 있으며, ㉠의 뒤에는 생물학에 포함되는 여러 학문이 나열되어 있다. 따라서 두 내용은 인과의 상황에서 사용하는 접속어인 '그래서'로 연결되어야 한다. → 선지 ①, ② 탈락
㉡의 앞에는 생물학에 포함되는 여러 학문이 제시되어 있으며, ㉡의 뒤에는 우리 삶 전체가 생물학의 차원 안으로 들어오게 된다는 내용이 있다. 이는 인과의 상황에서 사용하는 접속어인 '결국'으로 연결되어야 한다. → 선지 ②, ④ 탈락
㉢의 앞에는 생물학 너머의 차원이란 존재하지 않는다는 내용이 있으며, ㉢의 뒤에는 법학과 경제학 등 모든 학문이 인간 생물학의 일종이라는 내용이 있다. 생물학 너머의 차원이 존재하지 않는다는 진술에 대한 예시를 제시하고 있으므로, 예시를 들 때 사용하는 접속어인 '가령'으로 연결되어야 한다. → 선지 ①, ④ 탈락
따라서 빈칸에 들어갈 접속어의 조건을 모두 충족시키는 선지는 ③이다.

8 ①

정답해설 ㉠의 앞에는 '시장 실패'가 시장이 자원 배분을 효율적으로 하지 못하는 상태를 말한다는 내용이, ㉠의 뒤에는 시장 실패는 자원 배분의 효율성을 높이기 위해 정부가 시장에 개입해야 한다는 견해가 제시되어 있다. 앞의 내용이 뒤의 내용의 원인이 되므로, ㉠에는 인과의 상황에서 앞의 내용이 원인일 때 사용하는 접속어인 '따라서'가 들어가는 것이 적절하다. → 선지 ②, ③ 탈락
㉡의 앞에는 시장 실패 시에 정부가 공공 정책을 통해 시장에 개입해야 한다는 내용이, ㉡의 뒤에는 정부가 시장에 개입했음에도 불구하고 시장 개입이 실패할 수 있다는 내용이 제시되어 있다. 시장 실패 시에 정부가 시장에 개입해야 하지만 정부가 개입해도 시장 개입이 실패할 수 있다는 또 다른 내용이 제시되어 있으므로, ㉡에는 전환의 상황에서 사용하는 접속어인 '그러나'가 들어가는 것이 적절하다. → 선지 ③, ④ 탈락
㉢의 앞에는 정부의 시장 개입 실패를 설명하는 여러 이론이 있음을, ㉢의 뒤에는 이 이론에 대한 예시인 공공 선택 이론을 설명하고 있다. 따라서 ㉢에는 예시를 들 때 사용하는 접속어인 '예컨대'가 들어가는 것이 적절하다. → 선지 ②, ④ 탈락
따라서 빈칸에 들어갈 접속어의 조건을 모두 충족시키는 선지는 ①이다.

9 ③

정답해설 ㉠의 앞에는 우리가 느끼는 사물의 속성이 관점에 따라 다르게 나타날 수 있다는 내용이, ㉠의 뒤에는 그 사례로서 책상의 속성과 관련한 내용이 제시되어 있다. 따라서 ㉠에는 예시를 들 때 사용하는 접속어인 '예를 들어' 또는 '가령'이 들어가야 한다. → 선지 ①, ② 탈락
㉡의 앞에는 우리가 책상의 속성으로 '단단함'을 떠올린다는 내용이,

㉡의 뒤에는 그 느낌이 여러 요인에 따라 달라질 수 있다는 내용이 제시되어 있다. 즉 책상의 속성인 '단단함'이 관점에 따라 달라질 수 있다는 내용이므로, 역접의 상황에서 사용하는 접속어인 '하지만' 또는 '그러나'가 들어가야 한다. → 선지 ①, ④ 탈락
㉢의 앞에는 여러 요인에 따라 책상의 속성이 달라지는 내용이 제시되어 있으며, ㉢의 뒤에는 촉감을 통한 감각이 책상의 불변적인 속성을 보여 준다고 할 수 없다는 결론이 제시되어 있다. 따라서 인과의 상황에서 뒤의 내용이 앞의 내용에 대한 결과일 때 사용하는 접속어인 '그러므로'가 들어가야 한다. → 선지 ①, ②, ④ 탈락
따라서 빈칸에 들어갈 접속어의 조건을 모두 충족시키는 선지는 ③이다.

10 ①

◎정답해설 ㉠의 앞에는 자유주의자의 이론인 만인에 대한 만인의 투쟁 상태 극복을 위해 국가가 탄생했다는 내용이, ㉠의 뒤에는 국가가 투쟁 상태를 극복하기 위해 탄생했으니 국가가 어떤 형태로든 사회 혹은 시장에 개입하게 된다는 내용이 제시되어 있다. 앞의 내용이 뒤의 내용의 원인이 되므로, ㉠에는 인과의 상황에서 앞의 내용이 원인일 때 사용하는 접속어인 '따라서'가 들어가야 한다. → 선지 ②, ③ 탈락
㉡의 앞에는 자유주의자들이 국가는 어떤 형태로든 사회 혹은 시장에 개입하게 된다고 간주한다는 내용이, ㉡의 뒤에는 마르크스가 국가를 지배 계급의 도구라고 생각한다는 내용이 제시되어 있다. 앞의 내용과 직접적인 상관관계가 없는 뒤의 내용이 제시되고 있으므로 ㉡에는 전환의 상황에서 사용하는 접속어인 '하지만'이 들어가야 한다. → 선지 ③, ④ 탈락
㉢의 앞에는 마르크스가 계급이 철폐되면 국가도 사라질 것이라고 예언했다는 내용이, ㉢의 뒤에는 역사적으로 자본주의가 재생산되었으며 국가가 자본으로부터 독립적이고 자율적이라는 내용이 제시되어 있다. 뒤의 내용은 마르크스의 예언과 반대되는 내용이므로, ㉢에는 역접의 상황에서 사용하는 접속어인 '그러나'가 들어가야 한다. → 선지 ②, ④ 탈락
따라서 빈칸에 들어갈 접속어의 조건을 모두 충족시키는 선지는 ①이다.

11 ②

◎정답해설 ㉠의 앞에는 소각장 유치에 대한 반대파가 소각장이 환경 오염을 유발하기에 반대한다는 내용이, ㉠의 뒤에는 소각장 유치에 대한 찬성파가 반대파를 지역 이기주의에 빠져 있다며 비판한 내용이 제시되어 있다. 뒤의 내용이 앞의 내용과 대립되는 내용이므로, ㉠에는 대립(역접)의 상황에서 사용하는 접속어인 '그러나'가 들어가야 한다. → 선지 ③, ④ 탈락
㉡의 앞에는 반대파와 찬성파가 여러 방법을 통해 자신의 주장을 알렸다는 내용이, ㉡의 뒤에는 여러 방법에 대한 예시로 반대파가 전국적으로 반대 운동을 알리기 위해서 서울에서 집회를 열었다는 내용이 제시되어 있다. 뒤의 내용이 앞의 내용에서 설명하는 '여러 방법'에 대한 예시이므로, ㉡에는 예시를 들 때 사용하는 접속어인 '예를 들어'가 들어가야 한다. → 선지 ①, ④ 탈락
㉢의 앞에는 반대파가 반대 운동을 전국적으로 알리기 위해 서울에서 집회를 했다는 내용이, ㉢의 뒤에는 서울 집회에 참여하지 않은 사람들도 반대파와 찬성파 운동에 참여했다는 내용이 제시되어 있다. 집회에 관련된 새로운 내용을 제시하며 화제를 전환하고 있으므로, ㉢에는 전환의 상황에서 사용하는 접속어인 '한편'이 들어가야 한다. → 선지 ①, ③ 탈락

따라서 빈칸에 들어갈 접속어의 조건을 모두 충족시키는 선지는 ②이다.

12 ①

◎정답해설 ㉠의 앞에는 우회적 생산의 정의에 대한 내용이, ㉠의 뒤에는 그 사례로, 어부가 어선이나 어망을 통해 더 많은 생선을 잡는 내용이 제시되어 있다. 따라서 예시를 들 때 사용하는 접속어인 '가령' 또는 '예를 들어'가 들어가야 한다. → 선지 ③, ④ 탈락
㉡의 앞에는 우회적 생산이 직접 생산보다 높은 생산성을 지닌다는 내용이, ㉡의 뒤에는 생산에 있어 자본재를 도입한 경우의 수익이 그렇지 않은 경우보다 더 크다는 내용이 제시되어 있다. 앞과 뒤가 사실상 동일한 내용이므로, 상술의 상황에서 사용하는 접속어인 '즉', '요컨대', 또는 '다시 말해'가 들어가야 한다. → 선지 ④ 탈락
㉢의 앞에는 클라크의 이론에 따른 이자 성립의 근거가 제시되어 있으며, ㉢의 뒤에는 구체적인 이자의 원천이 자본재 1단위 증가에 따라 증가하는 생산량이라는 내용이 제시되어 있다. 서로 다른 두 내용이 병렬적으로 제시되어 있으므로, 첨가의 상황에서 사용하는 접속어인 '또한' 또는 '그리고'가 들어가야 한다. → 선지 ②, ③ 탈락
따라서 빈칸에 들어갈 접속어의 조건을 모두 충족시키는 선지는 ①이다.

13 ③

◎정답해설 ㉠의 앞에는 부족 사람들이 문제 상황이 발생하면 생계 활동을 멈춘다는 내용이, ㉠의 뒤에는 주어진 상황이 성스러운 것인지 속된 것인지 판별하는 집합 의례를 행한다는 내용이 제시되어 있다. 뒤의 내용은 앞의 내용에 병렬적으로 추가하는 내용을 제시하고 있으므로, ㉠에는 순접(병렬)의 상황에서 사용하는 접속어인 '그리고'가 들어가야 한다. → 선지 ②, ④ 탈락
㉡의 앞에는 집합 의례를 통해 부족 사람들이 자신들이 공유하는 성스러움이 무엇인지 깨닫고 나서 일상으로 돌아간다는 내용이, ㉡의 뒤에는 먹고사는 문제에 불과한 생계 활동이 성스러움과 연결되어 도덕적 의미를 지닌다는 내용이 제시되어 있다. 앞의 내용이 뒤의 내용의 원인이 되므로, ㉡에는 인과의 상황에서 앞의 내용이 원인일 때 사용하는 접속어인 '따라서'가 들어가야 한다. → 선지 ②, ④ 탈락
㉢의 앞에는 현대 사회의 집합 의례가 새로운 도덕 공동체를 창출할 것이라는 뒤르켐의 주장이, ㉢의 뒤에는 이 주장에 대한 예시인 프랑스 혁명이 새로운 성스러움을 창출하고 새로운 도덕 공동체를 구성한 집합 의례라는 내용이 제시되어 있다. 따라서 ㉢에는 예시를 들 때 사용하는 접속어인 '예컨대'가 들어가야 한다. → 선지 ①, ④ 탈락
따라서 빈칸에 들어갈 접속어의 조건을 모두 충족시키는 선지는 ③이다.

14 ③

◎정답해설 첫째 빈칸 앞에서 유기농 식품이 건강에 별 도움이 되지 않는다는 연구 결과를 다루고 있으며, 뒤에는 이러한 증거가 유기농 식품의 유익성이 아닌 유해성에 관한 것이라고 반박하고 있다. 따라서 역접의 상황에서 사용하는 접속어인 '하지만'이 들어가야 한다. → 선지 ①, ② 탈락
둘째 빈칸 앞에는 최신 연구가 유기농 식품의 유익성이 아닌 유해성에 관한 것이라는 내용이 있으며, 뒤에는 이러한 연구가 2년이라는 짧은 기간 동안 이루어졌다는 점을 지적하고 있다. 두 내용 모두 최신 연구의 문제점을 지적하는 것이므로, 순접/보충의 상황에서 사용하는 접속어인 '또한' 또는 '게다가'가 들어가야 한다. → 선지 ④ 탈락

셋째 빈칸의 앞에서 유기농 식품이 건강에 도움이 되지 않는다는 최신 연구를 반박하고 있다. 또한 뒤에서는 '유기농 식품이 유익한 것이 아니라고 결론짓는 것은 성급하다'라는 결론을 내리고 있다. 따라서 인과의 상황에서 사용하는 접속어인 '따라서' 또는 '그러므로'가 들어가야 한다. → 선지 ① 탈락

따라서 빈칸에 들어갈 접속어의 조건을 모두 충족시키는 선지는 ③이다.

15 ③

정답해설 ㉠의 앞에는 태풍이 중심을 향하여 반시계 방향으로 불어 들어간다는 내용이, ㉠의 뒤에는 항해하는 선박에게 태풍은 블랙홀과 같다는 내용이 제시되어 있다. 이는 앞의 내용이 뒤에 나오는 내용의 원인이 되는 상황이므로, 인과의 상황에서 앞의 내용이 원인일 때 사용하는 접속어인 '그래서'가 들어가는 것이 적절하다. → 선지 ①, ② 탈락

㉡의 앞에는 항해하는 선박에게 태풍은 블랙홀과 같다는 내용이, ㉡의 뒤에는 태풍의 왼쪽 반원에서는 빠져나올 수 있는 경우가 있다는 내용이 제시되어 있다. 접속어 '가령'은 예시를 들 때 사용하는 접속어이므로, '가령'이 들어가는 것은 적절하지 않다. 앞뒤에 서로 반대되는 내용이 제시되어 있으므로 역접의 상황에서 사용하는 접속어인 '반면에'가 들어가는 것이 적절하다. → 선지 ①, ④ 탈락

㉢의 앞에는 태풍의 중심에 하늘이 맑고 바람이 없는 고요한 상태인 수십 킬로미터의 태풍의 눈이 존재한다는 내용이, ㉢의 뒤에는 태풍은 이동하므로 이러한 고요한 상태가 오래 유지되지 못한다는 내용이 제시되어 있다. 바람이 없고 고요한 상태인 태풍의 눈에 대한 설명 후에 태풍이 이동하면서 고요한 상태가 오래 유지되지 못하게 된다는 또 다른 내용이 제시되어 있으므로 전환의 상황에서 사용하는 접속어인 '그러나'가 들어가는 것이 적절하다. → 선지 ②, ④ 탈락

따라서 빈칸에 들어갈 접속어의 조건을 모두 충족시키는 선지는 ③이다.

03 서술 전개 방식

서술 전개 방식을 위한 트레이닝

본문 P. 106

1 ②

정답해설 지문은 고전 양식과 바로크 양식에서의 명료성을 두 양식의 차이점을 위주로 서술하고 있다. 따라서 대상 간의 차이점을 위주로 설명하는 대조가 쓰였다는 것을 알 수 있다.

오답해설
① 비교는 대상 간의 공통점을 위주로 설명하는 것이지만 지문에서는 고전 양식과 바로크 양식의 차이점을 위주로 설명하고 있다.
③ 지문에서 명료성과 관련한 예시를 든 부분은 제시되지 않았다.
④ 지문에서 다른 것을 인용하여 명료성을 설명한 부분은 제시되지 않았다.

2 ①

정답해설 지문에서 의성어나 의태어를 과정에 따라 설명한 부분은 제시되지 않았다.

오답해설
② 지문은 의성어와 의태어의 차이점을 위주로 대조하고 있다.
③ 지문에 따르면 의성어는 '소리'를 말로 바꾸는 것이기 때문에 언어 간 의성어가 비슷해질 가능성이 있으며, 반대로 의태어는 지시 대상과 언어 형식 사이에 어떤 동기도 없으므로 비슷해질 가능성이 거의 없다. 이를 통해 인과의 방식이 사용되었다는 것을 알 수 있다.
④ '종소리'를 예로 들어 여러 언어 간에 의성어가 비슷해질 가능성이 높다는 것을 언급하고 있다.

3 ②

정답해설 지문은 즉흥과 변주의 차이점을 위주로 설명하는 '대조'의 방식을 사용하고 있다. ①, ③, ④는 각각 인생과 예술, 호랑이와 사자, 중국과 일본의 담의 차이점을 위주로 설명하는 '대조'의 방식을 사용하고 있으나, ②는 희곡과 소설이 갈등을 중심으로 전개되는 문학이라는 공통점을 위주로 설명하는 '비교'의 방식을 사용하고 있다.

4 ④

정답해설 지문은 혐오 표현의 규제 방식인 형성적 규제와 법적 규제를 다루고 있으나, 이들의 변화 과정을 살펴보지는 않았다.

오답해설
① 지문은 혐오 표현의 규제 방식을 형성적 규제와 법적 규제 두 가지로 나누어 분류하고 있다.
② 형성적 규제에 대해 혐오 표현에 직면한 소수자가 대항 표현으로 맞설 수 있는지에 대한 회의가 존재한다며 그 문제점을 지적하고 있다.
③ 법적 규제의 예시로 '형사 범죄화, 차별 시정'을 제시하고 있다.

5 ④

정답해설 둘째 문단에서 '통계 자료를 통해 영어에서 사용되는 알파벳의 사용 빈도를 조사해 보니, E가 12.51%로 가장 많이 사용되고 다음으로는 T, A, O, I, N, S, R, H의 순서로 사용되었다는 것이 밝혀졌다고 해 보자'라는 문장을 통해 구체적인 수치를 활용하고 있다는 것을 알 수 있다. 그러나 이는 가설을 제시하고 구체적인 수치 자료를 통해 이를 검증하고 있는 것이 아니라, '단일환자방식'의 이해를 돕기 위해 예를 든 것이다.

오답해설
① 둘째 문단에서 '그 암호문을 어떻게 해독할 수 있을까?'라고 질문함으로써 글을 읽는 사람들의 흥미를 유발하고 있다.
② 첫째 문단에서 철수가 영어 문장 'I LOVE YOU'를 암호문으로 만드는 상황을 예로 들며 '단일환자방식'에 대한 이해를 돕고 있다.
③ 첫째 문단에서 '숫자가 아닌 문자를 암호화하는 가장 기본적인 방법', '문장에 사용된 문자를 일정한 규칙에 따라 일대일 대응으로 재배열하여 문장을 암호화하는 방법'으로 '단일환자방식'을 정의하며 글을 전개하고 있다.

6 ④

정답해설 지문에서 다른 대상에 빗대어 표현하는 '비유'는 사용되지 않았다.

오답해설
① '사마천은 『사기』에서 제왕의 연대기를 본기에 ~ 기전체 서술 방식이다'에서 기전체 서술 방식의 개념을 정의하고 있다.
② 지문의 마지막에서 북송 시대에 기록된 정사의 종과 분량을 객관적인 수치로 제시함으로써 신뢰도를 높이고 있다.
③ 중국의 역사책 『춘추』, 『사기』, 『한서』를 예시로 들어 역사 서술 방식을 설명하고 있다.

7 ③

정답해설 '인과'는 어떠한 일에 대한 원인과 결과를 밝히는 것이다. 지문에서 대상 간에 인과 관계가 성립하는 부분은 찾아볼 수 없다.

오답해설
① 첫째 문단에서 극을 '틀 극'과 '극중극'으로 구분하고 있다. 또한 둘째 문단에서 극중극이 틀 극에 삽입되는 유형을 '완전 삽입 구조, 병렬식 구조, 해체된 삽입 구조'로 구분하고 있다.
② 첫째 문단에서 틀 극과 극중극의 개념을 정의하고 있으며, 둘째 문단에서 완전 삽입 구조의 개념을 정의하고 있다.
④ 둘째 문단에서 완전 삽입 구조를 사용한 햄릿의 '곤자고의 살인'을 사례로 들어 설명하고 있다.

8 ③

정답해설 '비유'는 표현하려는 대상을 다른 대상에 빗대어 표현하는 것을 의미한다. 지문에서 대상을 다른 것에 비유하여 표현한 부분은 제시되지 않았다.

오답해설
① 첫째 문단에서 반의 관계는 하나의 매개 변수가 다를 때 성립한다는 점을 언급하며 총각과 처녀, 총각과 부인의 관계를 예로 들어 설명하였다.
② 첫째 문단에서 반의 관계에 대한 개념을 정의하였다.
④ 둘째 문단에서 반의어를 상보 반의어, 등급 반의어, 관계 반의어로 분류하여 내용을 전개하였다.

9 ③

정답해설 지문은 엠바고의 정의를 제시한 후에 관례적 엠바고, 조건부 엠바고, 보충 취재용 엠바고로 구분해 글을 전개하고 있다.

오답해설
① 지문에서 대상인 엠바고는 변화하지 않았으며, 지문은 대상이 변화한 원인을 분석하지 않았다.
② 지문에서 생소하거나 어려운 어떤 내용을 보다 친숙하고 쉬운 다른 것에 대응시켜 설명하는 유추를 찾아볼 수 없다. 또한 주장과 근거를 제시하지 않았다.
④ 각각의 엠바고에 해당하는 현상을 제시하고 있다고 볼 수는 있으나, 그에 대한 원인은 분석하지 않았다.

10 ④

정답해설 지문은 예(禮), 인(仁), 칠정(七情), 사단(四端)의 이론적 개념을 제시하며, 이에 대한 사상가인 공자와 맹자의 견해를 설명하고 있다.

오답해설
① 지문은 유학의 이론적 경향에 대한 설명하고 있으나, 이것이 '절충'되는 과정은 설명하지 않았다.
② 특정한 학문적 흐름인 '유학'에 대해 설명하는 글은 맞으나, 유학의 변화 양상에 대해 설명하지 않았다.
③ 지문에는 '유학' 사상만이 제시되어 있을 뿐, 서로 다른 사상이 통합되는 과정은 설명하지 않았다.

11 ④

정답해설 지문에서는 은유에 대한 여러 이론을 설명하고 있다. 첫째 문단에서는 환원론이, 둘째 문단에서는 상호작용론이, 셋째 문단에서는 현대 인지 언어학자들의 입장이 시간의 변화에 따라 소개되고 있다. 따라서 지문은 '은유에 대한 이론의 변화 양상을 소개하'는 서술 방식을 사용하고 있다.

오답해설
① 은유에 대한 '이론'이 변화하는 과정이 제시되었을 뿐, 은유 자체의 개념이 변화하는 과정이 제시되지 않았다.
② 은유를 분석하는 이론들이 제시되었지만, 그 장단점을 비교하지 않았다.
③ 은유에 대한 이론이 제시되어 있지만, 이론이 나아갈 방향은 나오지 않았다.

12 ②

정답해설 첫째 문단에서는 의태어와 의성어의 공통점을 위주로 비교하여 설명하고 있으며, 둘째 문단에서는 차이점을 대조하여 의성어와 의태어의 특징을 밝히고 있다.

오답해설
① 의태어와 의성어와 관련된 구체적인 예시를 든 부분은 찾아볼 수 없다.
③ 지문에서 대립적인 두 견해를 제시하지 않았으며, 의성어와 의태어의 장단점도 제시하지 않았다.
④ 의태어와 의성어가 시간의 흐름에 따라 변화한 과정은 언급되지 않았다.

13 ②

정답해설 지문은 건축의 독창성에 대한 서양의 미의식과 동양 건축의 미의식을 대조하여 동양 건축의 특징을 설명하고 있다.

오답해설
① 건축을 하위 개념으로 나누어서 서술하는 '구분'의 방식은 사용되지 않았다.
③ 자문자답의 방식은 사용되지 않았다. 또한 문제의 성격을 밝히지 않았다.
④ 특정 개념에 대한 정의나 인용은 사용되지 않았다.

14 ②

정답해설 지문은 도가 사상의 일부를 수용하거나 유학의 관점에서 재해석하려 하는 조선 중기 유학자들에 관한 내용이다. 율곡 이이와 서명응, 홍석주, 박세당 등이 제시되고 있다. 이 사람들의 주장은 조금씩 다르지만 큰 틀에서 모두 도가 사상을 유학 체계 안에 자리 잡게 하려 한다. 따라서 지문의 전개 방식으로 '하나의 관점에 해당하는 여러 사례를 소개하였다.'가 적절하다.

오답해설
① 지문에는 여러 유학자들의 의견이 등장하지만, 이 의견들은 도가에 대한 수용의 입장을 공유하는 것이다. '상통하는 것이다' 등의 서술을 통해 하나의 의도로 제시된 것들이라는 것을 알 수 있다. 따라서 여러 관점을 대조하여 차이점을 설명하는 것은 지문의 목적이 아니다.
③ 여러 학자의 관점이 열거되면서 비교와 대조는 이루어지지만 이것이 특정한 하나의 관점을 비판하기 위한 것은 아니다.
④ 인용된 여러 학자들의 견해 중 비판적 견해도 있으나 이것은 하나의 관점에 대한 문제를 지적하기 위한 것이 아니다. 따라서 특정 이론에 대한 문제를 지적하였다고 볼 수 없다. 또한 새로운 관점이 소개되지도 않았다.

15 ④

정답해설 (라)에서는 '편자'와 '백구두'에 대한 인식의 차이를 드러내 오늘날 '개발에 편자'보다는 '개발에 백구두'란 말이 더 효과적이라는 것을 밝혔을 뿐, 대상을 분류하여 독자의 이해를 돕고 있는 것은 아니다.

오답해설
① (가)에서는 '속담은 (피정의항) 살면서 체험한 것 중 생활에 본보기가 되는 교훈을 짧은 글로 나타낸 (종차) 관용적 표현 (유개념)'이라며 용어를 정의하고 '등잔 밑이 어둡다'를 예시로 들어 설명하였다.
② (나)에서는 속담이 표현 효과를 가지게 된 이유에 대해서 의문 형식으로 과제를 제시하고 있다.
③ (다)에서는 "'개발에 편자'라는 속담과 이를 현대적으로 변형시킨 '개발에 백(白)구두'라는 표현이 있다고 해 보자."에서 가정된 예를 통해 (나)에서 제시한 의문의 답을 전달하고 있다.

16 ④

지문은 사례를 통해 삼단 논법에 대해 설명하고 있다. 하지만 어려운 개념을 익숙한 대상에 빗대어 설명하는 부분은 없다.

오답해설
① 첫째 문단에서 삼단 논법, 전칭, 특칭 등 생소한 개념들의 정의를 제시하고 있다.
② 첫째 문단에서 '모든 학생은 수학자이다. 어떤 미술가도 수학자가 아니다. 따라서 어떤 미술가도 학생이 아니다'라는 사례를 제시하며, 이를 통해 핵심 내용인 삼단 논법에 대해 설명하고 있다.
③ 둘째 문단에서 '타당한 삼단 논법이란 무엇일까?'라는 질문을 던지고, 이에 대한 답변을 제시함으로써 글을 전개하고 있다.

04 배치와 배열

배치와 배열을 위한 트레이닝

본문 P. 118

1 ③

정답해설 제시된 문장은 '하지만'이라는 전환/역접의 상황에서 사용하는 접속어 뒤에 오락 프로그램 위주의 편성은 문제라고 주장하고 있다. 따라서 제시된 문장의 앞에는 오락 프로그램과 관련된 다른 화제가 제시되거나, 오락 프로그램 위주의 편성의 긍정적인 내용이 제시되어야 한다.
이에 가장 부합하는 위치는 ③이다. ③ 앞에는 오락 프로그램이 교양과 보도 프로그램보다 시청률이 높아 많이 편성한다는 내용이 제시되고 있다. ③ 뒤에는 방송사마다 흥미 위주의 자극적인 내용으로 프로그램을 구성한다는 내용을 설명한다. 이는 '오락 프로그램 위주의 편성이 문제'라고 설명한 제시된 문장의 이유이다. 따라서 제시된 문장이 들어갈 적절한 곳은 ③이다.

2 ②

정답해설 〈보기〉의 문장은 '그러나'라는 역접의 상황에서 사용하는 접속어 뒤에 '의식이 있으려면 뇌만으로는 안 된다.'는 내용이 이어지고 있다. 따라서 이 앞에는 이와 반대되는 내용, 즉 뇌가 의식에 있어 지니는 중요성을 강조하는 내용이 위치해야 한다.
이에 부합하는 위치는 ②이다. ② 앞에는 '물론 뇌의 특성이 의식에 영향을 미친다는 것은 부인할 수 없다.'며 뇌의 중요성을 제시하고 있으나, 이 뒤에서는 실험용 접시나 플라스틱 통 속에 뇌를 담는 사례를 제시하며 의식이 있으려면 뇌만으로는 안 된다는 〈보기〉의 내용을 부연 설명하고 있다.

3 ③

정답해설 〈보기〉의 문장은 역접의 상황에서 사용하는 접속어인 '그러나' 뒤에 '그 물체들'이 화가의 분노나 고뇌나 기쁨 등의 감정을 나타내는 것이 아니라는 내용이므로, 이 문장 앞에는 '그 물체들'이 화가의 감정을 나타낸다는 내용이 등장해야 한다. 이에 가장 부합하는 위치는 ③이다. ③ 앞에는 '이렇게 창조된 물체는 그 화가의 가장 깊은 경향을 반영하고 있다.'는 내용이 있는데, 이는 〈보기〉의 문장과 반대되는 내용이므로 역접의 상황에서 사용하는 접속어 '그러나'에 부합한다.

4 ②

정답해설 제시된 문장은 '그러므로'라는 인과의 상황에서 뒤의 내용이 앞의 내용의 결과일 때 사용하는 접속어 뒤에 디지털 신호를 만들기 위해 소리가 전달될 때 공기 압력 변화 과정을 설명하고 있다. 따라서 제시된 문장의 앞에는 소리가 전달될 때의 공기의 압력과 관련한 내용이 나와야 함을 유추할 수 있다. 또한 제시된 문장의 뒤쪽에 '아날로그 파형'에 관한 언급이 있는데, ②의 바로 뒤 문장에서 '이' 아날로그 파형이라는 표현을 사용하였다. 따라서 ②의 앞에는 아날로그 파형과 관련한 내용이 제시되지 않았으므로, ②에 제시된 문장이 들어가는 것이 가장 적절하다.

5 ③

정답해설 〈보기〉의 문장은 전환의 상황에서 사용하는 접속어 '그렇다면' 뒤에 우리나라의 연호 사용 양상이 어떠했을지 질문하고 있다. 따라서 제시된 문장 뒤에서 우리나라의 연호 사용 양상에 대한 내용이 제시되어야 한다는 것을 알 수 있다.
이에 가장 부합하는 위치는 ③이다. ③ 앞에는 연호 제정의 의미를 설명하며, ③ 뒤에는 우리나라의 연호 사용 양상에 대해 설명하고 있다. 따라서 제시된 문장이 들어갈 적절한 곳은 ③이다.

6 ④

정답해설 제시된 문장은 인과의 상황에서 앞의 내용이 원인이 될 때 사용하는 '이로 인해' 뒤에 사적 권리가 정당화되고 확장되었다는 내용이 제시되어 있다. 따라서 제시된 문장 앞에는 사적 권리가 정당화되고 확장될 수 있었던 원인이 제시되어야 한다.
이에 부합하는 위치는 ④이다. ④ 앞에는 근대의 자본주의 사상에서 이윤 추구가 정당한 행위로 인정되었다는 내용이 제시되어 있는데, 이는 사적 권리가 정당화되고 확장된 원인이 된다. 따라서 제시된 문장이 들어갈 적절한 곳은 ④이다.

오답해설
①과 ②는 사적 영역보다 공적 영역이 더 중시되는 내용이므로 제시된 문장이 들어가기 부적절하다. 또한 ③의 앞에는 관점이 변화했다는 언급만 있을 뿐 제시된 문장의 구체적인 원인이 제시되지 않았으므로 제시된 문장이 들어가기 부적절하다.

7 ③

정답해설 제시된 부분은 유교가 보는 '이치'에 대한 설명이다. 서로 반대되는 불교와 도교의 중심 개념에 대한 설명이 '이에 반해'로 이어진 뒤에 ③에서 유교의 중심 개념인 '이치'에 대해서 설명하고 그 뒤에 이 세 가지의 관계를 밝히는 것이 적절하다.

오답해설
① 제시된 부분이 ①에 들어간다면 '그에 따르면'에서 '그'가 '유교'를 의미하게 된다. 하지만 '그'가 의미하는 것은 '정도전'이다.
② 불교에서는 마음을 신령한 것으로, 기운을 물질의 욕망으로 보았다. 반면 도교에서는 기운을 천진하고 자연적인 것으로, 마음을 타산적이고 근심에 사로잡힌 것으로 보았다. 따라서 불교 설명 이후에 '이에 반해'로 도교에 대한 설명이 제시되는 것이 자연스러우므로, 유교에 대한 설명인 글은 ②에 들어갈 수 없다.
④ 앞은 정도전이 '불교의 마음과 도교의 기운이 서로 비난하게 하면서 유교의 이치가 양자를 올바르게 주재해야 한다고 주장'했다는 내용이다. 따라서 유교에서의 '이치'는 ④보다 더 앞에서 설명되어야 함을 알 수 있다.

8 ④

정답해설 제시된 문장은 '입법의 모든 내용이 의인화된 단일 의식 속에 반영되었다고 간주한다'는 내용이다. '이는'이라는 표현으로 보아, 앞서 동일한 내용이 서술되었고, 제시된 문장이 그 내용을 더 쉽게 풀어내고 있음을 알 수 있다.
지문은 첫째 문단에서 법학적 해석이 문헌학적 해석과 달리 객관적으로 타당한 의미를 갖는 것을 지향한다고 서술하며, 둘째 문단에서 그 방법을 구체적으로 서술한다. ④ 앞에는 법률은 다수의 제정자가 관여하고 그 때문에 관여자마다 의견이 있을 수 있지만, 법학적 해석은 일의적이어야 하므로 국가의 의사라 할 수 있는 입법자의 의사는 이

Pattern 04 배치와 배열 **13**

념적으로 법률의 의사와 일치한다는 내용이 제시되어 있다. 제시된 문장의 '입법의 모든 내용'은 법규를, '의인화된 단일 의식'은 일의적인 국가의 의사이자 입법자의 의사, 법률의 의사를 의미하므로, 제시된 문장은 ④에 위치해야 한다.

9 ②

정답해설 제시된 문장은 우리가 당연하다고 여기고 비판 없이 받아들이는 것이 클리셰라고 설명한다.
② 앞에는 클리셰를 정의하며 우리의 삶도 클리셰의 모음이라는 내용이, ② 뒤에는 상술의 상황에서 사용하는 '다시 말해' 뒤에 클리셰는 의심하지 않는 우리의 상식들이라는 내용이 제시되어 있다. 그러므로 ②에는 클리셰가 의심하지 않는 우리의 상식들이라는 내용과 유사한 내용이 제시되어야 한다. 따라서 제시된 문장은 ②에 들어가는 것이 자연스럽다.

10 ③

정답해설 제시된 문장은 '세 원칙들' 안에 해석의 문제가 존재한다는 내용을 설명한다.
③의 앞에는 인간을 보호하고 로봇을 통제하기 위해 로봇의 근본적 조건을 설정한 '로봇 공학 3원칙'의 내용이 제시되고, ③의 뒤에는 '예컨대'라는 예시를 들 때 사용하는 접속어 뒤에 제1 원칙의 '해를 끼친다'의 의미를 어떻게 해석해야 하는지에 대한 문제가 제기되고 있다. 따라서 ③에 제시된 문장이 들어간다면, '해석의 문제'에 대한 예시로서 제1 원칙의 '해를 끼친다'의 의미를 어떻게 해석해야 하는지와 내용이 자연스럽게 이어진다. 따라서 ③에 제시된 문장이 들어가는 것이 적절하다.

11 ①

정답해설 고정부에서는 '공간 지위'와 '먹이 지위'에 대해 정의하였다.
ㄱ. '이러한 두 개의 지위'를 합하여 생태 지위라고 한다고 하였으므로, ㄱ의 앞에는 '이러한 두 개의 지위'가 지칭하는 대상이 제시되어야 한다. 지문 상단에 제시된 '공간 지위'와 '먹이 지위'가 ㄱ의 '이러한 두 개의 지위'에 해당하므로, ㄱ은 제일 앞에 위치한다. → 선지 ④ 탈락
ㄴ. '한편'이라는 전환의 상황에서 사용하는 접속어 뒤에 생태학적으로 지위가 비슷했던 종들이 긴 시간이 지난 뒤에 차이를 갖게 되기도 한다는 내용을 제시하고 있으므로, ㄴ의 뒤에는 이에 해당하는 구체적인 내용이 제시되어야 한다.
ㄷ. 생태 지위가 중복되면 사는 곳과 먹이가 같아서 개체군 사이의 경쟁을 피할 수 없기 때문이라고 하며 원인을 설명하고 있다. 따라서 ㄷ의 앞에는 ㄷ이 원인이 되는 결과가 제시되어야 한다. 생태 지위가 중복되면 경쟁이 발생하여 생물 간 공존이 어렵게 되는 것이므로 ㄱ은 ㄷ의 원인으로 인해 발생하는 결과이다. 따라서 ㄷ은 ㄱ의 뒤에 위치해야 한다. → 선지 ③ 탈락
ㄹ. 예시를 들 때 사용하는 '예를 들면' 뒤에 자연 선택에 의한 진화 뒤에 둘 중 한 종이 다른 자원을 이용하거나 다른 종이 이용하지 않는 시간대에 그 자원을 이용하게 된다는 내용을 제시하고 있다. 이는 ㄴ의 '다른 종들이 긴 시간이 지난 뒤에 차이를 갖게 되'는 경우의 사례에 해당하므로, ㄹ은 ㄴ의 뒤에 위치해야 한다. → 선지 ②, ③ 탈락
따라서 'ㄱ-ㄷ-ㄴ-ㄹ'의 순서가 가장 자연스럽다.

배열 후

> 군집을 구성하는 각 개체군이 군집 내에서 점유하는 공간을 '공간 지위'라고 하며, 먹이 사슬에서 차지하고 있는 위치를 '먹이 지위'라고 한다.
>
> ㄱ. 이러한 두 개의 지위를 합하여 '생태 지위'라고 하며, 두 생물 개체군의 생태 지위가 중복되는 경우 그 생물들은 공존하기가 힘들다.
> ㄷ. 생태 지위가 중복되면 사는 곳과 먹이가 같아서 개체군 사이의 경쟁을 피할 수 없기 때문이다.
> ㄴ. 한편 생태학적으로 지위가 비슷했던 다른 종들이 긴 시간이 지난 뒤에 차이를 갖게 되기도 한다.
> ㄹ. 예를 들면, 자연 선택에 의한 진화 후 둘 중 한 종이 다른 자원을 이용하거나 다른 종이 이용하지 않는 시간대에 그 자원을 이용하게 되는 것이다.

12 ①

정답해설 고정부에는 재미없고 지루한 놀이터는 오히려 사고의 위험을 높일 수도 있다는 내용이 제시되어 있다.
ㄱ. '왜냐하면'이라는 인과의 상황에서 뒤의 내용이 앞의 내용의 원인일 때 사용하는 접속어 뒤에 아이들이 놀이 기구가 수준이 낮다고 느낄 때, 놀이 기구를 본래 용도와 기능에 맞지 않는 방법으로 놀고 싶어 한다는 내용이 제시되어 있다. 이는 고정부의 '지루한 놀이터는 오히려 사고의 위험을 높일 수 있다'는 내용의 원인이므로 고정부 다음에 위치하는 것이 적절하다. → 선지 ②, ④ 탈락
ㄴ. '이러한 경고 문구'가 미끄럼틀을 거꾸로 올라가는 방식으로 응용할 수 있다는 사실을 오히려 아이들에게 알려줄 수 있다는 내용이 제시되어 있다. 따라서 ㄴ의 앞에는 '이러한 경고 문구'의 내용이 제시되어야 한다.
ㄷ. 예시를 들 때 사용하는 '예를 들면' 뒤에 미끄럼틀에 붙여 놓은 '거꾸로 올라가지 마시오.'라는 경고 문구가 오히려 아이들이 미끄럼틀을 거꾸로 올라가고 싶게 만든다는 내용을 제시하고 있다. 이는 ㄴ의 '이러한 경고 문구'를 의미하므로, ㄷ이 ㄴ의 앞에 위치하는 것이 적절하다. → 선지 ②, ③, ④ 탈락
ㄹ. '이러한 유혹'이 결과적으로 아이들의 안전사고의 증가로 이어질 수 있다고 하였다. ㄹ의 '이러한 유혹'은 ㄱ의 '본래 용도와 기능에 맞지 않는 방법으로 놀고 싶은 유혹'을 의미하므로 ㄱ의 뒤에 ㄹ이 위치해야 한다. → 선지 ④ 탈락
따라서 'ㄱ-ㄹ-ㄷ-ㄴ'의 순서가 가장 자연스럽다.

배열 후

> 안전과 규정만을 내세워 재미없고 지루한 놀이터는 오히려 사고의 위험을 높일 수도 있다.
>
> ㄱ. 왜냐하면 놀이 기구가 단순하고 수준이 낮다고 느낄 때, 아이들은 본래 용도와 기능에 맞지 않는 방법으로 놀고 싶은 유혹에 빠지기 때문이다.
> ㄹ. 그리고 이러한 유혹은 결과적으로 아이들의 안전사고의 증가로 이어질 수 있다.
> ㄷ. 예를 들면, 미끄럼틀에 붙여 놓은 '거꾸로 올라가지 마시오.'라는 경고 문구는 오히려 아이들이 거꾸로 올라가고 싶게 만든다.
> ㄴ. 이러한 경고 문구는 미끄럼틀이 거꾸로 올라갔다가 미끄러져 내려오는 것 말고는 다르게 응용할 수 없는 놀이 기구임을 아이들에게 역으로 알려주는 결과를 가져올 가능성이 있다.

13 ④

정답해설 ㄱ. '하지만'이라는 역접의 상황에서 사용하는 접속어 뒤에 디젤 엔진은 미세 먼지로 알려져 있는 질소 산화물을 많이 발생시킨다는 내용이 설명되어 있다. 따라서 ㄱ의 앞에는 디젤 엔진의 긍정적인 내용이 제시되어야 한다.
ㄴ. '이런 물질들'이 가진 부정적인 영향에 대해 설명되어 있다. 따라서 ㄴ의 앞에는 '이런' 물질들이 제시되어야 한다.
ㄷ. 디젤 엔진은 가솔린 엔진에 비해 이산화탄소의 배출량이 적고 열효율이 높으며 내구성이 좋다는 장점에 대해 설명되어 있다. 따라서 ㄷ은 디젤 엔진의 단점에 대해 설명하고 있는 ㄱ의 앞에 위치하는 것이 자연스럽다. → 선지 ②, ③ 탈락
ㄹ. '예컨대'라는 예시를 들 때 사용하는 접속어 뒤에 질소 산화물을 저감하는 기술들에 대한 구체적인 예시가 설명되어 있다.
ㅁ. '그래서'라는 인과의 상황에서 앞의 내용이 원인일 때 사용하는 접속어 뒤에 디젤 엔진이 배출하는 오염 물질을 저감하기 위한 기술이 개발되고 있다는 내용이 설명되어 있다. ㅁ은 ㄱ과 ㄴ에서 설명하는 디젤 엔진의 부정적인 영향을 저감하기 위한 해결책이므로 ㄱ과 ㄴ 뒤에 위치해야 한다. 또한 기술이 개발되고 있는 것에 대해 구체적인 예시를 설명한 ㄹ이 ㅁ 뒤에 위치해 ㅁ-ㄹ로 이어지는 것이 자연스럽다. → 선지 ①, ③ 탈락
따라서 'ㄷ-ㄱ-ㄴ-ㅁ-ㄹ'의 순서가 가장 자연스럽다.

📘 배열 후

- ㄷ. 디젤 엔진은 가솔린 엔진에 비해 이산화탄소의 배출량이 적고 열효율이 높으며 내구성이 좋다.
- ㄱ. 하지만 디젤 엔진은 미세 먼지로 알려져 있는 입자상 물질과, 일산화질소나 이산화질소와 같은 질소 산화물을 많이 발생시킨다.
- ㄴ. 이런 물질들은 기관지염이나 폐렴 등의 호흡기 질환, 광화학 스모그나 산성비의 원인이 된다.
- ㅁ. 그래서 디젤 엔진이 배출하는 오염 물질을 저감하기 위한 기술이 계속 개발되고 있다.
- ㄹ. 예컨대, 질소 산화물을 저감하는 EFR 기술, EFR보다 저감 효율이 좋은 SCR 기술 등이 있다.

14 ②

정답해설 ㄱ. '공의회'로부터 구성되는 '공정부'에 대한 설명이 제시되어 있다.
ㄴ. 각국 간의 전쟁을 없애려면 평등한 연맹이 '공의회'를 제정하는 것으로부터 시작해야 한다고 한다. 이는 '공의회'의 가치와 필요성을 제시한 것이므로 공의회로부터 구성된 '공정부'를 제시한 ㄱ보다 앞에 제시되어야 한다. → 선지 ①, ③ 탈락
ㄷ. 국명과 국경을 없애고, 국가들이 '주군'으로 바뀌어 세계 공정부에 의해 통치되도록 한다고 하였다.
ㄹ. '이렇게 되면' 천하가 공평해지고 대동이 실현되는 태평세의 체제가 된다고 한다. 이는 지문의 후반부에서 지문의 내용을 정리하는 문장이 되어야 한다.
ㅁ. '각 주군의 주민들'이 의원을 선출한다고 한다. 이는 '주군'이라는 개념이 먼저 제시된 후에 등장해야 하므로, ㄷ의 뒤에 위치하는 것이 자연스럽다. → 선지 ③, ④ 탈락
따라서 'ㄴ-ㄱ-ㄷ-ㅁ-ㄹ'의 순서가 가장 자연스럽다.

📘 배열 후

- ㄴ. 각국이 평등한 연맹이란 권력이 서로 같은 여러 나라가 군대를 없애기로 동맹하고 여러 작은 국가가 따르는 것이다. 각국 간의 전쟁을 없애려 한다면 반드시 평등한 연맹이 공의회(公議會)를 제정하는 것으로부터 시작해야 한다.
- ㄱ. 공의회로부터 공정부(公政府)를 구성하여 이것을 각국보다 우위에 두는데, 공정부는 비록 각국의 내정에는 간섭하지 않지만 공병(公兵)과 공률(公律)로서 각국에 압력을 가한다.
- ㄷ. 그 다음에는 국명(國名)과 국경(國境)을 없애고, 국가들은 주군(州郡)으로 바뀌어 세계 공정부에 의해 통치되도록 한다.
- ㅁ. 각 주군의 주민들은 공의회에서 각 주의 입장을 대변할 의원을 선출하며, 각지에는 소정부를 설치하여 행정관이 이를 통치하도록 한다.
- ㄹ. 이렇게 되면 국가나 제왕이 없으며, 모든 사람이 평등하고 천하가 공평해진다. 이것을 대동이라 하는 것이니, 이 연합은 태평세(太平世)의 체제이다.

15 ②

정답해설 가. '예술이란 무엇인가?'라는 물음에는 모든 예술에 공통된 본질이 있으며, 이러한 물음을 통해 그동안 예술의 본질이 모방, 표현 등으로 설명되었다는 내용이 제시되어 있다.
나. '하지만'이라는 역접의 상황에서 사용하는 접속어 뒤에 맨들바움이 와이츠의 '예술 정의 불가론'에 대해 반박하였다는 내용이 제시되어 있다. 따라서 '나' 앞에는 와이츠의 '예술 정의 불가론'에 대한 내용이 제시되어야 한다.
다. '그러나'라는 전환의 상황에서 사용하는 접속어 뒤에 예술의 본질이 있는가에 대한 질문이 제기되었다는 내용과 예술은 일련의 유사성만 있을 뿐 공통된 본질을 발견할 수 없다는 와이츠의 지적이 제시되어 있다. 따라서 '다'는 '나' 앞에 위치해야 하며, '다'의 앞에는 예술의 본질이 있다는 기존의 생각에 대한 내용이 제시되어야 하므로 '가' 뒤에 이어지는 것이 자연스럽다. → 선지 ①, ③, ④ 탈락
라. 대상들이 가진 속성을 전시적 성질과 비전시적 성질로 구분하고 예술 작품들의 집합만이 고유하게 갖고 있는 공통적 속성은 비전시적 성질일 것이라는 '그'의 견해가 제시되어 있다. '그'는 예술에 포함될 수 있는 모든 대상에 공통적인 속성이 존재할 것이라고 본 '맨들바움'이므로 '나' 뒤에 위치해야 한다. → 선지 ①, ③, ④ 탈락
따라서 '가-다-나-라'의 순서가 가장 자연스럽다.

📘 배열 후

- 가. '예술이란 무엇인가?'라는 물음에는 모든 예술에는 공통된 본질이 있고, 이 본질을 가진 것은 예술로 부를 수 있다는 생각이 내포되어 있다. 그리고 이러한 물음을 통해 그동안 예술의 본질은 모방, 표현 등으로 설명되어 왔다.
- 다. 그러나 20세기 초에 이르러 '과연 예술의 본질은 있는가?'라는 질문이 제기되었다. 와이츠는 예술이 지시하는 대상들인 조각, 문학, 음악 등에 속한 작품들을 관찰한 결과 일련의 유사성만 있을 뿐 공통된 본질을 발견할 수 없다고 지적하였다.
- 나. 하지만 맨들바움은 이러한 와이츠의 '예술 정의 불가론'에 대하여 반박하고 나섰다. 그는 예술에 포함될 수 있는 모든 대상들에 공통적인 속성이 존재할 것이라고 보았다.

라. 우선 그는 그 대상들이 갖고 있는 속성을 전시적 성질과 비전시적 성질로 구분하였다. 그리고 지금까지 예술을 정의할 때는 색채나 형태같이 작품에서 직접적으로 확인할 수 있는 전시적 성질에 초점을 맞추었지만, 예술 작품들의 집합만이 고유하게 갖고 있는 공통적인 속성은 작품 밖에 놓인 비전시적 성질일 것이라는 견해를 제시하였다.

16 ③

정답해설 ㄱ. '그렇기에'라는 인과의 상황에서 앞의 내용이 원인일 때 사용하는 접속어 뒤에 문학 분야에서 영향을 미친 작가들이 많이 나왔다는 내용과 문인들에 대한 화가들의 초상화 작업이 이어졌다는 내용이 제시되어 있다. 따라서 ㄱ 앞에는 문학 분야에서 영향을 미친 작가들이 나오게 된 배경이, 뒤에는 문인들에 대한 초상화의 구체적인 내용이 제시되어야 한다.
ㄴ. 러시아 미술관에서 문인들의 초상화가 자주 눈에 띈다는 점을 설명하며, 19세기 러시아에는 서유럽의 예술 사조가 밀려들어 오고 있었다는 내용을 제시한다. 이는 ㄱ에서 문학 분야에서 영향을 미친 작가들이 많이 나온 배경이므로, ㄱ의 앞에 위치해야 한다. → 선지 ①, ④ 탈락
ㄷ. '그 눈빛'은 푸슈킨 개인의 특징일 뿐만 아니라, 화가의 낭만주의적 기질을 반영하는 것이기도 하다는 내용이 제시되어 있다. ㄷ의 앞에는 '푸슈킨'이나 '키프렌스키'에 대한 설명과 '그 눈빛'과 관련된 내용이 제시되어야 한다.
ㄹ. 키프렌스키가 푸슈킨의 초상화를 그렸다는 내용이 제시되어 있다. 이는 문인들에 대한 초상화의 구체적인 내용이므로 ㄱ 뒤에 위치해야 하며, '비낀 시선으로 약간 먼 곳을 응시하는 표정'이 ㄷ의 '그 눈빛'과 이어지므로 ㄹ 뒤에는 ㄷ이 위치해야 한다. → 선지 ①, ②, ④ 탈락
따라서 'ㄴ-ㄱ-ㄹ-ㄷ'의 순서가 가장 자연스럽다.

📘 배열 후

ㄴ. 러시아 미술관들 중 특히 목 좋은 곳에서 자주 눈에 띠는 것은 19세기 문인들의 초상화이다. 19세기의 러시아는 농노제 말기의 폐해로 고통받는 비참한 현실이었지만, 표트르 대제의 개혁 이래 서유럽의 앞선 사상 및 예술 사조가 줄기차게 밀려들어 오고 있었다.
ㄱ. 그렇기에 이 무렵 문학 분야에서 유럽 전역에, 더 나아가 전 세계에 영향을 미친 작가들이 많이 나왔다. 이로 인해 러시아인들의 민족적 자부심이 한껏 드높아졌고, 이는 문인들에 대한 화가들의 초상화 작업으로 이어졌다.
ㄹ. 1827년 키프렌스키는 러시아 문학의 아버지로 불리는 푸슈킨의 초상화를 그렸다. 비낀 시선으로 약간 먼 곳을 응시하는 표정에서 시인이 지닌 남다른 사유의 정신과 깊은 통찰력이 느껴진다.
ㄷ. 그 눈빛은 푸슈킨 개인의 특징일 뿐만 아니라, 화가의 낭만주의적 기질을 반영하는 것이기도 하다. 농노 출신의 키프렌스키는, 농노제하의 러시아 현실을 생생히 묘사하고 자유의 가치를 역설한 푸슈킨의 문학에 깊이 감동했음에 틀림없다.

17 ②

정답해설 고정부는 뉴스 프레임이 언론에 의해 선택되고 강조되는 중심 시각 틀이라고 설명하고 있다.
ㄱ. '그리하여'라는 인과의 상황에서 앞의 내용이 뒤의 내용의 원인일 때 사용하는 접속어 뒤에 프레임 작용의 결과 즉, 프레이밍 효과에 대한 논의가 본격화되었음을 설명하고 있다. 따라서 ㄱ의 앞에는 이에 대한 원인이 제시되어야 한다.
ㄴ. '이와 달리' '개념 적용성'이 주목하는 내용을 설명하면서 '이'와 '개념 적용성'을 대조하여 설명하고 있다. 따라서 ㄴ의 앞에는 '개념 적용성'과 다른 '이'것의 내용이 제시되어야 한다.
ㄷ. '그래서'라는 인과의 상황에서 앞의 내용이 뒤의 내용의 원인일 때 사용하는 접속어 뒤에 프레임에 대한 초기 연구가 언론이 어떻게 현실을 재단하여 프레임을 형성하는가에 주목했다는 내용과 최근에는 언론에 의한 프레임과 수용자의 해석적 프레임 사이의 관계를 주목하고 있다는 내용이 제시되어 있다. 따라서 ㄷ의 앞에는 프레임의 초기 연구가 언론이 프레임을 어떻게 형성하는지에 주목한 이유인 '고정부'가 제시되어야 한다. 또한 최근 연구에서 주목한 내용의 결과가 ㄱ에 해당하므로 ㄷ-ㄱ으로 이어지는 것이 자연스럽다. → 선지 ①, ④ 탈락
ㄹ. 수용자의 해석적 프레임에 대해 '개념 접근성'과 '개념 적용성'에 의한 설명으로 나누고, '개념 접근성'에 의한 설명을 제시하고 있다. 이는 ㄱ에서 설명하고 있는 뉴스가 수용자의 해석적 프레임으로 어떻게 연결되는지에 대한 구체적인 설명이므로 ㄱ의 뒤에 이어지는 것이 자연스럽다. 또한 '개념 접근성'은 ㄴ에서 '개념 적용성'과 대조되는 '이'것에 해당하므로 ㄱ-ㄹ-ㄴ으로 이어지는 것이 자연스럽다. → 선지 ①, ③, ④ 탈락
따라서 'ㄷ-ㄱ-ㄹ-ㄴ'의 순서가 가장 자연스럽다.

📘 배열 후

사람들은 매일 수많은 뉴스를 접하며 다양한 프레임에 노출된다. 뉴스 프레임은 어떤 이슈나 사건에 의미를 부여하는 중심 시각 틀로서 다양한 시각들 사이에서 언론에 의해 선택되고 강조된다.

ㄷ. 그래서 프레임에 대한 초기 연구는 뉴스 제작 과정에 집중하여 언론이 어떻게 현실을 재단하는가에 주목했다. 그러나 최근에는 뉴스 생산 과정을 언론과 수용자의 상호 작용으로 보는 입장에서, 언론에 의한 프레임과 수용자의 해석적 프레임 사이의 관계를 따지고 있다.
ㄱ. 그리하여 프레임 작용의 결과, 즉 프레이밍 효과에 대한 논의도 본격화되었다. 프레이밍 효과에 대한 연구는 뉴스 프레임이 어떻게 수용자의 해석적 프레임으로 연결되느냐 하는 데 초점을 맞춘다.
ㄹ. '뉴스 프레임을 수용자가 어떻게 받아들이느냐'에 대한 연구는 '개념 접근성'에 의한 설명과 '개념 적용성'에 의한 설명으로 나뉜다. '개념 접근성'에 의한 설명은 정보 처리를 할 때 주어진 자극에 따라 특정 개념이 활성화될 확률에 주목한다. 노출 빈도가 높아 특정 개념의 활성화가 반복되면, 특정 개념의 접근성이 증가한다는 것이다.
ㄴ. 이와 달리 '개념 적용성'에 의한 설명은, 주어진 자극에 대해 특정 개념이 활성화되기 이전에 이미 수용자에게 주어진 자극의 특성에 잘 호응하는 개념들이 있을 수 있다는 데 주목한다.

18 ④

정답해설 ㄱ. 공동체 전체가 희생양을 만장일치로 정하는 문제는 '이런 이유로' 중요하다는 내용과 희생양의 조건이 제시되어 있다. 따라서 ㄱ 앞에는 '이런 이유'에 해당하는 근거가 제시되어야 한다.
ㄴ. 희생 제의에 대한 정의와 기능을 설명하고 있다.

ㄷ. '그래서'라는 인과의 상황에서 앞의 내용이 뒤의 내용의 원인일 때 사용하는 접속어 뒤에 희생양으로 선택되는 존재의 예시와 성격의 내용이 제시되어 있다. ㄷ의 앞에는 이에 대한 근거가 되는 내용이 제시되어야 하므로, ㄷ은 희생양의 조건을 설명하고 있는 ㄱ 뒤에 위치해야 한다. 따라서 ㄱ-ㄷ으로 이어지는 것이 자연스럽다. → 선지 ①, ②, ③ 탈락
ㄹ. 르네 지라르의 희생양 메커니즘에 대한 내용을 제시하며 이것이 '희생 제의'의 과정이라고 설명하고 있다. 따라서 ㄹ은 희생 제의의 정의와 기능을 설명하고 있는 ㄴ의 앞에 위치해야 한다. → 선지 ①, ③ 탈락
ㅁ. '이런' 희생 제의가 제대로 작동하기 위한 조건에 대해 설명하고 있다. 따라서 ㅁ은 희생 제의의 개념과 기능을 설명하는 ㄴ 뒤에 이어지는 것이 자연스럽다. 또한 ㅁ의 내용은 ㄱ의 '이런 이유'에 해당하므로, ㄱ의 앞에 위치해야 한다. → 선지 ①, ②, ③ 탈락
따라서 'ㄹ-ㄴ-ㅁ-ㄱ-ㄷ'의 순서가 가장 자연스럽다.

배열 후

ㄹ. 르네 지라르는 공동체에 위기가 닥칠 때 '희생양 메커니즘'이 작동한다고 보았다. 희생양 메커니즘이란 공동체가 어떤 존재를 희생시킴으로 공동체의 위기 상황을 극복하는 희생 제의의 과정이다.
ㄴ. 희생 제의는 차이의 소멸로 생성된 극단의 무질서와 폭력의 에너지를 일정한 방향으로 배출시키는 일종의 '대체 폭력'으로, 위기에 빠진 집단의 내부적 폭력을 '정화'하는 기능을 한다.
ㅁ. 이런 희생 제의가 제대로 작동하기 위해서는 첫째, 공동체 집단이 그들 내부에 만연해 있던 폭력을 어떻게 사라지게 했는가를 결코 알아서는 안 된다는 것이고, 둘째, 위기의 원인이 애초에 희생양에게 있었다고 여기며 자신들의 폭력을 정당화할 수 있어야 한다는 것이다.
ㄱ. 이런 이유로 공동체 전체가 만장일치로 희생시킬 존재로 누구를 선택할 것이냐의 문제가 매우 중요해진다. 차이에서 비롯된 공동체의 위기를 해소할 수 있도록, 희생양은 공동체 구성원들이 자신들과의 차이를 부여할 수 있는 존재이면서 또 다른 폭력을 유발할 가능성이 없는 존재여야 한다.
ㄷ. 그래서 희생양으로 선택되는 존재들은 이방인, 전쟁 포로, 짐승 등 '타자'이거나 '타자로 만들어진 존재'의 성격을 가진다.

19 ④

정답해설 (가) 현대의 신화에 대한 롤랑 바르트의 분석과 현대 신화학자들의 임무를 설명하는 내용이다.
(나) 철학적 사유가 시작되기 전 신화의 세계인 미토스가 있었으며, 이성을 뜻하는 로고스와 미토스의 대결에서 로고스의 승리로 신화가 힘을 잃어 갔다는 내용이다. 고대의 신화를 설명하는 (나)는 현대의 신화와 고대의 신화를 대조하는 (가) 앞에 제시되어야 한다. 또한 마지막 문장에서 현대 사회에서의 신화를 묻고 있으므로 직후 현대의 신화와 관련한 내용이 나와야 타당하다. → 선지 ① 탈락
(다) 현대 사회에서 신이 없는 신화의 예시로 테크놀로지 신화와 미디어 신화를 설명하고 있다.
(라) 현대 사회에도 신화가 존재함을 설명하는 문단이다. 신이 있는 신화인 종교를 예로 들며 고대의 미토스적 사유와 크게 다르지 않은 현대적 신화가 있음을 말한다. 이는 (나)에 언급된 '그러면 현대 사회에서 신화는 완전히 무의미해졌을까'에 대한 답변이므로 (나) 뒤에 제시되어야 한다. 또한 (다)의 '신이 없는 신화도 있다'는 부분은 신이 있는 신화가 앞서 서술되었음을 의미한다. 따라서 (다)는 (라) 뒤에 제시되어야 한다. → 선지 ①, ②, ③ 탈락

따라서 '(나)-(라)-(다)-(가)'의 순서가 가장 자연스럽다.

배열 후

(나) 고대 그리스에서 인간은 신화의 세계인 미토스에 살고 있었다. 그러나 철학적 사유가 시작되면서 이성을 뜻하는 로고스는 미토스와의 대결에서 승리했다. 미토스는 영향력을 잃었다. 그러면 현대 사회에서 신화는 완전히 무의미해졌을까?
(라) 신화와 전혀 무관할 것 같은 현대 사회에서도 신화는 여전히 존재한다. 대표적인 것이 바로 종교이다. 신을 섬기는 현대의 모든 종교는 고대의 미토스적 사유와 크게 차이가 없다. 종교에서는 여전히 모든 것의 원인과 목적을 신에게 돌리며, 삶의 과정과 목표도 신에게 두고 있다.
(다) 현대 사회에는 신이 없는 신화도 있다. 테크놀로지 신화나 미디어 신화가 그 예다. 이런 신화는 과학을 표방하지만 과학적으로 검증되지 않는다. 이런 신화의 주목적은 대중의 관심이다. 미디어 신화도 마찬가지다. 미디어는 운동선수나 영화배우를 신비화하고 영웅화함으로써 신화에 필요한 신적 존재의 대체물을 만들어 암암리에 유포한다.
(가) 기호학자 롤랑 바르트는 신화를 '너무 자연스러워서 누구나 당연시하고 넘어가는 것'이라 설명한다. 바르트는 현대의 신화가 고대의 신화와 달리 뭔가를 숨기려는 목적이 있다고 본다. 바르트에 따르면, 부르주아지의 계급적 지배는 신화로 위장된 채 정당화되고 앞으로도 영원할 것이라는 착각을 빚어낸다. 그래서 현대 신화학자들의 임무는 현대 신화의 허구성을 폭로하는 것이 된다.

20 ③

정답해설 ㄱ. '그'는 집단 구성원의 번식 성공도를 높이는 이타적 행동이 결국에 개체 자신에게 이득이 된다고 주장했다고 한다. 따라서 ㄱ 앞에는 '그'가 제시되어야 한다.
ㄴ. '그렇다면'이라는 접속어로 시작하여 자신은 번식을 하지 않으면서 집단을 위해 헌신하는 일벌의 예시는 어떻게 설명할 수 있을지에 대해 묻고 있다. 따라서 ㄴ 앞에 이타적 행동을 설명하지 못하는 이론에 대한 내용이 제시되어야 한다.
ㄷ. '즉'이라는 상술의 상황에서 사용하는 접속어 뒤에 개체가 자신의 유전자 복제본을 남기기 위해 선택할 수 있는 방법으로 자신의 번식 성공도를 높이는 것뿐만 아니라, 자신과 유전적 유사성이 높은 집단 개체의 번식 성공도를 높이는 것도 있다는 내용이 있다. 따라서 이 앞에는 '자신의 유전자 복제본'을 남기기 위한 개체의 노력에 대한 내용이 먼저 제시되어야 한다.
ㄹ. 각 개체가 다음 세대에 자신의 유전자 복제본을 남기는 것과 다윈의 자연선택의 관계에 대해 설명하고 있으므로, 이 뒤에 자신의 유전자 복제본을 남기기 위한 방법들을 설명하는 ㄷ이 이어져야 한다. 또한 ㄹ의 '이 이론'은 ㄱ에서 제시된 '이타적 행동이 결국은 개체 자신에게 이득이 되는 방향으로 작용한다는 이론'에 해당하므로, ㄹ의 앞에 ㄱ이 위치해야 함을 알 수 있다. → 선지 ①, ②, ④ 탈락
ㅁ. '이에 대해' 개체의 이타적 행동이 자연선택되는 과정을 밝혀내고자 하였다고 했으므로, ㅁ 앞에는 개체의 이타적 행동에 대한 내용이 제시되어야 한다. 이는 ㄴ의 일벌의 예시에 해당하므로, ㅁ은 ㄴ의 뒤에 위치해야 한다. 또한 윌리엄 해밀턴은 ㄱ의 이타적 행동을 연구한 '그'에 해당하므로 ㅁ의 뒤에 ㄱ이 이어지는 것이 자연스럽다. → 선지 ①, ②, ④ 탈락
ㅂ. 찰스 다윈의 자연선택에 대한 설명이다. 다윈은 자연선택이 각 개체 자신의 번식 성공도를 높이는 방향으로 일어난다고 보았는데, 이는 개체의 이타적 행동을 설명하지 못한다는 내용에 해당한다. 따

라서 ㅂ은 ㄴ의 앞에 위치해야 한다. → 선지 ①, ② 탈락
따라서 'ㅂ-ㄴ-ㅁ-ㄱ-ㄹ-ㄷ'의 순서가 가장 자연스럽다.

📄 **배열 후**

ㅂ. 찰스 다윈은 환경에 대한 생물학적 적응이 자연선택을 통해 발생하며, 자연선택은 각 개체 자신의 번식 성공도를 높이는 방향으로 일어난다고 보았다.
ㄴ. 그렇다면 자신은 번식을 하지 않으면서 집단을 위해 평생 헌신하는 일벌의 행동은 어떻게 설명할 수 있을까?
ㅁ. 이에 대해 생물학자 윌리엄 해밀턴은 다윈 이론의 틀 안에서 개체의 이타적 행동이 자연선택되는 과정을 밝혀내고자 하였다.
ㄱ. 그는 다윈 시대에 없던 '유전자' 개념을 진화 이론에 도입하여, 개체 자신의 번식 성공도는 낮추면서 집단 구성원의 번식 성공도를 높이는 이타적 행동이 결국은 개체 자신에게 이득이 되는 방향으로 작용한다는 이론을 제시했다.
ㄹ. 그는 이 이론에서 다윈이 정리한 자연선택의 과정을 각 개체가 다음 세대에 자신의 '유전자 복제본'을 더 많이 남기는 과정으로 정의했다.
ㄷ. 즉 행위 당사자인 개체는 자기 자신의 번식 성공도를 높임으로써 직접 자신의 유전자 복제본을 남길 수도 있지만, 자신과 유전자를 공유할 확률이 있는 같은 집단 개체의 번식 성공도를 높이는 데 도움을 줌으로써 간접적으로 자신의 유전자 복제본을 남길 수도 있다는 것이다.

Pattern 05 내용 확인과 일반 추론(부정)

내용 확인과 일반 추론(부정)을 위한 트레이닝

본문 P. 128

1 ③

🟢 **정답해설** 지문은 병원체의 종류 및 기본 구조, 병원체를 억제하기 위한 항미생물 화학제의 작용 방식과 종류 등을 다루고 있다. 하지만 병원체가 사람을 감염시키는 작용 기제에 대해서는 설명되지 않았다.

❌ **오답해설**
① 항미생물 화학제의 종류로서 멸균제, 감염 방지제, 소독제가 제시되어 있다.
② 세균과 진균은 세포막 바깥 부분에 세포벽이 있고, 바이러스 표면은 세포막이 아니라 캡시드라 부르는 단백질로 이루어져 있다고 한다.
④ 항미생물 화학제가 병원체에 대해 광범위한 살균 효과를 갖는 이유는 다양한 병원체가 공통으로 지닌 구조를 구성하는 성분들에 화학 작용을 일으키기 때문이다.

2 ④

🟢 **정답해설** 둘째 문단에 따르면 개인의 자유를 강조하는 근대 자유주의자들은 공적 영역에 의한 사적 영역의 침범을 경계하고, 공적 영역을 최소화하려 하였다. 또한 이들에게 공공성은 강화되어야 하는 가치가 아니라 약화되어야 하는 가치이다. 따라서 근대 자유주의자들이 공공성의 가치 약화를 우려하고 있다고 보는 것은 적절하지 않다.

❌ **오답해설**
① 둘째 문단에 따르면, 근대 사회에서 공적 영역은 사적 영역의 자유를 보호하는 역할에 한정되었다. 따라서 근대 자유주의자들에게 공적 영역은 개인의 권리와 자유를 지키기 위한 도구에 불과했음을 알 수 있다.
② 첫째 문단에서 고대 그리스 사회와 중세 시대의 공적 영역과 사적 영역의 명백한 분리를 알 수 있으며, 둘째 문단에서 근대 사회에도 공적 영역과 사적 영역의 구분이 이어졌음을 알 수 있다.
③ 둘째 문단에 따르면, 근대에 이르러서는 사적 영역이 공적 영역보다 우월하게 인식되었다.

3 ②

🟢 **정답해설** 스키너는 언어 행위를 '다른 사람을 매개로' 학습하는 사회적 행동으로 보았다. 언어 행위가 별도의 매개 없이 이루어질 수 있다고 보지 않았다.

❌ **오답해설**
① 스키너를 포함한 행동주의론자들은 인간의 모든 행동이 학습의 결과라고 본다.
③ 스키너에 따르면, 언어 행위는 화자와 청자 간의 상호작용이다. 지문의 마지막에 제시된 아기와 부모의 사례에 따르면, 청자(부모)의 반응이 화자(아기)의 언어 습득에 영향을 미치고 있음을 알 수 있다.
④ 행동주의자들은 특정 행동을 증가시키는 강화, 그리고 감소시키는 처벌을 통해 인간을 학습시킬 수 있다고 보았다. 실제로 아동이 이러한 과정을 통해 언어를 습득하는 과정을 지문의 마지막 사례에 제시하고 있다.

4 ①

정답해설 첫째 문단에 따르면, 순자는 자원이 우리의 욕망을 충족하기에 충분하므로 욕망을 추구하기 위해 서로 다툴 필요가 없다고 보았다. 따라서 순자는 인간이 욕망을 위해 '경쟁해야' 한다고 보지 않았다.

오답해설
② 첫째 문단에 따르면, 순자는 욕망을 인간의 본성이자 인간 활동의 기본 동력으로 생각했다. 따라서 순자는 인간의 욕망 추구가 인간 활동을 발전시킨다고 보았다.
③ 첫째 문단에 따르면, 순자는 자원은 한정되어 있지만 우리의 욕망을 충족하기에는 충분하다고 보았다.
④ 둘째 문단에 따르면, 순자가 욕망 추구를 긍정했던 것은 궁극적으로 재화의 효율적인 생산을 통해 국가의 부를 증가시키고 국가 질서를 잘 유지할 수 있도록 하기 위함이었다. 따라서 순자는 국가가 잘 유지되려면 개인의 욕망이 충족돼야 한다고 보았다.

5 ③

정답해설 연결 프로그램의 설치 위치를 지정할 수 있다는 내용은 제시되지 않았다.

오답해설
① 둘째 문단에서 '이(연결 프로그램)는 웹 브라우저와 특정 프로그램을 연결해 주는 긍정적 역할을 하지만 보안에 취약점이 생길 수 있으며, 공격자가 이 점을 이용할 수 있다'라고 하였다. 즉 공격자가 연결 프로그램의 취약점을 이용할 수 있다는 것을 알 수 있다.
② 첫째 문단에서 '공인 인증서를 사용하는 ~ 거의 모든 사이트에서 개인 정보 유출이 일어날 수 있다'고 하며 '이 현상은 공인 인증서 자체뿐만 아니라'라고 하였다. 즉 공인 인증서 자체의 문제만으로도 개인 정보가 유출될 수 있다.
④ 둘째 문단에서 "특정 사이트에서 '다음 발급자가 서명하고 배포한 프로그램을 설치하고 실행하겠습니까?'라는 메시지를 흔히 볼 수 있다. 이것이 연결 프로그램이다."를 통해 연결 프로그램은 사용자에게 프로그램의 설치 유무를 묻는다는 것을 알 수 있다.

6 ④

정답해설 마지막 문단의 '비전은 사람마다 ~ 실리지 않기도 한다'에서 확인할 수 있듯이 누구나 외래어라고 인정한 어휘만이 국어사전에 오르는 것은 아니다.

오답해설
① 첫째 문단에 따르면, 외래어가 우리말에 유입되어 사용 빈도가 높아지게 되면 발음이나 형태 등이 국어와 상당히 비슷한 모습으로 변한다.
② 둘째 문단의 '귀화어는 들어온 지 오래되어 사람들이 고유어라고 착각하는 경우가 많다'에서 알 수 있다.
③ 마지막 문단에서 '외래어인지 외국어인지에 대한 판단은 외국어에 대한 지식의 정도나 개인의 관심사 등에 따라 달라질 수 있'어 구분이 쉽지 않다고 한다. 따라서 외래어라고 판단할 수 있는 객관적 기준은 마련되어 있지 않다.

7 ②

정답해설 둘째 문단에 따르면, 인간 사회의 존립 조건은 근친상간의 '금지'임을 알 수 있다. '근친상간'이 인간 사회의 존립 조건에 포함되는 것은 아니다.

오답해설
① 첫째 문단에 따르면, 레비스트로스는 '구조 언어학을 방법론으로 삼아' 사회가 존립하기 위한 바탕이 되는 요소가 무엇인지 알아내고자 하였다.
③ 둘째 문단과 마지막 문단에 따르면, 레비스트로스는 귀납적인 방식과 연역적인 방식을 모두 이용하여 자신의 연구 결과를 증명하고자 하였다.
④ 마지막 문단의 '근친상간의 허용 여부는 자연과 인간 사회를 구분하는 경계선이다'에서 알 수 있다.

8 ①

정답해설 첫째 문단에 따르면 능숙한 독자는 글을 읽을 때 내용이 이해되지 않는 부분을 만나면, 글 읽기를 중단하지 않고 글의 전후 맥락을 고려해 글의 의미를 구성한다. 따라서 능숙한 독자는 글의 내용이 잘 이해되지 않은 부분에서는 전후 맥락을 고려한 글 읽기를 '지향'한다.

오답해설
② 첫째 문단에 따르면, 능숙한 독자는 기억 속에 존재하는 구조화된 경험과 지식, 즉 배경지식을 활용하여 글의 내용을 정확히 이해한다.
③ 둘째 문단에 따르면, 능숙한 독자는 독서를 준비할 때 읽을 글의 특성을 분석하고 자신의 독서 역량을 점검하는 태도를 지닌다.
④ 둘째 문단에 따르면, 능숙한 독자는 독서를 마친 후에 독서 목적과 글의 특성에 맞게 독서했는지를 성찰하여 평가한다.

9 ①

정답해설 둘째 문단의 '의리의 문제는 사람과 때에 따라 같지 않습니다. 여러 공들의 경우는 벼슬에 나가는 것이 의리가 되지만 나에게 여러 공들처럼 하도록 요구해서는 안 되며, 내 경우는 ~'을 통해, 군신 관계에서 신하들이 임금에 대해 의리를 실천하는 방식은 누구에게나 동일하지 않다는 것이라는 것을 알 수 있다.

오답해설
② 둘째 문단의 '여러 공들의 경우는 벼슬에 나가는 것이 의리가 되지만 나에게 여러 공들처럼 하도록 요구해서는 안 되며, 내 경우는 물러나는 것이 의리가 되니'를 통해, 첫째 문단에서 언급된 '관직에 책임을 다하지 못하거나 직책을 더 이상 수행할 수 없는 경우'에 놓였다는 것을 알 수 있다.
③ 둘째 문단의 '군신 관계는 ~ 한계가 있습니다.', '한계가 있는 경우에는 때때로 의리가 은혜보다 앞서기도 하므로'를 통해, 한계가 있는 군신 관계는 때에 따라 의리와 은혜 중에서 중시되는 것이 달라짐을 알 수 있다.
④ 둘째 문단의 '부자 관계는 천륜이어서 ~ 한계가 없지만', '한계가 없는 경우에는 은혜가 항상 의리에 우선하므로'를 통해 한계가 없는 관계인 부자 관계에서는 항상 은혜가 의리보다 중요함을 알 수 있다.

10 ④

정답해설 정당 명부식 비례대표제는 정당이 해당 선거구에서 선출할 인원수보다 적거나 같은 수의 후보 명부를 제출하는 방식이다.

오답해설
① 정당 명부식 비례대표제에서 유권자는 후보 명부를 보고 이들을 공천한 정당에 투표하므로, 개별 정당이 공천한 후보를 확인할 수 있다.

② 비례대표제는 후보자 개인의 득표를 기준으로 의석을 배분하는 다수대표제와 달리, 정당이 획득한 득표율을 기준으로 의석을 배분한다.
③ 비례대표제는 다수대표제에 비해 사표의 발생이 낮아 유권자의 의사를 더 잘 반영한다.

11 ②

정답해설 첫째 문단에서 '허공을 제외하면 비물질적인 것은 없다'라고 했다. 둘째 문단에 따르면 영혼은 아주 작은 입자로서 존재하기 때문에, 영혼은 비물질적인 존재가 아니라 물질적인 존재이다. 또한 둘째 문단을 통해, 영혼이 몸에게 감각 능력을 주었음을 알 수 있다. 물질적인 존재만이 물질적 존재에 영향을 줄 수 있으므로, 몸에 영향을 주는 영혼은 물질적인 존재임을 더욱 확실히 알 수 있다.

오답해설
① 첫째 문단의 '우리가 허공이라고 부르는 것이 없다면, 물체가 존재할 곳이 없고, 움직일 공간도 없을 것이다'를 통해 허공이 물체의 운동을 위해 반드시 필요함을 알 수 있다.
③ 둘째 문단의 '감각의 주요한 원인은 영혼에 있다', '몸에 의해 보호되지 않으면, 영혼은 감각을 가질 수 없다'를 통해 영혼과 몸 모두가 감각을 얻기 위해 필요하다는 사실을 알 수 있다.
④ 둘째 문단의 '몸 일부가 소실되어 거기에 속했던 영혼이 해체되어도 나머지 영혼은 몸 안에 있다', '영혼의 한 부분이 해체되어도, 나머지 영혼이 계속 존재한다면 여전히 감각을 유지할 것이다'를 통해 선지의 내용이 옳음을 알 수 있다.

12 ④

정답해설 둘째 문단을 보면, 1850년 발간된 의학 잡지 란셋에 영국 위생 위원회의 창설 예정 사실이 발표되었지만, 지문에서 구체적인 창설 시점을 알 수는 없다. 따라서 영국 위생 위원회가 창설되고 22년 후 식품첨가물법이 제정되었다는 선지는 적절하지 않다. 다만, 위생 위원회의 활동으로 초콜릿의 첨가물이 명확히 밝혀졌고, 그 이후 1860년 식품의약품법이, 1872년 식품첨가물법이 제정되었으므로, 위생 위원회의 창설이 식품첨가물법보다 최소 12년은 앞섰다는 사실만을 알 수 있다.

오답해설
① 첫째 문단의 '이는 유럽 대륙이나 북아메리카에서도 흔히 볼 수 있었던 일'을 통해 알 수 있다.
② 둘째 문단에서 '1850년 발간된 의학 잡지 란셋는 식품 분석을 위한 영국 위생 위원회가 창설된다고 발표하였다'라고 언급했으므로 1850년 이후에 영국 위생 위원회가 창설되었다는 것을 알 수 있다.
③ 첫째 문단의 '영국의 빅토리아 시대에 보도된 ~ 홍차도 목록에 있는 것을 볼 수 있다.'를 통해 알 수 있다.

13 ①

정답해설 로빈슨은 아리스토텔레스가 신체로부터 독립되어 존재할 수 있는 비물질적 지성을 인정한다고 주장한다. 따라서 로빈슨에 따르면 아리스토텔레스는 지성이 '비물질적' 속성을 지닌다고 본다.

오답해설
② 로빈슨은 아리스토텔레스가 정신이 신체로부터 논리적으로만 분리되는 것이 아니라 실제로도 분리 가능한 것으로 본다고 여긴다.
③ 코드에 따르면, 물질적 신체와 비물질적 영혼을 구분하는 것은 근대적 구분법이라고 한다. 따라서 코드에 따르면, 로빈슨은 근대적 논리로 아리스토텔레스의 심신론을 해석하는 것이 된다.

④ 로빈슨에 따르면 아리스토텔레스 이전에 심신이 분리될 수 있다고 보는 이론의 대표자는 플라톤이며, 근대에 들어서는 데카르트가 이를 재조명했다고 한다. 따라서 로빈슨에 따르면, 데카르트와 플라톤은 모두 심신이 분리 가능하다고 볼 것이다.

14 ③

정답해설 소비 생활을 오랜 기간 지속해 온 고객들은 이제 제품의 기능적 효용에 더불어 그 이외의 것을 요구하게 되었다고 한다. 즉, 체험 마케팅은 오늘날 소비자들이 상품의 기능적 효용에 '더불어' 감성적 측면을 중시함을 반영하는 것이지, 기능적 효용보다 감성적 측면을 더 중시함을 반영하는 것이 아니다.

오답해설
① 체험 마케팅의 수단은 수많은 소비 패턴에 대해 맞춤 형태로 이루어질 수밖에 없다고 한다. 따라서 그 수단이 다양한 형태로 나타날 것임을 추론할 수 있다.
② 둘째 문장의 '기능적 효용으로 설명되지 않는 소비자의 구매 행위가 전체 소비 비중에서 미미할 것으로 간주한다'를 통해 전통적 마케팅에서는 기능적 효용 외의 요인에 의한 소비 비중이 상대적으로 작다는 것을 알 수 있다.
④ 전통적 마케팅은 분석적이며 계량적인 도구를 사용하여 마케팅 전략을 수립하며, 기능적 효용에 초점을 맞추는 소비자를 대상으로 한다.

15 ①

정답해설 첫째 문단을 통해 협상은 상반된 이해관계를 지닌 주체들이 경쟁적 협력 관계에 있는 상황에서 이루어진다는 것을 알 수 있다. 따라서 협력하는 자세를 지니고 경쟁하지 않으려 한다면 협상이 이루어질 수 없다.

오답해설
② A 회사와 B 회사는 적대 관계이며 협상에 대한 의지도 없다. 따라서 A 회사와 B 회사는 협상을 통해 상호 이익을 증진하려는 의지가 없다는 것을 알 수 있다.
③ A 회사와 B 회사는 적대적인 관계이며, 이 분쟁으로 고통받는 것은 상대 회사라고 주장하고 있다. 따라서 A 회사와 B 회사는 서로 양보를 해야 할 상황이 존재하지 않는다고 생각한다는 것을 알 수 있다.
④ A 회사와 B 회사는 경쟁적 협력 관계가 아니며, 협상을 필요로 하는 구체적인 상황도 갖추어지지 않았다. 또한 협상이 이루어진다고 하더라도 합의 내용을 이행하지 않을 가능성이 높다는 점에서 두 회사 사이에서는 협상이 이루어지기 힘들 것이라는 것을 알 수 있다.

16 ④

정답해설 라플라스가 컴퓨터를 가리켜 최고의 지성이라 말한 것이 아니다. 라플라스는 최고의 지성이 원자의 운동을 한 공식으로 나타낼 수 있을 것이라 예측했을 뿐이고, 지문에서는 라플라스가 상상한 '최고의 지성'이 컴퓨터일지도 모른다고 말한 것이다.

오답해설
① 1960년대까지 대부분의 사람들은 컴퓨터가 이론과학의 도구가 되리라고 생각하지 못했으며, 자연히 컴퓨터를 활용한 계량적인 기상 모델링도 서자 취급을 받으며 출발했다고 한다. 따라서 컴퓨터를 활용한 기상 예측이 처음부터 과학자들의 호응을 받았던 것은 아니다.
② 계량적 예측은 우주선과 미사일의 정확한 궤도를 계산해 냈으며, 기후는 복잡한 현상이지만 동일한 물리적 법칙들에 의해 지배된다고 한다.

③ 세상 만물이 행성들처럼 법칙에 따른다는 뉴턴의 생각은 오직 컴퓨터만이 증명할 수 있었다고 한다. 따라서 컴퓨터가 개발되지 않았다면 뉴턴식의 사고가 기상학에 실제로 적용되기 어려웠을 것이라 추론할 수 있다.

17 ①

정답해설 유전자의 유사성만을 고려하더라도, 일란성 쌍둥이와 복제인간이 같다고 볼 수 없다. 일란성 쌍둥이를 일종의 '복제인간'이라고 부를 수 있다고 하였으나, 복제인간이 체세포 제공자와는 다른 사람의 난자를 물려받을 경우 미토콘드리아 유전자에 차이가 생기기 때문이다. 하지만 일란성 쌍둥이는 동일한 어미로부터 태어났으므로 미토콘드리아 유전자까지 동일하다. 따라서 일란성 쌍둥이가 유전자의 유사성이라는 측면에서 복제인간에 비해 더 우월하다고 볼 수 있다.

오답해설
② 미토콘드리아 유전자는 세포질 속에만 존재하는 것으로서 수정 과정에서 난자를 통해 어미로부터만 유전된다고 한다. 따라서 복제인간은 난자 제공자로부터 미토콘드리아 유전자를 물려받게 될 것이다.
③ 복제인간은 외모마저 체세포 제공자와 다를지 모르는데, 이는 미토콘드리아 유전자가 난자를 통해 어미로부터만 유전되기 때문이다. 따라서 체세포 제공자와는 다른 사람의 난자를 물려받을 경우 미토콘드리아 유전자가 달라져 복제인간의 외모가 체세포 제공자와 다를 수 있는 것이다.
④ 복제인간과 체세포 제공자는 완전히 다른 환경에 놓이게 되므로, 복제인간은 환경의 영향을 매우 많이 받게 될 것이라고 하였다. 따라서 복제인간이 환경의 영향으로 체세포 제공자와 다른 특성을 보이며 성장할 수 있을 것이라 추론할 수 있다.

18 ③

정답해설 ⓒ의 '포퓰러'라는 단어는 '인기가 있다'는 뜻을 가지고 있으므로 ⓒ이 인기가 있음을 짐작할 수 있다. ⓐ의 '매스'라는 단어는 경멸적인 성격을 띠고 있으며, ⓐ에는 상업주의, 획일성, 지속성 등의 부정적 의미가 내포되어 있다고 한다. 하지만 이를 통해 ⓐ이 인기가 없다고 볼 수 없다.

오답해설
① ⓐ에는 상업주의, 획일성, 지속성 등의 부정적 의미가 내포되어 있다는 부분에서 ⓐ이 '획일적 성격'을 가지고 있음을 알 수 있다. 또한 '일반적으로 넓게 확산되어 있으며 동의되고 있'다는 의미로 해석되는 '포퓰러'라는 단어의 정의와 '대중문화의 민주적 성격에 대한 기대와 희망'이라는 부분에서 ⓒ이 '민주적 성격'을 가지고 있음을 알 수 있다.
② ⓐ의 '매스'는 경멸적인 성격을 띠고 있다고 설명하고 있으며, ⓒ에는 대중문화의 민주적 성격에 대한 기대와 희망이 담겨 있다고 설명하고 있다.
④ ⓐ에는 부정적 의미가 내포되어 있으며, 대중문화의 장점에 주목하는 사람들이 대중문화를 ⓐ이 아닌 ⓒ으로 이해하고자 했다는 부분에서 ⓒ이 긍정적 인식을 가지고 있음을 알 수 있다. 또한 ⓒ에는 '대중문화의 민주적 성격에 대한 기대와 희망이 담겨 있'다는 것을 통해 긍정적 인식을 가지고 있음을 알 수 있다.

19 ②

정답해설 ⓐ은 도시 공공장소의 낯선 사람들 간에 동일한 초점을 가질 필요가 없는 상황에서 이루어지는 상호작용인 반면, ⓒ은 특정 화제에 대한 대화와 같은 상호작용을 의미하므로 잘못된 설명이다.

오답해설
① 둘째 문단을 보면, ⓐ에서 '몸 관용구'를 개방함으로써 '낯선 타인과의 불필요한 만남을 피하려는 성향이 있다'라고 했다. 또한 셋째 문단에서 조우에 들어가려면 '면식이 없는 사람 간에는 합당한 이유를 설명할 필요가 있다'라고 하는 부분을 통해 ⓒ 역시 낯선 타인과의 의사소통에 비개방적이라는 것을 알 수 있다.
③ 화제에 대한 대화가 일어나는 ⓒ과 달리, ⓐ에서는 비언어적 신호인 '옷차림, 태도, 얼굴 표정 등'과 같은 '몸 관용구'를 사용한다는 것을 확인할 수 있다.
④ 둘째 문단에서 확인할 수 있듯이 ⓐ의 '몸 관용구'는 '자아 영토에 대한 상호 접근 가능성을 최소화'하려는 양상으로 나타난다.

20 ③

첫째 문단에 따르면 자유주의자들은 사유 재산의 보장이든, 자원 배분의 계획·통제이든, 사회적 약자에 대한 복지 정책이든 관계없이 국가는 사회 혹은 시장에 개입이 불가피하다고 보았다.

오답해설
① 마지막 문단에 따르면, 베버는 '이념적인 측면보다 역사적인 측면에서 국가를 분석하고자 했다'.
② 둘째 문단에 따르면, 마르크스는 국가를 지배 계급의 도구로 규정하고 지배 계급은 노동자나 농민을 정치적, 경제적으로 억압하는 존재라고 생각했다. 또한 마지막 문단에 따르면, 베버는 국가가 존재하기 위해 필요한 수단들로 인해 개인이나 집단이 상당한 수준으로 억압될 수밖에 없다고 지적했다.
④ 둘째 문단에 따르면, 마르크스는 국가를 노동자와 농민을 억압하는 지배 계급의 도구로 인식했다.

내용 확인과 일반 추론(긍정)을 위한 트레이닝

본문 P. 140

1 ②

정답해설 조선 시대 회화식 지도의 일부 요소에서 산점 투시가 확인된다. 산점 투시란 한 폭의 그림 속에 여러 개의 초점을 가진 것을 의미한다. 따라서 조선 시대 회화식 지도에서 산점 투시가 확인된 지도는 여러 개의 초점을 가진 투시를 활용한 경우로 볼 수 있다.

오답해설
① '동양의 산수화는 고정된 위치에서 하나의 시점으로 대상을 묘사하는 단일 시점의 초점 투시보다 ~ 여러 개의 초점을 가진 산점 투시를 활용한 경우가 많았다'라고 한다. 즉 동양 산수화의 화가는 주로 고정된 시점으로 대상을 묘사하지 않았다.
③ 18세기의 지도들은 지역 정보 제공이라는 본연의 목적을 달성하면서도, 회화적 기법을 동원함으로써 예술적 아름다움을 겸비하였다. 따라서 18세기의 지도들이 지역에 대한 정보 제공에 치중했다고 볼 수 없다.
④ 조선 시대 회화식 지도에서 사면이 산으로 둘러싸인 고을을 나타낸 지도는 사방에서 자연스레 지도를 열람할 수 있었으며, 관련 지명들이 다양한 방향으로 표기된 경우도 있어 열람자의 편의성을 높여 주었다.

2 ④

정답해설 첫째 문단에 따르면 특별한 자극에 대해 특정한 반응을 보이는 것을 학습과 관련지을 때, 쾌감을 주는 행동 반응이 강화되거나 불쾌감을 주는 행동 반응이 회피될 때 학습이 일어났다고 말한다. 즉 행동 반응이 강화되거나 회피가 일어날 때 학습이 일어나는 것이다.

오답해설
① 첫째 문단에 따르면, '일반적으로' 척추동물을 학습시키기 위해 보상이나 처벌이 필수적이다. 따라서 '모든' 척추동물의 학습에 있어서 보상이나 처벌이 꼭 존재하여야 하는 것은 아니다.
② 둘째 문단에 따르면, 장기 기억은 저장 용량에 제한이 없다. 숫자나 문자, 단어 등의 용량의 한계를 가지고 있는 것은 단기 기억이며, 그 용량이 숫자나 문자 단어의 경우 7개 정도라고 한다.
③ 둘째 문단에 따르면 '장기' 기억을 맡는 뇌의 부위는 해마와 편도를 포함하는 측두엽 내부이며, 측두엽 내부의 편도는 감정과 밀접한 관계를 맺고 있어 강한 감정과 관련된 기억을 오랫동안 저장한다.

3 ②

정답해설 둘째 문단에 따르면, 한국에서는 전문 기술직, 관리직 취업자는 연결망을 통해 취업 정보를 얻는 비율이 낮으며, 생산직 취업자나 단순 사무직, 노무직 취업자는 연결망을 활용해 취업하는 정도가 높다. 이는 기업과 학교 등이 뚜렷하게 서열화되어 있기 때문인데, 이때 기업의 규모와 평판은 공개된 취업 정보이며, 출신 학교와 전공은 취업자의 여러 특성에 대한 표지 구실을 한다. 참고로 첫째 문단에서는 취업 과정에서는 약한 연결이 효과적이라고 하였다. 따라서, 한국 사회에서는 전문직 취업과 관련하여 연결망(약한 연결) 대신 학교 및 기업에 대한 사회적 평판이 작용하고 있음을 추론할 수 있다.

오답해설
① 첫째 문단에 따르면, 더 넓은 범위의 정보를 제공함으로써 취업자에게 더 큰 도움을 주는 것은 약한 연결이다.
③ 첫째 문단에 따르면, 구직자들은 연결망으로부터 직장에 대한 정보를 획득할 수 있고, 고용주들은 지원자들에 대한 정보를 파악할 수 있다. 고용주가 연결망을 통해 획득한 정보가 지원자를 효율적으로 선별하는 데 방해가 된다는 것은 지문을 통해 알 수 없으며, 오히려 지원자에 대한 자세한 정보를 얻을 수 있다는 점에서, 도움이 될 것이라고 추론할 수 있다.
④ 둘째 문단에 따르면, 전문 기술직 구직자들이 사회적 연결망 대신 공식화된 경쟁적 채용 절차, 즉 시험을 통해 취업하는 것은 미국 사회가 아닌 한국 사회이다.

4 ④

정답해설 첫째 문단에 따르면, 건물을 감상하고 평가하기 위해서는 판단 기준이 필요하며 이는 많은 건물을 주의 깊게 들여다보는 것을 통해 길러진다고 설명한다.

오답해설
① 둘째 문단에 따르면, 좋은 건물을 만드는 것은 분명 어려운 일이며 우리 주위의 모든 건물들이 음미할 만한 가치를 지녔다고 단언할 수 없다. 따라서 모든 건물들이 음미할 만한 가치를 지니고 있다고 볼 수 없다.
② 첫째 문단의 '건물을 감상하기 위해 ~ 들어야 할 필요는 없다'는 문장에서 건물을 감상하기 위해 건축가에게 설계 의도를 듣는 시간이 필수적인 것은 아니라는 것을 확인할 수 있다.
③ 둘째 문단은 좋은 건물을 적극적으로 찾아내려는 사람들이 건축이라는 문화의 퇴적층을 이룬다는 내용을 설명한다. 따라서 좋은 건물을 찾는 일은 건축가만이 할 수 있는 일이라고 볼 수 없다.

5 ②

정답해설 조율이란 소비자가 제품 지식을 축적함에 따라 본인의 지식 구조를 검토해 이를 일반화시키는 것이다. 따라서 조율은 소비자가 지닌 기존의 지식 구조에 의해 영향받을 수 있다.

오답해설
① 첨가는 소비자의 지식 구조를 크게 변화시키는 것은 아니라고 한다. 따라서 첨가가 기존 지식 구조의 광범위한 변화를 요구한다고 보는 것은 적절하지 않다.
③ 첨가, 조율, 재구조화 중 지식 구조의 근본적 재검토를 요구하는 것은 재구조화뿐이다.
④ 인지주의 심리학에서는 소비자가 새로 얻게 된 지식을 통해 기존의 지식 구조에 첨가, 조율, 재구조화를 수행한다고 본다. 따라서 재구조화가 소비자가 기존에 지닌 지식 구조와 무관하다고 보는 것은 적절하지 않다.

6 ④

정답해설 마지막 문단은 숭고가 20세기 서양 미학에 미친 영향에 대해 서술하고 있다. 전쟁을 경험한 20세기의 많은 예술가들은 인간 이성의 한계에 주목하게 되었고, 인간의 상상력으로 재현되지 않는 것을 추상 미술을 통해 표현하였다. 이러한 미술적 경향은 인간의 인식 능력의 한계를 보여 주고자 한다는 점에서 숭고와 관련된다.

✗ 오답해설
① 첫째 문단에 따르면, 하나의 전체로 재현된 대상으로부터 얻게 되는 쾌감은 숭고가 아니라 아름다움이다.
② 칸트의 수학적 숭고는 인간의 인식 능력에 토대를 둔 미학적 범주라고 제시되었다.
③ 형식적 조화와 관련된 감정은 아름다움과 연관된 감정이다. 숭고는 형식적 조화와 무관한 감정이다.

7 ②

✓ 정답해설 시민적 권리는 국가 권력의 부당한 인권 침해를 방지하고 국민 개개인의 자유를 증대시키기 위한 인류 투쟁의 산물이다. 즉, 국가 권력이 부당하게 시민의 인권을 침해하는 것을 막기 위한 권리라 볼 수 있다.

✗ 오답해설
① 자신의 사상이나 신념을 드러내고 표현하는 경우에도 '명백하고도 현저하게 국가 안보나 공공의 질서를 파괴하는 것이 아닌 한' 보호된다. 즉, 어떤 사상이나 신념을 드러내든 보호받는 것이 아니다.
③ 시민적 권리에 따라 국가 권력은 영장 없이 국민을 체포·구속·압수·수색할 수 없다. 국가 권력이 국민을 체포·구속·압수·수색하는 것이 시민적 권리를 제한한다고 추론할 수 있다.
④ 시민적 권리가 대국가적 방어권으로 분류되는 것은 맞지만 시민적 권리는 국가 권력에 의해 보호된다. 따라서 시민적 권리가 국가에 의해 보호되는 권리이다.

8 ②

✓ 정답해설 둘째 문단에 따르면 '상업 자본의 형성'은 16세기에 일어난 상업상의 변화를 발판으로 일련의 상업 발전 현상을 거쳐 17세기 이후에 일어난 일이다.

✗ 오답해설
① 셋째 문단의 '15세기에는 관장제 수공업 체제가 한층 강화되었다'는 부분에서 15세기에 일어난 일임을 알 수 있다.
③ 첫째 문단의 '15세기에는 민간 상인의 외국 무역이 완전히 금지되었다'는 부분에서 15세기에 일어난 일임을 알 수 있다.
④ 첫째 문단의 '16세기에 접어들면서 ~ 농촌 산업에 있어서도 정기 장시가 다시 발전하기 시작했다'는 부분에서 16세기에 일어난 일임을 알 수 있다.

9 ④

✓ 정답해설 글쓴이는 전반적으로 외교적 접근에 대한 부정적 입장을 나타내고 있다. 특히 조국을 사랑한다는 이들은 탄원서나 청원서를 통해 국가 존망과 민족 사활의 문제를 외국인의 처분으로 결정하기만 기다렸을 뿐이며, 국제연맹과 평화회의에 대한 선전은 민중이 힘써 전진할 의기를 없애는 매개가 될 뿐이었다고 한다. 따라서 국제연맹에 대한 선전과 같은 외교적 접근만으로는 일본의 침략에 효과적으로 저항하기 어려웠음을 알 수 있다.

✗ 오답해설
① 조선 말기에는 나라의 성세가 거의 외국에 의해 결정되었으며, 위정자의 정책은 오직 갑국의 도움을 받아 을국을 제압함에 불과하였다고 한다. 따라서 조선이 인접한 여러 나라들 사이의 갈등을 조정하는 역할을 했으리라 볼 수 없다.
② 조국을 사랑한다는 이들은 탄원서를 투서하거나 청원서를 보내 국가 존망과 민족 사활의 문제를 외국인의 처분으로 결정하기만 기다렸을 뿐이라고 한다. 따라서 탄원서나 청원서를 통해 의미 있는 대답을 들었는지는 지문을 통해 알 수 없다.
③ 국내 인민의 독립운동을 선동하는 방법이 '미래의 일미전쟁의 기회' 같은 문장이었을 뿐이지, 조선인들이 이에 대해 어떤 반응을 보였는지는 알 수 없다.

10 ③

✓ 정답해설 둘째 문단에 따르면, 기분이 나쁠 때는 기분이 좋을 때와는 '반대로' 자기 내부로 주의를 기울이게 된다. 이를 통해 기분이 좋을 때는 외부에 주의를 기울이게 된다는 것을 추론할 수 있다.

✗ 오답해설
① 둘째 문단에 따르면 불쾌 정서는 체계적, 분석적으로 정보를 처리하게 만든다. 체계적으로 정보를 처리할 능력이 감소하는 것은 기분이 좋을 때에 해당한다.
② 첫째 문단에 따르면, 유쾌 정서는 세부 사항에 대한 주의를 적게 기울이게 한다.
④ 첫째 문단에 따르면, 인지적 정보 처리의 형태에는 체계적인 정보 처리와 어림법을 사용한 정보 처리 '등'이 있다. 따라서 이 밖에도 인지적 정보 처리 형태가 있다는 것을 추론할 수 있다.

11 ③

✓ 정답해설 첫째 문단에 따르면, 덤핑이란 기업이 상품을 자국 시장에서 파는 것보다 낮은 가격으로 수출하는 것을 말한다. 따라서 덤핑이 적용되어 수입된 상품은 덤핑이 적용되지 않았을 때보다 저렴한 가격을 지닐 것이다.

✗ 오답해설
① 첫째 문단에 따르면 기업은 자국 시장 내의 지위를 확고히 하기 위해서가 아닌 재고를 처분하거나 기업 이윤을 단기적으로 극대화하기 위해서, 그리고 수입국 시장에서 지위를 확고히 하거나 수입국 시장 내 경쟁자를 몰아내기 위해 덤핑을 통해 수출한다.
② 둘째 문단에 따르면, 자국 산업 보호를 위한 무역 구제 제도는 불공정 무역으로 인한 피해의 구제와 공정 무역 행위로 인한 피해의 구제에 모두 활용된다. 따라서 공정 무역 행위 역시 국내 산업에 피해를 발생시킬 수 있다.
④ 둘째 문단에 따르면 정부는 수입품 중 덤핑, 정부 보조금 등의 방법으로 정상 가격보다 가격을 낮춘 물품들에 대해 반덤핑 또는 상계 관세를 부과할 수 있다. 따라서 반덤핑 관세의 부과는 수출국 기업의 상품에 대한 것이므로, 자국 기업들의 상품을 저렴하게 만드는 것과 무관하다.

12 ①

✓ 정답해설 첫째 문단에서, 이성적이고 합리적인 가치관을 바탕에 둔 서구 문명이 야만적인 전쟁을 야기한 것에 분노하면서, 기성의 가치관을 부정하고 개인의 진정한 근원적 욕구에 충실하고자 한 것이 다다이즘이라고 하였다. 따라서 다다이즘은 이성적·합리적 가치관을 부정하는 예술 운동이다.

✗ 오답해설
② 첫째 문단에 '해방'이라는 말이 있는데, 이는 정신을 해방시킨다는 의미로 언급한 말이다. 따라서 다다이즘의 근본 취지를, 서구 문명의 지배를 받는 민족을 해방시키는 데 있었다는 측면으로 이해하는 것은 적절하지 않다.

③ 둘째 문단에 따르면, 시 낭송회는 전쟁을 성토하는 자리였다.
④ 둘째 문단에 따르면, 다다이즘은 사전 의도 없이 즉흥적으로 시행하는 해프닝을 즐겼다. 그러나 해프닝 기법이 관객과의 소통을 중시하는 것인지는 지문을 통해 알 수 없다.

13 ①

셋째 문단에서 네트워크 변화는 시민 단체들이 기존의 국가 조직이 손대지 못한 영역에서 긍정적인 변화를 이끌어 내는 순기능과 테러 및 범죄 조직이 활동 범위를 넓혀 나가는 역기능 모두를 가져온다고 하였다.

✗ 오답해설
② 첫째 문단의 '네트워크가 복잡해질수록 이를 유지하는 비용이 커지지만, 정부를 비롯한 외부 세력이 이를 와해시키기도 어려워진다'를 통해, 조직의 복잡성은 네트워크 외부 공격에 대한 대응력에 영향을 미친다는 것을 알 수 있다.
③ 첫째 문단에 기초적인 네트워크로 구성원의 수가 적은 점조직이 언급됐지만, '구성원의 수'와 '정교한 네트워크로 발전할 가능성' 사이의 관계는 언급되지 않았다.
④ 둘째 문단에 따르면, 기술의 발달은 정교한 네트워크 유지에 필요한 비용을 크게 감소시켰다. 이러한 비용 감소는 비국가 행위자들의 영향을 확대시켜 국가가 사회에서 차지하는 역할의 비중을 축소시키는 결과를 낳았다. 하지만 반대의 상황에서 국가의 영향력이 커질지는 알 수 없다.

14 ③

✓ 정답해설 둘째 문단에서 아리스토텔레스는 변화를 잠재성이 실재화 되는 과정이라고 설명했다. 씨앗이 식물의 잠재태이고 식물이 씨앗의 실재태인 것처럼 잠재태가 본성에 따라 실재태로 바뀌는 과정을 변화라고 보았다. 따라서 자연은 본성에 따라 자신의 본연의 모습을 찾으려는 목적에 따라 움직인다고 보았다. 이러한 아리스토텔레스의 논의에 비춰볼 때 실상에서의 모든 변화는 목적에 따라 움직인다고 판단할 것이기에 적절한 설명이다.

✗ 오답해설
① 첫째 문단에서 아리스토텔레스는 하나의 실체 속에 형상과 질료가 공존하며 이 둘은 확연히 구분된다고 보았기에 적절하지 않다.
② 청년은 노년이 되는 과정의 하나이다. 따라서 아리스토텔레스의 논의에 따르면 청년은 잠재태로, 노년은 실재태로 볼 수 있다.
④ 둘째 문단에 따르면, 아리스토텔레스의 자연은 본성에 따라 자신의 본연의 모습을 찾는 목적에 따라 움직이는 것으로, 질서가 없는 무작위성과는 거리가 멀다.

15 ③

✓ 정답해설 첫째 문단에 따르면 예측이 거짓으로 밝혀진다면 가설, 기존 지식, 기타 여러 조건들 중 무엇 때문에 예측에 실패했는지 알기 어렵다. 따라서 예측이 거짓으로 밝혀졌다고 해서, 반드시 가설이 거짓으로 판명되는 것이 아님을 추론할 수 있다.

✗ 오답해설
① 첫째 문단에 따르면 콰인은 개별 가설뿐 아니라, 기존 지식들과 여러 조건들을 포함하는 전체 지식이 경험을 통해 이루어지는 시험의 대상이 된다고 보았다.
② 둘째 문단에 따르면 주변부 지식을 수정한다면 전체 지식이 크게 변하지 않으나, 중심부 지식을 수정하면 이와 관련된 다른 지식이 많아서 전체 지식도 크게 변화한다. 이로부터 중심부 지식이 주변부 지식보다 연관된 지식이 많음을 알 수 있다.
④ 둘째 문단에 따르면, 콰인은 중심부 지식과 주변부 지식이 모두 수정의 대상이 될 수 있다고 보았다.

16 ③

✓ 정답해설 둘째 문단에 따르면, 사유재에 대해 개인의 소유권을 보장하는 시장 경제에서도 수산 자원이나 야생 동물 등은 공유 자원이기 때문에 공유 자원의 비극이 발생한다.

✗ 오답해설
① 첫째 문단에 따르면, 산이나 들에 있는 이름 모를 꽃(식물), 바다에 있는 수많은 물고기들(동물) 역시 공유 자원이다.
② 둘째 문단에 따르면, 모든 사람이 모든 재산을 공유하는 공산주의 국가에서도 공유 자원의 비극은 발생할 수 있다.
④ 둘째 문단에 따르면, 공산주의 국가의 주민들은 함께 써야 할 자원, 즉 공유자원을 개인이 집으로 가져와 사용하더라도 도덕적인 문제가 없다고 생각한다.

17 ②

✓ 정답해설 둘째 문단에서 '환경세 세수만큼 근로소득세를 경감하면 근로자의 실질소득이 증대되며 그 증대 효과는 상품 가격 상승이 유발하는 효과보다 크다'라고 하였다.

✗ 오답해설
① 둘째 문단과 셋째 문단에 따르면, 근로소득세를 경감함으로써 고용의 증대와 경제 활성화를 유발할 수 있는 것이지, 이를 경감하지 않는다고 해서 환경세의 기대 효과를 얻지 못하는 것은 아니다.
③ 셋째 문단에서 환경세 세수를 통한 근로소득세 경감으로 고용의 증대가 발생한다고 하였으며, 환경세 부과가 이러한 효과를 상쇄시킨다는 언급은 없다.
④ 둘째 문단에서 '환경세 세수만큼 근로소득세를 경감하면 실질소득이 증대되고 그 증대 효과는 상품 가격 상승이 유발하는 효과보다 크다'라고 하였다. 따라서 상품 가격 상승이 실질소득에 미치는 효과는 근로소득세 경감으로 인한 효과보다 작다.

18 ②

✓ 정답해설 지문에 따르면, 우리는 허수를 시각적으로 나타낼 방법이 전혀 없음에도 허수를 많은 자연과학 영역에서 유용하게 활용하고 있다. 즉, 수학적 개념의 자연과학적 응용은 그것의 시각적인 표현 가능성에 의존하지 않는다고 할 수 있다.

✗ 오답해설
① 수학 개념인 허수가 자연과학에서 활용되고 있는 것은 맞으나, 수학이 발전하기 위해 자연과학에 수학을 접목하려는 노력이 필요한지에 대해서는 나오지 않았다.
③ 수학의 진리 탐구를 위해 자연과학적 사고가 필요하다는 것은 지문의 내용과는 거리가 먼 내용이다.
④ 지문에서는 수학적 개념인 허수를 통해 여러 과학적 영역을 설명할 수 있음을 제시하고 있다. 같은 현상에 대하여 수학과 자연과학이 다른 해석을 제공한다는 것은 오히려 이러한 지문의 내용과 반대되는 내용에 가깝다.

19 ④

정답해설 행위자가 심신 상실 상태인 경우, 그가 적법하게 행동할 것이라고 기대하기는 어렵기 때문에 그의 행위에는 책임성이 없다. 따라서 구성 요건에 해당되더라도 범죄가 성립하지 않으며, 처벌하지 않는다.

오답해설
① 타인에 대한 폭력 행위는 폭행죄의 구성 요건에 해당한다. 하지만 위법성이나 책임성이 없다면 폭행죄로 처벌받지 않을 수 있다.
② 어떠한 행위에 위법성이 있더라도, 책임성이 없다면 범죄가 성립하지 않는다.
③ 특정한 행위가 사회 상규에 어긋나는 것은 위법성이 인정된다는 것인데, 이 경우에도 구성 요건에 해당되지 않는다면 범죄가 성립하지 않는다.

20 ②

정답해설 첫째 문단의 콜린 렌프류는 '거석 무덤은 그 공동체의 구심 역할을 하면서 영역 표시의 기능을 했다'고 보았다. 또한 둘째 문단의 크리스 틸리는 '친족 공동체에서 그들의 주도적 역할과 그 안에 존재하는 불평등을 정당화하는 수단으로 거석 무덤을 이용하였다'고 하였다. 이를 통해 거석 무덤이 실제적 불평등을 은폐함으로써 공동체 의식을 공유하는 데 기여했음을 알 수 있다.

오답해설
① 첫째 문단의 콜린 렌프류는 '인구 증가에 따라 자원과 토지가 부족해졌으며'라고 분석하고 있기에 거석 무덤의 출현 배경으로 경제적 변화를 고려하고 있음을 알 수 있다. 그러나 둘째 문단의 크리스 틸리는 불평등의 정당화 측면에서 거석 무덤의 기능을 바라보았을 뿐, 그 출현 배경으로 경제적 변화를 중시하지는 않았다.
③ 둘째 문단의 크리스 틸리는 '거석 무덤은 당시 사회의 두 가지 사회 편성 원칙, 즉 친족 관계 내에서의 평등과 정치적 관계에서의 실제적 불평등 사이에 존재하는 모순을 은폐하는 역할을 하였다'고 보았다. 즉, 크리스 틸리의 입장에서는 거석 무덤에서의 제의를 통해 공동체 구성원의 평등이 강조되었다고 볼 수 있다. 그러나 첫째 문단의 콜린 렌프류에서는 이러한 내용을 찾을 수 없다.
④ 첫째 문단의 '콜린 렌프류는 서유럽에서 새롭게 발굴된 신석기 시대의 여러 거석 무덤에 근거하여 이주설이나 전파설 대신 자생설을 주장하였다.'를 통해, 이주설이나 전파설이 유력하다는 서술은 적절하지 않음을 알 수 있다. 또한 둘째 문단의 크리스 틸리의 입장에 대한 설명에서는 그가 어떤 가설을 지지하였는지에 대해 언급되지 않았다.

07 어휘 추론과 문맥 추론

어휘 추론과 문맥 추론을 위한 트레이닝

본문 P.152

1 ②

정답해설 지문의 '맞은'과 ②의 '맞다'는 '시간이 흐름에 따라 오는 어떤 때를 대하다.'라는 의미로 사용되었다.

오답해설
① 어떤 행위나 내용이 일정한 기준이나 정도에 어긋나거나 벗어나지 아니하다.
③ 어떤 행동, 의견, 상황 따위가 다른 것과 서로 어긋나지 아니하고 어울리다.
④ 어떤 대상의 크기, 규격 따위가 다른 것의 크기, 규격 따위에 어긋나거나 벗어나지 아니하다.

'맞다'의 사전적 의미

[I] 「동사」
1 「1」 문제에 대한 답이 틀리지 아니하다.
  예 네 답이 맞는다. / 과연 그 답이 맞는지는 더 생각해 보기로 하자.
「2」 말이나 생각 따위가 틀리지 아니하다.
  예 옛날 속담이 맞는 경우가 아직도 꽤 많다. / 내 육감은 잘 맞는 편이다. / 이 책은 역사적 사실에 맞는 내용을 담고 있다.
2 「1」 어떤 대상이 누구의 소유임이 틀리지 아니하다.
  예 이것도 네 것이 맞느냐? / 이 안경이 바로 아까 그 학생 것이 맞는 것 같아요.
「2」 어떤 대상의 내용, 정체 따위가 곧 무엇임이 틀리지 아니하다.
  예 제 전화번호는 방금 말씀하신 번호가 맞습니다. / 내가 너에게 준 돈이 삼만 원이 맞는지 확인해 보아라.
3 「1」 어떤 대상의 크기, 규격 따위가 다른 것의 크기, 규격 따위에 어긋나거나 벗어나지 아니하다.
  예 반지가 내 손가락에 꼭 맞는다. / 디자인은 마음에 드는데 치수가 내 몸에 맞는 것이 없어서 사지 못했다.
「2」 어떤 행위나 내용이 일정한 기준이나 정도에 어긋나거나 벗어나지 아니하다.
  예 음식 맛이 내 입에 맞는다. / 이 문장은 어법에 맞는다.
4 「1」 어떤 행동, 의견, 상황 따위가 다른 것과 서로 어긋나지 아니하고 어울리다.
  예 만일 내 동작이 다른 사람들과 맞지 않으면 관중이 웃을 것이다. / 나의 의견이 그의 생각과 맞을 것이라고 확신한다.
「2」 모습, 분위기, 취향 따위가 다른 것에 잘 어울리다.
  예 그것은 나의 분위기와는 절대로 맞지 않는다. / 외모로 보나 성격으로 보나 아무래도 그 두 사람이 가장 잘 맞아 보인다.
[II] 「형용사」
1 「1」 문제에 대한 답이 바르다.
  예 그는 자기가 쓴 답이 맞다고 계속 우겼다.

「2」 말이나 생각 따위가 틀림이 없다.
　　예 꿈이 정말 맞다니. / 인간사 새옹지마라는 엄마의 말이 딱 맞구나.
② 「1」 어떤 대상이 누구의 소유임이 틀림이 없다.
　　예 이 가방은 아빠 것이 맞대. / 이 만년필은 선생님 것이 맞다.
「2」 어떤 대상의 내용, 정체 따위가 곧 무엇임이 틀림이 없다.
　　예 이분이 정말로 우리 선생님이 맞군요. / 현관문 번호는 이 번호가 맞구나.
③ 「1」 어떤 대상의 크기, 규격 따위가 다른 것의 크기 규격 따위에 어긋나거나 벗어나지 아니한 상태이다.
　　예 팔찌 길이가 내 손목에 딱 맞구나. / 이 바지는 허리만 맞다면 어떤 체형이든 입을 수 있다.
「2」 어떤 행위나 내용이 일정한 기준이나 정도에 어긋나거나 벗어나지 아니한 상태이다.
　　예 음식이 내 입에 딱 맞다. / 이 정도 습도가 식물을 키우는 집에 맞다고 한다.

2 ①

정답해설 '밥을 짓다'의 '짓다'는 '재료를 들여 밥, 옷, 집 따위를 만들다.'라는 의미로 쓰였다. '아침을 지어 먹었다.'에서 '짓다' 역시 이에 해당한다.
예 밥을 짓다. / 아침을 짓다.

오답해설
② '죄를 저지르다.'의 의미로 쓰였다.
　예 그는 중죄를 짓고 숨어 산다. / 나는 어느 누구에게도 죄를 짓고 살기는 싫다.
③ '시, 소설, 편지, 노래 가사 따위와 같은 글을 쓰다.'의 의미로 쓰였다.
　예 시를 짓다. / 노래를 짓다. / 그 시인이 요즘에는 소설을 짓고 있다는 소문을 들었다.
④ '어떤 표정이나 태도 따위를 얼굴이나 몸에 나타내다.'의 의미로 쓰였다.
　예 그는 혼자서 한숨을 짓고 무언가를 곰곰이 생각하고 있었다.

3 ②

정답해설 〈보기〉의 '들다'는 '어떤 일에 돈, 시간, 노력, 물자 따위가 쓰이다.'라는 의미이다. 이와 비슷한 의미로 쓰인 것은 ②이다.
예 잔치 음식에는 품이 많이 든다.
　언 고기가 익는 데에는 시간이 좀 드는 법이다.
　개인 사업에는 돈이 많이 든다.

오답해설
① '어떤 범위나 기준, 또는 일정한 기간에 속하거나 포함되다.'라는 의미이다.
　예 예선에도 못 들다.
　노래를 잘하는 축에 들다.
　올해에는 윤달이 들어 있다.
③ '적금이나 보험 따위의 거래를 시작하다.'라는 의미이다.
　예 보험에 들다.
　집을 장만하기 위해 주택 적금에 들었다.
　자동차 보험을 들다.

④ '어떤 시기가 되다.'라는 의미이다.
　예 4월에 들어서만 이익금이 두 배로 늘었다.
　올해 들어 해외여행자 수가 부쩍 늘었다.
　하반기 들자 경기가 서서히 회복되기 시작했다.

4 ②

정답해설 제시된 문장 '이 일을 시작으로 함께 뭉치자.'에서 '을'은 '어떤 행동이 비롯되는 곳 또는 그 일'을 나타내는 격 조사이다.

오답해설
① 제시된 문장에서 '을'은 '동작 대상의 수량이나 동작의 순서'를 나타내는 격 조사이다.
③ 제시된 문장에서 '을'은 '강조하는 뜻'을 나타내는 보조사이다.
④ 제시된 문장에서 '을'은 '동작 대상의 수량이나 동작의 순서'를 나타내는 격 조사이다.

▼ **조사 '을/를'의 의미와 기능**

1. (받침 있는 체언 뒤에 붙어)
  ① 동작이 미친 직접적 대상을 나타내는 격 조사.
　　예 꽃을 가꾸다. / 책을 읽다. / 손을 잡히다. / 밥을 먹다. / 집을 팔다.
  ② 행동의 간접적인 목적물이나 대상임을 나타내는 격 조사.
　　예 이 편지 형을 보일까요? / 이 시계는 동생을 주어라.
  ③ 어떤 재료나 수단이 되는 사물임을 나타내는 격 조사.
　　예 휘파람을 신호로 해서 그를 불렀다. / 이 푸른 천을 치마로 만들자.
  ④ '가다', '걷다', '뛰다' 따위의 이동을 표시하는 동사와 어울려서 동작이 이루어지는 장소를 나타내는 격 조사.
　　예 한 시간 동안 산길을 걸었다. / 하루 종일 백화점을 돌아다녔다.
  ⑤ '가다', '오다', '떠나다' 따위의 동사들과 어울려 이동하고자 하는 곳을 나타내는 격 조사. '에'보다 강조하는 뜻이 있다.
　　예 시장을 가다. / 직장을 다니다. / 소년은 매주 절을 갔다.
  ⑥ '가다', '오다' 따위와 함께 쓰여, 그 행동의 목적이 되는 일을 나타내는 격 조사.
　　예 등산을 가다. / 마중을 가다. / 구경을 가다. / 여행을 오다.
  ⑦ 행동의 출발점을 나타내는 격 조사.
　　예 서울을 출발한 새마을호 / 고향을 떠나다. / 일찍 서울을 떠났다.
  ⑧ 어떤 행동이 비롯되는 곳 또는 그 일을 나타내는 격 조사.
　　예 자정을 기준으로 시간을 정하다. / 이곳을 기점으로 하자. / 이 일을 시작으로 함께 뭉치자.
  ⑨ 동작 대상의 수량이나 동작의 순서를 나타내는 격 조사.
　　예 어제는 열 시간을 잤다. / 나는 요즘 집에서 며칠을 쉰다. / 그는 맨발로 두어 마장을 달렸다. / 그는 우리 반에서 으뜸을 달린다. / 쌀 두 말을 샀다. / 세 번을 그를 찾아갔는데도 만나지 못했다.
  ⑩ 동족 목적어가 행위의 목적이 됨을 나타내는 격 조사.
　　예 잠을 자다. / 춤을 추다. / 짐을 지다. / 꿈을 꾸다.
2. (받침 있는 일부 부사 뒤에 붙어) 강조하는 뜻을 나타내는 보조사
　예 네가 먹고 싶은 대로 맘껏을 마셔라.

5 ③

정답해설 ⓒ의 '되다'는 '어떤 때나 시기, 상태에 이르다.'의 의미이다. '다른 것으로 바뀌거나 변하다.'라는 의미를 지닌 '되다'는 '얼음이 물이 <u>된다</u>. / 저 사람은 전혀 다른 사람이 <u>되었다</u>. / 일이 엉망진창이 <u>되었다</u>.' 등에서 확인할 수 있다.

오답해설
① 예 이 사람은 제 아우가 <u>됩니다</u>.
   저놈은 내게 원수가 <u>된다</u>.
   이 소녀는 제게 조카가 <u>됩니다</u>.
② 예 그런 행동을 한 것은 그가 인격이 <u>된</u> 사람이라는 증거이다.
   나는 난 사람보다는 인격이 <u>된</u> 사람이라는 평가를 받고 싶다.
④ 예 마음속으로 무척 걱정이 <u>되었다</u>.
   그 말을 들으니 이제 안심이 <u>되는구나</u>.

6 ②

정답해설 '그는 학교를 졸업하고 곧바로 회사에 취직하였다.'는 곧 학교를 졸업하자마자 즉시 회사에 취직했다는 것이므로 이때의 '곧바로'는 '바로 그 즉시에'라는 뜻이다. ②에서도 형사들이 그를 잡은 바로 그 즉시에 수갑을 채웠다는 뜻이므로 같은 의미이다.

오답해설
① '멀지 아니한 바로 가까이에'라는 뜻을 가진 '곧바로'이다.
③, ④ '굽거나 기울지 아니하고 곧은 방향으로'라는 뜻을 가진 '곧바로'이다.

7 ③

정답해설 제시문의 ㉠에 쓰인 '앞'은 문맥적으로 '어떤 조건에 처한 상태.'의 의미로 사용되었다. 이와 가장 가까운 의미는 '그 절박한 필요성 앞에 주저나 망설임이 있을 수 없었다.'라는 문장에서 사용된 '앞'이다.

오답해설
① '차례에 따라 돌아오거나 맡은 몫'의 의미로 사용되었다.
② '장차 올 시간'의 의미로 사용되었다.
④ '이미 지나간 시간'의 의미로 사용되었다.

8 ①

정답해설 자본가들에 의해 취사 선택될 수 있는 상황을 노동력의 '저수지'로 표현하고 있다. 따라서 문맥상으로 '풍부하게 제공하는 원천'이라는 의미로 ①이 적당하다.
공급원(供給源): 공급이 이루어지는 본바탕.
供 이바지할 공, 給 줄 급, 源 근원 원

오답해설
② 제조원(製造元): 특정 상품을 만든 곳.
製 지을 제, 造 지을 조, 元 으뜸 원
③ 대체재(代替財): 서로 대신 쓸 수 있는 관계에 있는 두 가지의 재화.
代 대신할 대, 替 바꿀 체, 財 재물 재
④ 양성소(養成所): 짧은 기간에 전문 지식을 교육하여 기술자를 기르는 곳.
養 기를 양, 成 이룰 성, 所 바 소

9 ①

정답해설 ㉠의 과도적인 문화란 전통문화와 외래문화가 혼합된 문화를 지칭하는 것이고, ㉡의 차용 문화는 외래문화를 의미하는 것이므로 과도적인 문화를 구성하는 한 요소가 된다. 그래서 이 둘은 '전체와 구성 요소의 관계'가 된다. 이와 마찬가지로 ①에서 핸들은 자동차 전체를 구성하는 하나의 요소이므로 '전체와 부분'의 관계라고 할 수 있다.

오답해설
② 문학을 내용과 형식의 일정한 기준에 따라 분류한 두 갈래이다. 따라서 대등 관계이다.
③ 원인과 결과의 관계에 있다.
④ 반대 관계에 있다.

10 ④

정답해설 ㉠의 뒤에는 시간관념이 강한 사회에 속한 사람들은 시간을 낭비하지 않게 되며, 시간을 유익하게 사용할 수 있게 된다고 언급하고 있다. 즉 시간을 절약할 수 있으며, 그 반대의 사회에 사는 사람들에 비해 경제적인 면에서 이익이 있다는 의미이다. 그러나 '시간관념이 약한 사람에게도 호의적 태도를 보인다'는 것은 ㉠의 구체적 의미로 적절하지 않다.

11 ③

정답해설 지문의 스포츠 브랜드는 광고에 사용한 그림이 워낙 유명하니 인용했다는 사실만 밝히면 이를 활용해도 된다고 생각했다. 하지만 원작자는 이를 "명백한 무단 사용이며 저작권 침해"라고 하였다. 또한 A 변호사는 "아무리 공표된 저작물이라도 모두 저작권을 가지고 있다."라고 하며 저작권자의 승인 없이 저작물을 활용하는 것은 엄연한 저작권 침해라고 하였다. 이를 통해 해당 업체가 고려하지 못한 점은 '타인의 지적 재산을 활용할 때는 저작권자의 승인을 받아야 한다는 점'이라는 것을 알 수 있다.

오답해설
① 지문의 업체는 광고에서 그림을 인용했다는 사실을 언급하였다. 하지만 저작권자의 승인을 받지 않은 것이 문제가 된 것이다.
② 지문의 업체가 그림을 과장하였는지는 알 수 없으며, 원작자가 문제를 제기한 이유는 그 업체가 자신의 승인 없이 저작물을 활용했기 때문이다.
④ 지문의 업체가 공동체의 사회·문화적 관습을 고려하지 않았는지는 지문을 통해 알 수 없다.

12 ④

정답해설 음악을 잘 듣는 사람이란 어떤 음을 듣고 판별할 수 있는 청각 능력이 뛰어난 사람이 아니라 마음에서 음들의 관계를 잘 이해하는 사람이라고 할 수 있다. 개별적인 소리를 인식하는 것은 타고나는 것이지만 그 외의 다른 부분은 학습에 의해 다듬어지며 마음을 훈련함으로써 음악을 더 잘 감상할 수 있으므로, 음악에 대한 조예가 깊어지기 위해서는 마음의 훈련을 쌓아야 한다.

13 ①

정답해설 ㉠과 ㉡은 성현의 말씀이 기록된 경전을 읽을 때는 권위자의 주석을 참고하라는 의미이다. 여기서 '성현'은 성인과 현인을 아울러 이르는 말, 즉 독서의 대상이고, '고인'은 옛사람의 주석, 즉 독서의 도구를 말한다. 따라서 독서의 주체(독자)가 독서의 대상(성현의 언어)을 도구(고인)의 도움을 받아 받아들이라는 내용이다.

14 ②

정답해설 지문에 따르면, 작품 속에 그려진 이상향은 현실 세계가 갖추지 못한 모습을 갖고 있었기에 현실 도피의 공간이자 현실 비판의 공간이기도 했다. 조선 후기에 등장한 작품 속에 그려진 무릉도원 유형의 이상향은 전란이 없고, 위정자들이 충직하며 이를 통해 부국강병을 이뤄낸 공간이다. 따라서 조선 후기의 상황은 전쟁 등으로 혼란스럽고, 부패가 만연했음을 알 수 있다.

오답해설
① '전란이 없어 평화롭고 위정자들의 헌신으로 부국강병을 이뤄낸 상황'은 조선 후기의 상황이 아닌 조선 후기에 등장한 무릉도원 유형의 이상향을 그려낸 작품들의 공통적인 특징이다.
③ 조선 후기에 등장한 무릉도원 유형의 이상향을 그린 작품에 자연재해 등에 대한 모습이 그려졌는지는 지문에 제시되지 않았다. 따라서 조선 후기에 자연재해가 끊이질 않아 백성들이 고통을 입고 있었는지 알 수 없다.
④ 조선 후기에 등장한 무릉도원 유형의 이상향을 그린 작품에서 전란이 없는 모습이 그려져 있기에 실제 조선 후기에는 전란이 끊이지 않았음을 추론해 볼 수 있으나, 이를 통해 백성들 사이의 우애가 더욱 깊어졌는지는 알 수 없다.

15 ③

정답해설 지문은 '품성의 덕'에 대한 아리스토텔레스의 견해를 소개하고 있다. 아리스토텔레스에 의하면 품성의 덕을 기르기 위한 노력으로, 인간은 이성의 명령에 따라 욕망, 감정, 행위에 대한 선택을 해야 한다고 했다. 따라서 이성을 '아버지', 감정과 욕망을 '아들'에 비유한 ③이 이어질 말로 가장 적절하다.

오답해설
① 이성을 바탕으로 감정과 욕망을 조절해야 한다는 것이 아리스토텔레스의 견해이다.
② 지문에는 감정과 욕망, 그리고 이성 중 무엇이 먼저 존재해야 하는지에 대한 내용이 없다.
④ 이성이 비이성적인 부분을 통제해야 한다는 것이 아리스토텔레스의 견해이다.

08 빈칸 추론과 사례 추론

빈칸 추론과 사례 추론을 위한 트레이닝

본문 P. 158

1 ①

정답해설 지문은 우리가 어머니의 피, 정신, 진통으로부터 나왔다는 내용과 함께 어린아이는 어머니에게 말, 도덕, 지식 일반의 최초 개념 등을 처음 배운다는 내용을 설명한다. 따라서 어머니를 '뿌리'로 비유하고 있다고 볼 수 있다.

오답해설
② 어머니를 기둥으로 비유하는 것은 기댈 수 있는 존재라는 의미로 해석할 수 있다. 하지만 지문은 어머니로부터 태어나 많은 것을 처음 배우는 내용을 중점으로 설명하고 있으므로 기둥으로 비유하는 것은 적절하지 않다.
③ 어머니를 거울로 비유하는 것은 둘째 문단인 어린아이가 어머니에게 말, 도덕, 지식 일반의 최초 개념을 배우는 내용과 부합한다. 하지만 지문의 전체 내용을 포함하고 있지 않기 때문에 적절한 비유로 볼 수 없다.
④ 첫째 문단에서 어머니를 마음의 고향으로 비유하고 있지만 어머니를 쉼터로 비유하는 것은 지문 전체의 내용을 포괄하기에 적절한 비유로 볼 수 없다.

2 ②

정답해설 모든 인간은 최초 상태에서 기본적인 언어 습득 장치를 지니며, 이는 고정적 보편 요소를 포함한다. 그러다 특정 언어의 문법을 접하게 되면 언어 지식이 개별 언어의 문법에 맞게 변화하게 된다. 따라서 인간의 언어 습득 과정은 '보편 문법으로부터 개별 문법으로 나아가는' 과정이다.

오답해설
① 인간은 최초 상태에서도 기본적인 언어 습득 장치를 지니므로, '무(無)'에서 새로운 학습을 시도한다고 보는 것은 적절하지 않다.
③ 개별 언어만의 특수성이 존재하는 것은 사실이나, 언어의 서로 다른 특징을 종합한다는 내용은 제시되지 않았다.
④ 지문은 특정 언어를 습득하는 과정을 다룰 뿐, 특정 언어를 기반으로 한 다른 언어로의 확장에 대해서 다루지 않았다.

3 ③

정답해설 지문은 한슬리크의 입장을 중심으로, 여러 음악적 요소들이 만들어 내는 형식에서 음악의 아름다움이 비롯된다는 내용을 설명하고 있다. 한슬리크는 음악의 독자적 아름다움이 '음들이 움직이는 형식'에서 비롯된다고 보았다. 따라서, 지문에 따르면 음악이란 '다양한 음악적 요소들이 유기적으로 결합하여 만드는 소리의 예술'이다.

오답해설
① 한슬리크는 음악의 가치가 감정이 아닌 형식에서 온다고 보았다. 따라서 음악을 감정의 흐름이라고 볼 수 없다.
② 지문에 '수많은 악기'의 활용과 관련된 내용은 제시되지 않았다.
④ 지문의 마지막 부분에는, 오늘날 대부분의 서양 음악에서 '화성의 진행을 통해 주제가 반복되며 변화한다'는 내용이 제시되어 있다. 따

라서 음악이 '하나의 고정된 주제'를 표현하는 과정이라 볼 수 없다.

4 ④

정답해설 지문은 오리가 어미를 쫓아다니는 행동의 학습 기제에 대해 설명하고 있다. 1900년대 초반까지는 오리가 어미를 쫓아다니는 유전인자를 타고나는 것으로 보았으나, 콘라트 로렌츠의 주장에 따르면 오리들은 부화 후 12시간 또는 13시간 사이에 먼저 보게 되는 움직이는 물체를 따라다니게 된다고 한다. 즉, 오리의 행동은 유전이 아니라 추가적인 환경과 학습에 의해 결정된다는 것이다. 따라서 ㉠에 들어갈 말은 '오리의 행동은 유전에 의해서만 결정되지 않는다.'가 된다.

오답해설
① 제시된 사례에서 오리의 행동이 로렌츠에 의해 결정된 것은 맞으나, 이는 실험의 내용일 뿐 오리의 행동이 항상 인간에 의해서만 결정되는 것은 아니다.
② 로렌츠의 주장에 따르면 오리들은 부화 후 12시간 또는 13시간 사이에 제일 먼저 보게 되는 움직이는 물체를 따라다니게 된다. 따라서 어미가 아닌 사람 등에 의해 영향을 받을 수도 있다.
③ 오리의 행동 특성은 어떤 환경에 노출되었는지에 따라 다르게 발현될 수 있다. 따라서 오리의 행동 특성은 '항상 동일하게' 발현되는 것은 아니다. '항상 동일하게' 발현된다면 어떤 환경에 노출되었는지와 관계없이 오리의 행동 특성은 동일하게 발현되었을 것이다.

5 ②

정답해설 지문에 따르면 눈을 통해 움직인다는 정보가 들어왔지만 귀에 있는 전정 기관은 아무것도 인지하지 못했기 때문에, 즉 시각 정보와 감각 정보가 불일치하여 멀미나 두통 등이 발생하게 된다. 따라서 이러한 증상은 '정보 충돌에 대한 우리 뇌의 경고 신호'라 할 수 있다.

오답해설
① 가상 현실을 즐기기 위해 멀미나 두통 등의 증상이 필요하다고 보는 것은 적절하지 않다.
③ 멀미나 두통 등은 정보가 충돌함으로써 발생하는 부정적인 결과이지, 여러 정보를 지혜롭게 조화하려는 시도가 아니다.
④ 전정 기관이 평형 감각을 담당하는 이석으로 이루어져 있는 것은 맞으나, 가상 현실을 체험할 때 평형 감각에 문제가 발생했다는 내용은 제시되지 않았다.

6 ③

정답해설 지문에는 인권의 세 범주로서 시민적·정치적 권리, 경제·사회·문화적 권리, 그리고 최근 주목되는 연대와 단결의 권리가 나타나 있다. 그런데 다른 두 범주와 달리, 연대와 단결의 권리는 제도적으로 확립되지 않았으며 아직 생성 단계에 있는 권리라고 한다. 따라서 인권은 새로운 권리들이 확립되어 지속적으로 확장되는 개념임을 알 수 있다.

오답해설
① 인권에는 연대와 단결의 권리와 같이 새로운 권리들이 계속해서 포함되고 있다. 따라서 인권이 국제 사회에서 확정적 권리로 정의되었다고 보는 것은 적절하지 않다.
② 인권에 여러 권리들이 포함되어 있는 것은 맞지만, '반대되는 권리'들이 조화되었다고 보는 것은 적절하지 않다.
④ 인권이 사회의 구조적 문제들을 개선하고 있다고 볼 수 있지만, '국가를 통해' 그러한 문제들을 개선한다는 언급은 없다.

7 ④

정답해설 지문 내용으로 미루어 보아 신문화사의 의의에는 평범한 사람들의 일상을 주시하여 그들이 대표하는 민중들의 삶을 들여다보되 새로운 시각으로 보았다는 점이 들어가야 한다. 따라서 '평범한 인물들의 역사를 복원하고, 그 삶을 새로운 시각으로 연구하여 역사학의 새 지평을 연 데 의의가 있다.'가 ㉠에 들어갈 내용으로 적절하다.

오답해설
① '인류의 역사는 계층 간의 갈등과 그것을 해소시키려는 노력의 역사'라는 것을 알 수 있는 근거가 없다.
② 신문화사는 '구조'보다 '개별적 사실'에 관심을 가졌다.
③ 신문화사는 '구조'보다 '개인'에 집중하였으므로 '거시적 역사학'의 연구 관점과 거리가 멀다.

8 ②

정답해설 지문은 데이비드 카드 등이 수행한 연구에 대해 중심적으로 다루고 있다. 지문에 따르면, 이민자 유입이 현지인의 평균적인 임금에 미치는 영향은 전반적으로 작았으며 현지인의 승진에 따라 임금 수준이 상승할 수도 있다고 한다. 따라서 노동시장에서 이민자와 현지인 간의 관계는 '대체 관계가 아닌 보완 관계'가 될 수 있다.

오답해설
① 이민자와 현지인 간에 노동이 완벽히 대체되지 않는다는 것이 글의 핵심이다.
③ 지문에 따르면, 이민자 유입이 현지 주민들에게 유리한 면도 있으므로 현지 주민들에게 일방적으로 불리한 관계라 보기 어렵다.
④ 이민자 착취를 통해 현지인이 이익을 본다는 언급은 없다.

9 ③

정답해설 '기업 보육기' 시스템의 자료를 보면 '흥미 있는 사실은 성공한 산업은 고도 기술을 가진 분야가 아니라 기술적으로 뒤떨어진 산업 쪽'이라고 하였다. 이는 기술만으로는 기업이 성공할 수 없다는 것과 성공의 중요 요인은 다른 곳에도 있을 수 있음을 의미한다. 따라서 중소기업의 성공 요인으로서 기술 수준보다는 '기업 의욕'이 더 우선된다는 점을 제시한 ③이 ㉠에 들어갈 말로 가장 적절하다.

오답해설
① 지문에서 성공한 산업은 기술적으로 뒤떨어진 산업이라고 하였으므로, 기술 분야에 투자 비중이 높은 회사의 성공률이 높다는 것을 입증할 수 없다.
② 기업 보육기 시스템은 중소기업을 육성하기 위한 것이므로 대기업과 중소기업을 비교하는 내용이 ㉠에 들어갈 수 없다.
④ 지문에서 기업 보육기 시스템의 지원을 받은 회사와 그렇지 않은 회사를 비교하지 않았다.

10 ④

정답해설 괄호의 앞부분 정보는 '입신출세와 부귀공명', '정치가, 실업가가 되기 위함', '취직'과 같은 학문의 목적성과 특정 학과의 경쟁률이 높아지는 것, 국가 정책 등을 통해 학문의 실제적 효용을 강조하고 있다. 그러나 뒷부분의 정보들은 '학문하는 것 자체가 재미있어, 즐거워서', '이런 경지가 바로 학문의 순수함' 등으로, 이는 '학문하는 것 자체의 재미와 즐거움'에 초점을 맞추고 있다. 따라서 괄호에는 앞부분의 내용을 부분적으로나 혹은 전면적으로 부정하는 내용이 쓰여야 함을 알 수 있다. 그러므로 괄호에는 '학문하는 사람이 항상 이러한 실용성만을 목적으로 하는 것은 아니다'가 들어가는 것이 적절하다.

11 ②

정답해설 밑줄 친 사례는 '이념 또는 감정'과 '사물'이 결합하여 그 중 하나가 다른 하나를 대신하는 경우이다. 특히 밑줄 뒤의 내용을 보면, 일상생활 속의 사물로 이념 또는 감정을 대신하여 표현하는 경우를 나타냄을 알 수 있다. 그런데 '온도계'를 보고 '현재의 온도'를 떠올리는 것은 온도계에 있는 구체적인 내용 자체를 읽은 것일 뿐, 온도계라는 상징이 추상적인 이념이나 감정을 대신하여 사용된 것이 아니다.

오답해설
① '비둘기'라는 구체적 대상이 '평화'라는 추상적 이념을 나타내고 있다.
③ '결혼반지'라는 구체적 대상이 '영원한 사랑'이라는 추상적 감정을 나타내고 있다.
④ '이순신 장군 동상'이라는 구체적 대상이 '애국심'이라는 추상적 이념을 나타내고 있다.

12 ④

정답해설 토크빌은 민주주의 시대의 중간 집단이 정치적 자유가 실현될 공간을 제공함으로써 시민적 덕성을 함양하고 국가 권력을 견제하는 역할을 할 것으로 기대하였다. 하지만 경제 현안의 해결과 사회 갈등 해소를 위해 담당 공무원과 관련 전문가로 구성된 경제 문제 대책 위원회는 국가 인력인 공무원이 구성원에 포함되어 있으므로 토크빌의 기대를 실현시킬 수 있는 중간 집단으로 보는 것은 적절하지 않다.

오답해설
①, ②, ③ 교육 정책을 비판하고 대안을 제시하는 학부모 단체나 사회 문제에 대한 의미 있는 견해들을 수렴하고 정부에 압력을 행사하는 시민 사회단체, 노동자 정당과의 연계 속에서 국가 권력에 대한 견제 역할을 수행하는 노동조합 등은 모두 국가와 시민 사이에 있는 중간 집단들로서 시민적 덕성 함양과 권력 견제의 역할을 수행할 것이라 기대할 수 있다.

13 ①

정답해설 상향식 접근 방식은 물질의 구성 요소라고 할 수 있는 원자 또는 분자로부터 출발하여 특정한 기능을 갖는 소자 또는 장치를 만드는 것이다. 즉 큰 단위를 쪼개 나가는 하향식 접근 방식과는 달리 작은 단위에서부터 출발하여 무엇인가를 만들어 내는 것이다. 이런 점에서 장난감 블록을 조립하여 무엇인가를 만들어 내는 것이 상향식 접근 방식과 유사하다고 할 수 있다.

오답해설
② 여러 가지 물감을 섞어 다른 색을 만들 때 물감이 새로운 색에 비해 작은 단위라고 볼 수 없으므로 ㉠과 접근 방식이 유사하다고 볼 수 없다.
③ 조립되어 있는 텔레비전의 부품들을 해체하는 것은 큰 단위를 작은 단위로 쪼개는 것으로 하향식 접근 방식에 가깝다.
④ 도서관에 있는 책을 주제별로 나누어서 정리하는 것은 개개의 것을 단순하게 묶는 분류의 방식이다.

14 ①

정답해설 지문은 다윈 의학의 기본 전제에 대한 설명이다. 지문에 따르면 다윈 의학은 우리가 느끼는 몸의 다양한 증상을 일종의 방어 체계로 간주한다. ①은 오히려 이러한 방어 체계가 하나의 질병으로 발전한 사례이므로 지문을 뒷받침하는 사례로 부적절하다.

오답해설
②, ③, ④의 사례는 모두 발열, 입덧, 철분 농도 조절 등의 증상이 몸을 보호하기 위한 방어 체계임을 드러내는 설명으로 지문을 뒷받침하는 사례라고 볼 수 있다.

15 ④

정답해설 지문에는 자본주의 사회에서 두 가지 인간 존재의 모습이 제시되어 있다. 한 모습은 인간이 하나의 상품이 되었으면서도 인간이라는 것을 기억하려 하는 존재로서의 모습이며, 다른 모습은 자신이 인간이었다는 기억 자체를 포기하고 이 사회에서 발생한 변화를 받아들이는 존재로서의 모습이다. ㉠은 이 중 후자에 해당하므로, 이에 해당하지 않는 것을 찾으면 된다.
이러한 맥락에서, 자신의 정체성이 분열되었음을 직시하는 것은 '망각의 전략'과는 거리가 멀다. 망각의 전략을 택할 경우 인간이 지닌 고유의 본질을 망각하며, 우리가 한때 상품이 아닌 인간이었음을 망각하게 된다고 한다. 따라서 자신의 정체성이 인간과 상품으로 분열되었음을 직시하지 못할 것이다.

오답해설
① 망각의 전략을 선택할 경우, 이 사회에서 발생한 변화를 받아들이고 현실로 인정한다고 했으므로 물화된 세계를 비판 없이 받아들인다고 볼 수 있다.
② 망각의 정치학에서는 인간이 지닌 고유의 본질을 믿는 것 자체가 무의미해지며, 망각의 전략을 선택하는 자는 이 사회에서 발생한 변화를 받아들인다고 했으므로 적절한 설명이다.
③ 망각의 전략을 선택하는 자는 변화를 새로운 현실로 인정하며 그 현실에 맞는 새로운 언어를 얻기 위해 망각의 정치학을 개발한다고 한다. 이는 현실에서 소외당한 자신을 회복하려는 노력을 하지 않고 자기 합리화하여 현실을 수용하는 예에 해당한다.

16 ②

정답해설 의사 사건은 대중들에게 어떤 사실을 의도적으로 조작하는 사이비 사건이다. 따라서 자신에게 유리한 상황을 만들기 위해 사건을 창조할 수 있다. 그러나 ②는 최근 뮤직비디오에서 사용하는 심각한 폭력성과 선정성에 대한 독자들의 비난과 우려를 강조하고 있을 뿐, 거짓으로 꾸며 내는 의사 사건(사건의 창조)과는 무관하다.

 화법을 위한 트레이닝

본문 P.169

1 ①

정답해설 토론은 입장이 상반된 발화자들이 설정되어 자신의 생각을 논리적으로 밝혀 가는 과정이기 때문에 쟁점에 대한 주장과 반론을 위주로 진행되는 것이 일반적이다. 그러므로 무엇보다 토론의 쟁점이 명확하게 찬성과 반대로 나뉘어야 한다. 따라서 다양한 의견이 나올 수 있는 의문사를 가진 '졸업식의 기획과 운영 주체는 누가 되어야 하는가?'는 토론의 주제로 적합하지 않다.

오답해설 토의는 공동의 문제를 여러 사람들이 협의하여 그 문제를 해결하는 과정이므로 문제 상황이 제시되고, 발화자들이 문제점을 진단하며, 이를 분석하여, 문제 해결 및 실천 방안을 이끌어 내는 단계가 드러나는 것이 원칙이다.

2 ①

정답해설 '가'의 칭찬에 대해 '나'는 자신에 대한 칭찬은 최소화하고, 비방을 극대화하고 있으므로 '겸양의 격률'을 사용하여 말하고 있다.

오답해설
② '가'는 '혹시 시간 날 때'라고 말문을 열어 청자의 부담을 최소화하고 있다. 또한 명령문을 사용하지 않고 의문문을 사용하여 우회적으로 부탁을 하고 있으므로 청자의 부담을 최소화하고 상대의 이익을 극대화한 '요령의 격률'을 사용한 대화이다.
③ '가'는 상대방이 글씨를 작게 써서 잘 안 보인다고 하지 않고, 그 책임을 '제가 눈이 잘 안 보여서'라고 하여 자신의 부담을 최대화하고 있다. 화자가 자신에게 혜택을 주는 표현을 최소화하고, 부담을 주는 표현을 최대화하는 것은 '관용의 격률'에 해당한다.
④ '가'의 제안에 대해 '나'는 상대의 의견을 존중하고 상대방과의 일치를 강조한 후에 자신의 견해를 제시하고 있다. 따라서 다른 사람과의 의견 차이를 최소화하고, 일치점을 극대화하는 '동의의 격률'에 해당한다.

3 ③

정답해설 '가'의 '이번 과제는 수월하게 진행됐다'는 말에 '나'는 '이게 다 선배님 덕분입니다'라고 대답하며 상대의 칭찬을 극대화하고 있다. 이는 다른 사람에 대한 비방은 최소화하고 칭찬을 극대화하는 '찬동의 격률'을 사용한 대화이다.

오답해설
① '가'의 '고생이 많'다는 격려에 '나'는 '아닙니다. 제가 당연히 해야 할 일'이라고 대답하며 자신의 칭찬을 최소화하고 있다. 이는 자신에 대한 칭찬은 최소화하고 비방을 극대화하는 '겸양의 격률'을 사용한 대화이다.
② '가'의 '너 정말 많이 예뻐졌구나'라는 말에 '나'는 '오늘 화장해서 그래요'라고 대답하며 자신에 대한 비방을 극대화하고 있다. 이는 자신에 대한 칭찬은 최소화하고 비방을 극대화하는 '겸양의 격률'을 사

용한 대화이다.
④ '가'의 '그 부분은 사실과 다르'다는 말에 '나'는 '네. 사실과 다른 부분은 보완하겠'다고 대답하며 다른 사람과의 의견 차이를 최소화하고, 일치점을 극대화하고 있다. 이는 '동의의 격률'을 사용한 대화이다.

4 ④

정답해설 유 대리는 안 부장의 ⊙과 같은 말을 통해 사업 계획서를 기일 내에 제출하도록 해야 한다는 안 부장의 발화 의도를 이해하고 ⓒ과 같은 말을 했다고 볼 수 있다.

오답해설
① ⊙은 안 부장이 유 대리로 하여금 사업 계획서 제출 마감일을 환기하고, 사업 계획서 제출을 기일에 맞추어 잘 준비하라는 의미의 간접 발화라고 할 수 있다. 그러므로 이는 발화 의도와 문장의 유형이 일치하는 것으로 볼 수 없다.
② 담화의 내용을 통해 안 부장과 유 대리는 직장의 상사와 부하 직원의 관계임을 알 수 있다.
③ ⓒ은 안 부장의 발화 의도를 이해하고 발화 의도와 문장의 유형이 일치하는 직접 발화를 한 것으로 볼 수 있다.

> **참고** 직접 발화와 간접 발화
> • 직접 발화: 문장의 유형과 발화의 의도가 일치하는 발화
> • 간접 발화: 문장의 유형과 발화의 의도가 일치하지 않는 발화

5 ④

정답해설 '팀원 2'는 전문가의 말을 인용하여 '토론 활동'의 효과에 대해 언급하자고 하였다.

오답해설
① '팀원 1'은 '팀 구성과 역할에 대해 말한 뒤, 상대 팀과 심사 위원께 감사를 전하고, 토론 주제와 관련된 개인적 경험'을 제시하면서 수상 소감을 마무리하자고 제안하였다.
② '팀원 1'이 토론 주제와 관련된 개인적인 경험을 언급하겠다고 했지만, '팀원 2'가 개인적 경험보다는 토론 전에 논의한 내용을 정리해 주는 것이 좋을 것 같다고 하였다. 따라서 '팀원 2'는 개인적인 경험을 제시하는 것에 대해 반대한다는 것을 알 수 있다.
③ 감사 인사를 제일 먼저 하자는 '팀원 2'의 말에 '팀원 1'이 좋은 의견이라고 하였다.

6 ②

정답해설 제목에 비유적 표현을 활용하자는 철수의 의견과 다른 의견을 제시하고 있지만, 그에 대한 절충안을 제안하지는 않았다.

오답해설
① 발표문 초고를 검토하자는 주제를 제시하며 친구들의 주목을 끌고 있다.
③ 주제에서 벗어난 내용은 넣지 않는 게 좋을 것 같다는 자신의 생각을 밝힌 후 친구들 사이의 의견을 조율하고 있다.
④ 사회 통합의 의미를 드러내는 내용을 담기로 한 예전 대화 내용을 떠올리며 친구들에게 누락된 내용을 상기시키고 있다.

7 ①

정답해설 면접관은 기초 학문의 연구에 보조금을 지원하는 것이 경

우에 따라서는 오히려 사회 전체의 효율성을 높일 수 있다는 학생의 답변에 대해 좀 더 구체적인 정보를 원하고 있다. 따라서 면접 대상자에게 좀 더 구체적인 정보를 얻기 위해 추가하는 보충 질문임을 알 수 있다.

8 ③

정답해설 총무부장의 말을 통해 A 재단이 어린이날 행사에 참여할 경우 행사 참여 어린이들에게 미아 방지용 팔찌를 무료로 나눠 주겠다고 한 것을 알 수 있다. 또한 회의 결과 재단의 참여가 결정되었으므로, 행사에 간 어린이들은 미아 방지용 팔찌를 무료로 받을 수 있다고 예측할 수 있다.

오답해설
① 총무부장의 말에 의하면, A 재단은 행사 당일에 행사장과 인근 지역에서는 기부금을 받지 않겠다고 약속했다.
② 총무부장의 말을 종합해 보면 A 재단은 미아 방지용 팔찌를 나눠 줄 뿐, 홍보를 길게 말로 하지는 않는다고 하였다.
④ 총학생회장의 말에 의하면 올해도 어린이날에 어린이들이 체험할 수 있는 무료 프로그램을 다양하게 준비할 것이라고 하였다.

9 ②

정답해설 마지막 문단의 '그렇다면 우리는 왜 저작권에 대해 알아야 할까요?'를 통해 청중에게 질문을 던지고 있음을 알 수 있다. 하지만 이 질문은 청중의 대답을 유도해 청중이 발표를 잘 이해하고 있는지를 점검하기 위한 것이 아니다.

오답해설
① 학생 발표의 첫째 문단 끝 문장을 보면 '저는 여러분에게 SNS와 관련된 저작권에 대해 기본적으로 숙지해야 할 몇 가지 사항에 대해 알려 드리고자' 한다고 말하고 있다. 따라서 발표의 목적을 '청중에게 SNS와 관련된 저작권에 대하여 기본적으로 알아 두어야 할 사항을 소개'하는 것으로 볼 수 있다.
③ 발표의 첫째 문단을 보면 '제가 이 탐구를 하게 된 동기는 SNS 콘텐츠를 만들 때 저도 모르는 사이에 저작권법을 어기는 경우가 있었기 때문'이라고 말하고 있다. 따라서 발표 주제에 관심을 갖게 된 동기를 제시하고 있다고 보는 것은 적절하다.
④ 발표의 마지막 문단에서 'SNS를 하다가 자기도 모르는 사이에' 저작권법을 어기는 경우가 있을 수 있음을 언급하며, 청중에게 저작권과 관련된 문제가 일상에서 마주칠 수 있는 문제임을 제시하고 있다.

10 ④

정답해설 첫째 문단에서 '제가 발표할 내용은 여러분이 합리적인 소비자가 되는 것에 많은 도움이 될 것입니다'라고 말함으로써 발표가 청중에게 유용한 이유를 설명하며 발표에 대한 청중의 경청을 유도하고 있다.

오답해설
① 자료의 출처를 제시한 부분은 발표에 나타나지 않았다.
② 발표자는 질문을 활용하고 있으나, 질문의 앞뒤 문맥으로 볼 때 그 질문이 발표 내용과 관련된 청중의 기억을 환기하기 위한 질문은 아니다.
③ 보조 자료를 제시한 부분은 발표에 나타나지 않았다.

11 ③

정답해설 '선현'이 앞 발화자와는 다른 측면에서 접근하고 있다는 것은 적절한 설명이지만, 저녁 식사 준비에 과도한 시간이 소모되었음을 문제의 원인으로 주장하고 있는 것은 아니다. 조별로 차이가 나는 저녁 식사 준비 때문에 친구들이 스트레스를 받았다는 것이 문제의 원인이라고 주장하고 있다.

오답해설
① 회장의 발언을 보면 토의 안건으로 '야영이 호응을 얻지 못한 이유와 개선 방안'을 제시하고 있다는 것을 알 수 있다.
② 회장의 발언을 보면 민주의 의견을 듣고 싶다고 말하는 장면을 확인할 수 있다. 그러자 민주는 '프로그램의 순서 배치에 실패한 것'을 원인으로 제시하고 있다.
④ 회장이 '프로그램의 완성도 부족'을 야영 만족도가 낮은 원인으로 잘못 정리하자 민주가 '프로그램 배치에 관해 말씀드린 것'이라고 지적하고 있다.

12 ③

정답해설 지헌이 '펭귄 사진이랑 수학 과제가 상관이 있어?'라고 질문한 것은 민주에게 사진과 수학 과제의 상관성에 대한 정보를 요구한 것인데, 민주는 사진이 '황제펭귄 부부'라고 답하여 사진에 담긴 내용에 대한 정보만 제공하고 있다. 필요한 만큼의 정보를 제공한 것이 아니므로 표면적으로는 대화의 협력 원리에 어긋난 것이라고 볼 수 있다.

오답해설
① 지헌이 '지금 차에 탄 건 아니지?'라고 물은 것에 민주가 '너희 동네'라는 정보를 제공하여 차에 타고 있는 것이 아님을 간접적으로 드러내어 의사소통이 가능하도록 하고 있다.
② 지헌이 '자료는 가져왔어?'라고 물은 것에 민주가 '이거 찾느라 도서관까지 갔다가 오느라 늦었어.'라고 답함으로써 자료를 가져왔다는 의미를 추론할 수 있게 하고 있다.
④ 지헌이 '공식이 어렵겠지?'라고 물은 것에 민주가 '복잡하게 보이지만 곱하기 두 번에 더하기 한 번, 빼기 한 번이라 초등학생 수준으로 쉬워.'라고 답하여 공식의 수준에 대한 답을 하고 있으므로 필요한 정보를 드러내고 있다.

Pattern 10 작문

작문을 위한 트레이닝

본문 P.178

1 ③

정답해설 사막화의 단점을 제시하는 것은 주제와 목적을 고려할 때 적절하지만, 사막화의 장점을 제시하는 것은 사막화의 심각성을 부각하는 글에 적절하지 않다. 따라서 사막화의 '장단점'이 아닌 '단점'을 제시하는 것이 적절하다.

오답해설
① '사막화'를 소재로 한 글이기 때문에 사막화의 의미와 유형을 제시하는 것은 적절하다.
② 사막화 진행 실태를 구체적인 수치로 제시하는 것은 '사막화의 심각성'을 부각하기 때문에 적절하다.
④ 사막화 방지를 위한 노력을 사례를 들어 제시하는 것은 사막화 문제 해결에 대한 관심을 촉구하기에 적절하다.

2 ④

정답해설 '전통문화의 현대적 계승'이란 이미 '계승의 당위성'을 전제로 하고 있다. 그러므로 '당위성'을 검증한다는 것은 자칫 글 자체의 의미를 부정하는 결과를 초래할지도 모르는 행위이다. 더욱이, 전통문화의 계승과 '훼손된 문화재의 복원'은 다른 문제이기 때문에 '훼손된 문화재의 복원'과 관련된 '국민들의 의견'은 '전통문화의 계승' 여부를 결정짓는 기준이 될 수 없다. 따라서 ④와 같은 사고 과정은 이 글의 주제에 부합하는 사고라고 할 수 없다.
전통의 현대적 계승을 주장하기 위해서는 먼저 전통의 현대적 의미를 점검해야 할 것이며, 현대인들이 전통을 바로 보는 의식도 확인해야 할 것이다. 그리고 우리가 계승해야 할 전통에는 어떤 것들이 있는가를 구체적으로 살펴야 할 것이며, 현재의 문화와 전통이 어느 정도 연계되어 있는가도 살펴야 할 것이다.

3 ②

정답해설 ㄹ은 '지방대 출신에 대한 고용 비율 할당제'의 필요성에 대한 근거로서 의미를 지닐 수 있다. 그러나 ㄴ은 청년 실업률 그리고 비정규직 증가로 인한 고용 불안에 대한 설명이므로, 지방대생 취업 할당제 필요성과 직접적인 연관이 없다.

4 ④

정답해설 ㄹ에는 Ⅲ을 반영하여 '전력 공급 대응 방안'과 '전력 소비 주체 대응 방안'이 들어가야 한다.

오답해설
① 상위 항목을 참고할 때, 우리나라의 전력 수급 상황이 제시되어야 한다. 우리나라와 외국의 전력 사용량을 비교하는 것은 수요에 대한 정보를 보여 주지만, 수요와 공급의 불균형으로 인한 문제를 드러내기에 적절하지 않다. 따라서 ①과 같이 수정하는 것이 바람직하다.
수급: 수요와 공급을 아울러 이르는 말.
② '전력 부족이 경제에 미치는 영향'은 곧 '전력 수급 위기로 초래되는 문제점'과 깊은 관련이 있으므로 ②와 같이 수정하는 것이 바람직하다.
③ 'Ⅲ-가'가 전력 공급과 관련한 원인이므로 'Ⅲ-나'는 '전력 수요와 관련한 원인'으로 수정하는 것이 더 적절하다.

5 ①

정답해설 현재 ㉠에 제시된 '자전거 전용 도로 이용을 기피함'은 자전거 이용이 저조한 원인으로 부적절하며, 이를 수정한 '전용 도로에서 자전거 타기가 위험하다는 오해'도 부적절하다. 자전거 이용이 저조한 이유는 'Ⅱ-2-가'를 고려할 때, '자전거를 이용하려 해도 자전거 전용 도로가 전반적으로 부족하기 때문'이라고 보는 것이 적절하다.

오답해설
② '필요성'이 먼저 나오고 '활성화 방안'이 뒤에 놓이는 것이 자연스러운 흐름이다.
③ '자전거를 이용한 출·퇴근과 등·하교 장려 정책 추진'은 제도적 측면에서 활성화 방안이 되기에 적절하다.
④ 결론에서 '에너지 절약, 환경 보호, 개인 건강' 등 여러 이점이 있으므로 자전거 이용을 활성화해야 한다고 했으므로 필요성에 '개인 건강'과 관련된 내용이 추가되는 것이 적절하다.

6 ③

정답해설 '규칙을 행동으로 옮길 것'이라는 주제가 드러나며 이를 통해 '신뢰', '존중', '배려'의 긍정적 결과를 얻을 수 있음을 언급하고 있다. 그리고 이를 '보석'에 비유하여 적절하게 표현하였다.
비유: 어떤 현상이나 사물을 직접 설명하지 않고 다른 비슷한 현상이나 사물에 빗대어 설명하는 일

오답해설
① 주제(규칙을 지키자)와 긍정적 결과(자유 확대)는 나타나 있지만 비유적 표현이 사용되지 않았다.
② 주제(규칙을 지키자)와 긍정적 결과(조화로운 생활)는 나타나지만 비유가 사용되지 않았다.
④ 열거법을 활용한 점강법은 나타나지만, 비유적 표현은 사용되지 않았다. 점강법은 비유법이 아니라 강조법 중 하나이다.
점강: 점층법과 반대되는 개념으로, 크고 높고 강한 것에서부터 점차 작고 약한 것으로 끌어 내려 표현함으로써 강조의 효과를 얻으려는 수사법.

7 ④

정답해설 '시작이 반이라는 말처럼'과 같이 비유적 표현이 사용되었으며, '떠나는 건 어떨까?'와 같이 의문문의 형식으로 권유하며 글을 마무리하고 있다.

오답해설
① 비유적 표현은 있으나, 의문문의 형식으로 권유하지 않았다.
② 비유적 표현은 있으나, 의문문의 형식으로 권유하지 않았다.
③ 의문문의 형식으로 권유하고 있으나, 비유적 표현은 제시되어 있지 않다.

8 ③

정답해설 초고에 포함되지 않은 중요한 정보를 구체적으로 제시하여 독자의 이해를 돕는 방향으로 수정이 이루어졌다. 그러나 '나눔글꼴'의 사용자 범위의 변화를 설명하지 않았다.

오답해설
① 유료 글꼴 파일은 반드시 합법적으로 구매해야 하며, 이용약관을 준수해야 한다고 서술하고 있다.
② '정부나 공공 기관이 저작 재산권의 전부 또는 일부를 보유하여 국민들이 자유롭게 이용할 수 있도록 개방'한 것이라는 공공 저작물 운영의 목적이 제시되고 있다.
④ 마무리 부분에서 공공 저작물 이용 플랫폼인 '나눔글꼴'의 구체적인 이용 방법에 대한 정보를 제공한다.

9 ①

정답해설 ㉠의 '접합'은 '한데 대어 붙인다'라는 의미이므로 문맥에 맞지 않는다. 하지만 '접속' 역시 '서로 맞대어 이음'의 뜻이므로 문맥에 어울리지 않는다. ㉠에는 '둘 이상의 다른 현상 따위를 알맞게 조화시킨다는 의미의 '접목'과 같은 단어로 수정하는 것이 적절하다.

오답해설
② 문맥상 사동 표현이 사용되어야 하는 부분이므로 '살아남게 하기'로 수정해야 한다.
③ '진화되어진'은 피동을 불필요하게 두 번 사용한 이중 피동이다. 따라서 '진화된'으로 수정하는 것이 적절하다.
④ ㉣의 앞은 침팬지의 근육이 발달하지 못하였다는 이야기가, ㉣의 뒤는 양손을 도구로 쓰는 인간은 침팬지와는 다르다는 이야기가 제시되어 있다. ㉣의 앞뒤는 역접의 상황이므로 역접의 상황에서 사용하는 접속어인 '그러나'로 수정하는 것이 적절하다.

10 ①

정답해설 지문은 '독거노인 돌봄 활동'을 하는 자신의 경험을 이야기하면서 다른 사람들도 이러한 활동에 함께할 것을 권유하기 위한 것이다. 그런데 ㉠은 복지관에 마련되어 있는 다양한 자원봉사 프로그램에 대해 소개하는 내용으로 지문 전체의 맥락과 어울리지 않는다. 따라서 상세한 활동을 추가적으로 소개하는 것 역시 적절하지 않으며 ㉠은 삭제하는 것이 좋다.

오답해설
② ㉡은 요즘에 관한 내용이고 ㉡의 뒷문장은 처음 돌봄 활동을 시작했을 때의 내용이므로 ㉡을 문단의 끝에 제시하는 것이 자연스럽다.
③ ㉢은 지금대로라면 '그분들께 지혜로움을 느끼고'가 되어 어색하므로 '지혜로움'과 호응을 이루는 서술어 '배우고'를 넣는 것이 적절하다.
④ ㉣은 '독거노인 돌봄 활동'의 구체적인 활동 내용인데 돌봄 활동의 좋은 점을 이야기하는 내용 뒤에 이어지는 것은 지문의 흐름상 적절하지 않다. 따라서 돌봄 활동의 구체적인 활동 내용을 제시하고 있는 문장 뒤인 ㉢으로 옮기는 것이 좋다.

11 ④

정답해설 ㉣은 거북선의 구조에 관한 설명이므로, 거북선의 장단점을 다루고 있는 셋째 문단의 끝으로 위치를 바꾸는 것은 적절하지 않다.

오답해설
① '계발'은 슬기나 재능, 사상 따위를 일깨워 준다는 뜻이므로 구체적 물건인 거북선에는 '계발'이 어울리지 않는다. 따라서 '새로운 물건을 만들거나 새로운 생각을 내어놓음.'을 뜻하는 '개발'을 쓰는 것이 적절하다.
② 정보 전달의 글에서는 출처가 명확하고 신빙성 있는 자료를 사용해야 한다. ㉡과 같은 정보는 그 출처를 밝혀 신뢰성과 정확성을 높일 필요가 있다.
③ ㉢의 '몇백 명'은 수치가 모호하므로 정확한 수치를 제시하도록 수정하는 것은 적절하다.

독해 알고리즘 스키마
기초 트레이닝

정답 및 해설

메가공무원에서 저자 직강
www.megagong.net